SISTEMA DE CONTROLE INTERNO DA ADMINISTRAÇÃO PÚBLICA NA UNIÃO EUROPEIA E NO BRASIL

ANTONIO ALVES DE CARVALHO NETO
AUGUSTO DE OLIVEIRA MONTEIRO
CARLOS ALBERTO DOS SANTOS SILVA
DANUSA DA MATTA DUARTE FATTORI
DENIS PENEDO PRATES
GUSTAVO UNGARO
JETRO COUTINHO MISSIAS
LIANE VASCONCELOS DE ARAÚJO ANGOTI
MARCELO DE SOUSA MONTEIRO
MARCIO ALMEIDA DO AMARAL
MARIA JOÃO PAGARIM RIBEIRO KAIZELER
RODRIGO FONTENELLE DE ARAÚJO MIRANDA
RODRIGO STIGGER DUTRA
SEBASTIÃO RANNA DE MACEDO

Prefácio
Gustavo Ungaro

Apresentação
Roberto Paulo Amoras

SISTEMA DE CONTROLE INTERNO DA ADMINISTRAÇÃO PÚBLICA NA UNIÃO EUROPEIA E NO BRASIL

Belo Horizonte

FÓRUM
CONHECIMENTO JURÍDICO

2019

© 2019 Editora Fórum Ltda.

É proibida a reprodução total ou parcial desta obra, por qualquer meio eletrônico, inclusive por processos xerográficos, sem autorização expressa do Editor.

Conselho Editorial

Adilson Abreu Dallari
Alécia Paolucci Nogueira Bicalho
Alexandre Coutinho Pagliarini
André Ramos Tavares
Carlos Ayres Britto
Carlos Mário da Silva Velloso
Cármen Lúcia Antunes Rocha
Cesar Augusto Guimarães Pereira
Clovis Beznos
Cristiana Fortini
Dinorá Adelaide Musetti Grotti
Diogo de Figueiredo Moreira Neto (in memoriam)
Egon Bockmann Moreira
Emerson Gabardo
Fabrício Motta
Fernando Rossi
Flávio Henrique Unes Pereira

Floriano de Azevedo Marques Neto
Gustavo Justino de Oliveira
Inês Virgínia Prado Soares
Jorge Ulisses Jacoby Fernandes
Juarez Freitas
Luciano Ferraz
Lúcio Delfino
Marcia Carla Pereira Ribeiro
Márcio Cammarosano
Marcos Ehrhardt Jr.
Maria Sylvia Zanella Di Pietro
Ney José de Freitas
Oswaldo Othon de Pontes Saraiva Filho
Paulo Modesto
Romeu Felipe Bacellar Filho
Sérgio Guerra
Walber de Moura Agra

Luís Cláudio Rodrigues Ferreira
Presidente e Editor

Coordenação editorial: Leonardo Eustáquio Siqueira Araújo
Aline Sobreira de Oliveira

Av. Afonso Pena, 2770 – 15º andar – Savassi – CEP 30130-012
Belo Horizonte – Minas Gerais – Tel.: (31) 2121.4900 / 2121.4949
www.editoraforum.com.br – editoraforum@editoraforum.com.br

Técnica. Empenho. Zelo. Esses foram alguns dos cuidados aplicados na edição desta obra. No entanto, podem ocorrer erros de impressão, digitação ou mesmo restar alguma dúvida conceitual. Caso se constate algo assim, solicitamos a gentileza de nos comunicar através do *e-mail* editorial@editoraforum.com.br para que possamos esclarecer, no que couber. A sua contribuição é muito importante para mantermos a excelência editorial. A Editora Fórum agradece a sua contribuição.

Dados Internacionais de Catalogação na Publicação (CIP) de acordo com a AACR2

S623	Sistema de Controle Interno da Administração Pública na União Europeia e no Brasil / Antonio Alves de Carvalho Neto...[et al.].– Belo Horizonte : Fórum, 2019.
	257 p.; 14,5cm x 21,5cm
	ISBN: 978-85-450-0702-9
	1. Direito Administrativo. 2. Direito Financeiro. 3. Controle Interno. I. Carvalho Neto, Antonio Alves de. II. Monteiro, Augusto de Oliveira. III. Silva, Carlos Alberto dos Santos. IV. Fattori, Danusa da Matta Duarte. V. Prates, Denis Penedo. VI. Ungaro, Gustavo. VII. Missias, Jetro Coutinho. VIII. Angoti, Liane Vasconcelos de Araújo. IX. Monteiro, Marcelo de Sousa. X. Amaral, Marcio Almeida do. XI. Kaizeler, Maria João Pagarim Ribeiro. XII. Miranda, Rodrigo Fontenelle de Araújo. XIII. Dutra, Rodrigo Stigger. XIV. Macedo, Sebastião Ranna de. XV. Título.
	CDD 341.3
	CDU 342.9

Elaborado por Daniela Lopes Duarte - CRB-6/3500

Informação bibliográfica deste livro, conforme a NBR 6023:2018 da Associação Brasileira de Normas Técnicas (ABNT):

CARVALHO NETO, Antonio Alves de et al. *Sistema de Controle Interno da Administração Pública na União Europeia e no Brasil*. Belo Horizonte: Fórum, 2019. 257 p. ISBN 978-85-450-0702-9.

AGRADECIMENTOS

Em nome do Conaci e do Banco Mundial, gostaríamos de agradecer a todos aqueles que participaram das reuniões dos Grupos de Trabalho e da Visita de Estudo à Croácia e Bulgária e que contribuíram para o desenvolvimento deste trabalho.

SUMÁRIO

PREFÁCIO
Gustavo Ungaro 13

APRESENTAÇÃO
Roberto Paulo Amoras 15

CONSIDERAÇÕES INICIAIS/INTRODUÇÃO 19

CAPÍTULO 1
O MODELO EUROPEU DE CONTROLE INTERNO PÚBLICO
(PIC) 23
1.1   Os princípios do controle interno público na Europa (PIC) 25
1.1.1   *Accountability* do gestor (*managerial accountability*) 26
1.1.2   O desenvolvimento de sistemas de gestão e controle financeiro 26
1.1.3   O papel da auditoria interna 27
1.1.4   A harmonização central dos sistemas de GCF e de AI 27
1.1.5   Outros atores no modelo PIC 29
1.1.6   Relacionamento entre os vários atores 32
1.2   Papel da gestão e controle financeiro na Croácia e na Bulgária 33
1.2.1   A gestão e controle financeiro na Croácia 33
1.2.2   Gestão e controle financeiro na Bulgária 46
1.2.2.1 Histórico da reforma do Sistema de Controle Interno 46
1.2.2.2 Responsabilidade pela gestão e controle financeiro e elementos do Coso 48
1.3   Papel da auditoria interna, da inspeção financeira e da unidade de harmonização central na Croácia e Bulgária 54
1.3.1   Auditoria interna 54
1.3.2   Inspeção financeira 57
1.3.3   Unidade de harmonização central 58

1.3.4 Estrutura e pessoal da auditoria interna 65
1.3.5 Capacitação e certificação de auditores internos 66
1.3.5.1 Bulgária 66
1.3.5.2 Croácia 67
1.3.6 Planejamento da auditoria 69
1.3.7 Análise de risco 71
1.3.8 Procedimentos 75
1.3.9 Relatório de auditoria 76
1.3.10 Avaliação de qualidade 76
1.4 Relacionamento com a gestão financeiro-orçamentária 80
1.5 Relacionamento com o controle externo 82
1.6 Relacionamento com a sociedade (transparência e ouvidoria) 84
1.7 Dificuldades e limitações do PIC nos países visitados 86

CAPÍTULO 2
COMPARATIVO COM O SISTEMA DE CONTROLE
BRASILEIRO 89
2.1 Gestão financeiro-orçamentária no Brasil e o *accountability*
 do gestor 89
2.2 Funções dos órgãos de controle no Brasil 90
2.3 Relacionamento entre controle interno e controle externo no
 setor público brasileiro 94
2.3.1 Relacionamento entre auditoria interna e auditoria externa
 no setor público brasileiro 97
2.3.2 Visão da colaboração e relacionamento do controle interno com
 controle externo no nível federal 98
2.3.3 Visão da colaboração e relacionamento do controle interno com
 controle externo no nível estadual 101

CAPÍTULO 3
DESAFIOS E ALTERNATIVAS DE EVOLUÇÃO E
CONVERGÊNCIA 105
3.1 Desafios e vantagens de reestruturação do Sistema de Controle
 Interno e como reestruturar usando o exemplo do PIC da UE 105
3.1.1 Desafios subjacentes à reestruturação do modelo de controle
 interno 105
3.1.2 Vantagens de reestruturação do modelo de controle interno 105
3.1.3 Como reestruturar o Sistema de Controle Interno seguindo
 os princípios do PIC 106

3.2 Vantagens da convergência aos padrões internacionais 110
3.3 Condições favoráveis para reestruturação 116
3.3.1 Atuação do Tribunal de Contas da União (TCU) 118
3.3.2 Iniciativas legislativas em curso 122
3.3.3 O exemplo do Conselho Nacional de Justiça (CNJ) 125
3.4 Impacto sobre a gestão financeiro-orçamentária 126

CAPÍTULO 4
PROCESSO DE TRANSIÇÃO PARA O NOVO MODELO 129
4.1 Transição na União 129
4.2 Transição nos estados e no Distrito Federal 131
4.3 Transição nos municípios 132

CAPÍTULO 5
QUESTÕES CENTRAIS PARA AVALIAÇÃO E DISCUSSÃO 135
5.1 Desenvolvimento da legislação 135
5.2 Unidades de harmonização central 138
5.3 Planejamento estratégico 144
5.4 Gestão de riscos 144
5.5 Segregação entre inspeção financeira e auditoria interna 148
5.6 Treinamento e certificação profissional para a Administração Pública 151

CAPÍTULO 6
ATIVIDADES DE HARMONIZAÇÃO (ATRICON, CONACI, GEFIN, TCU, CGU, CGE, STN) 155
6.1 Legislação (Lei PIC, Constituição, terminologia comum) 155
6.2 Normas, manuais e métodos 156
6.3 Treinamento e certificação 157
6.4 Conscientização 157
6.5 Iniciativas em análise e discussão pelo TCU 159
6.5.1 As duas iniciativas estratégicas fundamentais 159
6.5.2 Os 10 passos estratégicos para a profissionalização do controle interno e da auditoria interna do setor público brasileiro 161
6.5.3 Normas Brasileiras de Auditoria do Setor Público – NBASP 163
6.5.4 Justificativas para ter um Conselho Nacional de Normas Auditoria do Setor Público 164

CAPÍTULO 7
POSSÍVEIS REDESENHOS DOS SCI DO BRASIL À LUZ DO MODELO PIC EUROPEU 167
7.1 Introdução 167
7.2 Condições e pressupostos 169
7.2.1 *Accountability* gerencial 169
7.2.2 Dos custos de controle 170
7.2.3 Realidade mutável da estrutura política 170
7.2.4 Necessidade de metodologias harmonizadas e padronizadas 170
7.3 Modelo Governo Federal 171
7.3.1 Modelo atual do Governo Federal 171
7.3.1.1 Modelo proposto 171
7.4 Modelo para Ceará 172
7.4.1 Modelo atual do estado do Ceará 172
7.4.1.1 Histórico 172
7.4.1.2 A estrutura do sistema de CI do Ceará à luz das 3 linhas de defesa 175
7.4.1.3 Estrutura e recursos humanos 178
7.4.2 Atividades desenvolvidas e comparativo com o modelo PIC europeu 179
7.4.2.1 Diferenças entre o modelo CGE/CE x PIC europeu 180
7.4.2.2 Semelhanças entre o modelo CGE/CE x PIC europeu 181
7.4.3 Atividades específicas do modelo CGE/CE 182
7.4.4 Modelo proposto 182
7.4.4.1 Desenho 182
7.4.4.2 Responsabilidades e funções das entidades desenhadas 183
7.4.5 Fases de implementação 185
7.4.6 Conclusão 186
7.5 Modelo para Distrito Federal 187
7.5.1 Modelo/desenho de PIC atualmente existente no estado do Distrito Federal 187
7.5.1.1 Da Controladoria-Geral do Estado do Distrito Federal (CGDF) 187
7.5.1.2 Da Subcontroladoria de Controle Interno (SUBCI) 188
7.5.1.3 Das unidades de controle interno – UCI 190
7.5.1.4 Dos projetos estruturantes da CGDF 193
7.5.1.5 Da harmonização dos projetos estruturantes da CGDF 193
7.5.2 Desenho do Sistema de Controle Interno do DF à luz do modelo PIC europeu 194

7.5.3	Ações integradas de implementação/adaptação do PIC na CGDF	195
7.5.3.1	Revisão e atualização da base legal	195
7.5.3.2	Capacitação	196
7.5.3.3	Criação do comitê de harmonização, na CGDF	197
7.6	Modelo para Espírito Santo	198
7.6.1	Modelo atual do Espírito Santo	198
7.6.1.1	Histórico	198
7.6.1.2	Estrutura organizacional	201
7.6.1.3	Atuação atual	202
7.6.2	Atuação visualizada/pretendida	204
7.6.2.1	Unidades de harmonização central	204
7.6.2.2	Auditoria interna	205
7.6.2.3	Inspeção	205
7.6.3	Modelo sugerido	206
7.6.4	Estratégia de implementação – Responsáveis e fases	208
7.6.4.1	Secont	209
7.6.4.2	Secretaria de Planejamento	210
7.6.4.3	Secretaria de Fazenda	210
7.6.4.4	Secretaria de Gestão e Secretaria de Governo	210
7.6.4.5	Secretarias de Estado	210
7.6.4.6	Governo do Estado do Espírito Santo	211
7.7	Modelo para Minas Gerais	211
7.7.1	O sistema atual de controle interno do Poder Executivo do Estado de Minas Gerais	211
7.7.1.1	Considerações gerais	211
7.7.1.2	A Controladoria-Geral do Estado de Minas Gerais: estrutura organizacional e macrofunções	213
7.7.1.3	As unidades de auditoria setoriais e seccionais	215
7.7.2	Modelo sugerido para Minas Gerais	218
7.7.2.1	Considerações gerais sobre o contexto de mudança	218
7.7.2.2	Ações e etapas de mudança	219
7.8	Modelo para Santa Catarina	224
7.8.1	A organização atual do Sistema de Controle Interno em Santa Catarina	225
7.8.2	Linhas gerais para a nova organização administrativa do órgão central do Sistema de Controle Interno	227
7.8.3	Fases de implementação	231
7.9	Visão de São Paulo	232

CAPÍTULO 8
DEFINIÇÕES..235

ANEXO A...243
ANEXO B...244
ANEXO C...250
ANEXO D...251
ANEXO E...252
ANEXO F...254

SOBRE OS AUTORES..255

PREFÁCIO

O controle interno da Administração Pública representa algo que interessa a todos: o esforço pelo adequado uso dos escassos recursos públicos. Para isso, as Controladorias brasileiras têm feito do Conselho Nacional de Controle Interno – Conaci o espaço de vanguarda para os avanços necessários nessa direção, inclusive buscando parceiros institucionais estratégicos, como o Banco Mundial.

Norteados pelo propósito de cotejar as melhores práticas internacionais de auditoria governamental, uma das fundamentais macrofunções do controle interno, o Conaci e o Banco Mundial realizaram, em 2014 e 2015, dois seminários internacionais, um em Foz do Iguaçu e outro em Brasília, com especialistas de vários países e instituições, convidados exclusivamente para a ocasião, iniciando um vigoroso e ascendente processo de cooperação internacional, com vistas a pavimentar o caminho para uma reforma incremental do sistema de controle interno, de modo a aperfeiçoar a auditoria à luz dos parâmetros técnicos difundidos para além das fronteiras nacionais.

Em seguida, o Conaci passou a ser convidado para iniciativas de troca de experiências e intercâmbio técnico no âmbito da Europa e Ásia Central, articuladas por meio da Comunidade de Práticas de Auditoria Interna – Aprendizado por Assistência Interpares sobre Gestão de Gastos Públicos (PEMPAL/Iacop – Public Expenditure Management Peer-Assisted Learning/Internal Audit Community of Practice), com apoio do Banco Mundial.

Assim, nos últimos anos, aconteceram missões de representação das Controladorias do Brasil, por meio do Conaci, a convite da PEMPAL/Iacop e com o apoio do Banco Mundial, com participação em reuniões em Praga, na República Tcheca, em Budapeste, na Hungria, em Moscou, na Rússia, em Bruxelas, na Bélgica, em Ierevan, na Armênia, em Tblisi, na Geórgia, entre outras.

A visita técnica de estudos ocorrida em 2016, à Bulgária e à Croácia, recentemente integradas à União Europeia, buscou conhecer as reformas dos sistemas de controle interno que estão ocorrendo naqueles países, seus fundamentos, conceitos, mudanças, possibilidades e desafios, e os resultados da análise comparativa efetuada, realçando os aspectos de interesse para possível aplicação, encontram-se resumidamente relatados nesta oportuna e inovadora obra, agora compartilhada com todos quantos possam se interessar pela temática abordada.

Trata-se de elaboração coletiva, motivada pela busca do fortalecimento do controle da Administração, com abordagem técnica bem fundamentada e perspectiva aplicada à transformação da realidade.

A sociedade cobra mais eficiência e efetividade da atuação dos governos, e os agentes públicos cientes de sua responsabilidade procuram oferecer a contribuição que se mostre possível. A presente publicação é fruto do comprometimento de profissionais do controle governamental, com visão focada no interesse público e em sintonia com o atual momento democrático, a fim de colaborar para uma gestão ainda mais aberta, participativa, eficiente e capaz de oferecer resultados concretos à população.

Gustavo Ungaro
Controlador Geral do Município de São Paulo. Membro Titular do Conaci e Presidente no biênio 2014-2015. Secretário Executivo da Rede Paulista de Controladorias. Bacharel, Mestre e Doutor em Direito pela USP. Professor de Ensino Superior. Advogado licenciado. Foi Secretário Executivo do Fórum Paulista de Combate à Corrupção – FOCCO/SP. Corregedor Geral e Ouvidor Geral do Estado de São Paulo.

APRESENTAÇÃO

O Conselho Nacional de Controle Interno – Conaci, instituição de caráter nacional, sem fins lucrativos, constituída pelos órgãos de controle interno dos estados, Distrito Federal, municípios-sede das capitais e da União, tem como finalidade fortalecer os controles internos no Brasil, por meio de representação, integração, assessoramento, intercâmbio de informações e de experiências, possibilitando ações conjuntas em favor da melhoria da governança e da gestão pública, da qualidade dos gastos e da transparência dos atos governamentais, da prevenção e do combate à corrupção, fomentando o controle social, em prol do Estado e da sociedade brasileira.

Ao atuar em todo o país, grande parte do sucesso do Conaci se deve à integração, à abrangência de suas ações, ao comprometimento e desempenho de seus membros filiados e associados, que necessitam exercitar permanente aperfeiçoamento de seu capital intelectual e da sua estrutura funcional e organizacional.

No âmbito do Conselho, é fator fundamental o compartilhamento do conhecimento e das experiências inovadoras e edificantes. As soluções exitosas são continuamente apresentadas por profissionais renomados do controle interno do setor público, assim como, especialmente, da iniciativa privada e das instituições internacionais.

Com o reconhecimento do Conaci como a maior representação institucional do controle interno no Brasil, certamente não tardaria sua aproximação com a Editora Fórum, a mais conceituada quando se trata de publicações técnicas voltadas para as áreas de interesse dos profissionais que atuam no controle da Administração Pública e de *compliance* das empresas.

A parceria estratégica do Conaci com a Editora Fórum surge então para suprir uma lacuna na bibliografia do setor, fruto de entendimentos que mantivemos com o seu presidente e editor, Luís Claudio Ferreira, para quem muito devemos agradecimentos. Nossas instituições decidiram realizar ações conjuntas. Uma delas seria a edição de publicações técnicas e científicas do Conaci sobre temas relacionados ao controle interno, com a produção de obras que reúnam experiências e casos de sucesso, propostas e executadas por profissionais que atuam cotidianamente com os assuntos abordados.

Esta primeira publicação pela Editora Fórum, que marca o início dessa importante e duradoura parceria, compila dois trabalhos técnicos: a obra *Sistema de Controle Interno da Administração Pública na União Europeia e no Brasil*, resultante da ação estratégica conjunta do Conaci e Banco Mundial, assim como a obra *Panorama de Controle Interno no Brasil – Conaci 2017*, de autoria exclusiva do Conselho.

Após a Visita de Estudo, realizada na Croácia e Bulgária, em março de 2016, cuja missão internacional contou com integrantes do Conaci, representantes dos seus órgãos de controle interno filiados de Minas Gerais, São Paulo, Santa Catarina, Ceará, Espírito Santo, Distrito Federal e da União, bem como de parceiros importantes, como Ministério do Planejamento, TCU, Grupo de Gestores das Finanças Estaduais (Gefin), Atricon e próprio Banco Mundial, foi elaborado o referido trabalho, que tem como objetivos: divulgar os resultados do Projeto Study Visit, difundir o modelo de Sistema de Controle Interno Público da União Europeia (PIC); fortalecer o debate sobre as diversas possibilidades de desenhos do sistema de controle interno no Brasil e fornecer informações para discussão, entre todos os atores do processo, de uma estratégia para o fortalecimento do sistema de controle interno no Brasil, nos níveis federal, estadual e municipal.

Um dos resultados já obtidos foi a confirmação do propósito de intensificar a capacitação dos profissionais do controle interno que atuam na macrofunção de auditoria interna governamental na metodologia do modelo IA-CM – Internal Audit Capability Model, em pleno desenvolvimento.

Complementando esta publicação, temos a obra *Panorama de Controle Interno no Brasil – Conaci 2017*, realizada pelo Conselho, por meio de Grupo Técnico composto pelos representantes dos seus filiados dos estados do Rio de Janeiro, Rio Grande do Sul e Santa Catarina e município de Porto Velho, que é constituído por meio dos diagnósticos do perfil dos órgãos de controle interno integrantes do Conselho, resultante da atualização de pesquisa para sua elaboração, no período de abril a junho de 2016.

O referido panorama objetiva conhecimento e estudos para subsidiar ações e projetos estratégicos em prol do fortalecimento dos órgãos de controle interno no país, por meio da identificação dos diversos estágios de maturidade institucional, induzindo todas as instâncias decisórias envolvidas a perseguir – ou serem provocadas para tanto – o alcance dos padrões de excelência observados, que passam a ser referências aos que ainda não o atingiram, no intuito de contribuir para a construção de uma melhor governança e gestão pública e, consequentemente, melhores resultados das entregas aos cidadãos brasileiros.

São apresentados no trabalho técnico o planejamento estratégico voltado ao fortalecimento do controle da Administração Pública, além da Proposta de Emenda Constitucional – PEC nº 45/2009. Outros importantes conteúdos são os modelos básicos de regulamentação da Lei nº 12.846/2013 – Lei Anticorrupção; da Lei nº 12.527/2011 – Lei de Acesso à Informação; e do Marco Regulatório das Organizações da Sociedade Civil – MROSC – Lei nº 13.019/2014, elaborados por outros grupos técnicos do Conselho. Além disso, traz estudos técnicos qualificados e consolidados sobre o tema e disponibiliza o portfólio de produtos e práticas de sucesso em controle interno, bem como as diretrizes para o controle interno no setor público.

Por fim, a leitura desta publicação, resultante da compilação de duas importantes obras do Conaci, acreditamos, confirmará o firme e consciente passo que nosso Conselho deu nesse período, fruto de seu processo de fortalecimento, credibilidade e respeito institucional, junto aos seus membros filiados e associados, à sociedade brasileira e a organismos internacionais parceiros. Registramos, aqui, por justa motivação, o apoio e a confiança fundamentais de todos os nossos conselheiros, partícipes ativos nessa tão honrosa e grandiosa conquista do nosso Conselho.

E se você, assim como nós, é um entusiasta do assunto, convidamo-lo à leitura da presente obra, para conhecer em detalhes nossas realizações e resultados, colocando-nos à disposição para recebermos sugestões e críticas para que possamos melhorar nossa atuação em futuras oportunidades. Juntos, estaremos mais próximos de cumprir a missão de fortalecer o controle interno no Brasil, promovendo a excelência da governança e da gestão pública e a promoção de uma sociedade mais justa. É o Conaci contribuindo para um Brasil melhor.

Roberto Paulo Amoras
Auditor Geral do Estado do Pará e Presidente do
Conaci no biênio 2016-2017.

CONSIDERAÇÕES INICIAIS/INTRODUÇÃO

A necessidade de aperfeiçoamento do Sistema de Controle Interno no Brasil é evidente: temos elevado nível de corrupção;[1] alto índice de desperdício de recursos públicos na gestão de programas governamentais nas três esferas (federal, estadual e municipal); ausência de padronização dos procedimentos de auditoria interna e limitada eficácia de seus relatórios; falta de definição normativa das funções e atribuições da auditoria interna; dificuldades de se obter informações completas e em formato amigável nos portais de transparência etc. Em outras palavras, gasta-se muito, gasta-se mal e com pouco controle. O índice de governança está aquém do desejado e não existe um sistema de integridade adequado e funcional.

O planejamento está distante da execução financeira. Os programas não interagem. Os controles ora são insuficientes e/ou ausentes, ora se sobrepõem e dificultam o andamento das políticas públicas. Os planos prioritários do planejamento estratégico (PE), muitas vezes, sequer são identificados nas peças orçamentárias (PPA, LDO e LOA). Os indicadores que deveriam nortear o acompanhamento do PE não medem sua evolução. Os riscos não são gerenciados adequadamente. Os gestores terceirizam sua responsabilidade de controle dos objetivos. Não há *accountability* pelo não cumprimento de metas e entrega de resultados. A pretexto de "garantir" a legalidade, muitas vezes o gestor abandona a eficiência e privilegia a forma em detrimento do conteúdo.

---

[1] O Brasil é o 76º colocado em *ranking* sobre a percepção de corrupção no mundo, segundo estudo divulgado pela Organização Transparência Internacional, que analisa 168 países e territórios.

Por outro lado, penaliza-se o sucesso. O gestor que consegue entregar mais produtos e serviços com menos recursos tem seu orçamento diminuído no ano seguinte. Premia-se o conservador, aquele que não tem espírito empreendedor e que não enfrenta riscos. A população não tem a seu dispor serviços públicos de qualidade, em contrapartida à altíssima carga tributária que entrega aos cofres públicos. Tudo isso promove um ambiente de desconfiança entre gestores e auditores. Esses últimos são vistos como fiscais, não como propulsores do aperfeiçoamento da gestão.

Para mudar esse quadro, os auditores precisam estar mais próximos dos gestores, propondo melhorias, avaliando a eficiência e a efetividade, mostrando alternativas mais eficazes para agregar o maior valor possível aos recursos arrecadados dos contribuintes, afinal, esse é seu papel principal.

Para tanto, faz-se imprescindível uma mudança na mentalidade de todos os *stakeholders* envolvidos, incluindo, sobretudo, as autoridades máximas dos órgãos e entidades, os gestores e responsáveis pela formulação e execução do planejamento e orçamento e os próprios auditores internos. Todos devem compreender a terminologia, os conceitos e as diferenças na natureza das atividades desempenhadas, além das competências e responsabilidades legais e institucionais de cada um.

Nenhuma dessas mudanças, no entanto, é fácil de ser implementada. Por esse motivo, o Banco Mundial e o Conaci estruturaram a viagem para a Croácia e a Bulgária, com três objetivos principais: conhecer o modelo de controle interno da União Europeia, com foco na auditoria governamental; fazer breve estudo comparado entre o modelo europeu e o modelo brasileiro e, finalmente, apresentar propostas e alternativas para um novo modelo de Sistema de Controle Interno brasileiro.

A escolha do modelo de controle interno europeu se deveu basicamente ao fato de este estar baseado em normas e padrões internacionais e, além disso, ser utilizado em países com baixo índice de percepção da corrupção, conforme consta na lista apresentada pela Transparência Internacional,[2] de acordo com o mapa a seguir.

---

[2] O Brasil teve piora no *ranking* internacional de percepção da corrupção divulgado no dia 27.1.2016 pela Organização Não Governamental Transparência Internacional. O país caiu sete posições em comparação ao ano anterior e ocupa o 76º lugar na lista de 2015. O Brasil foi o país que teve a maior queda, de acordo com a organização. O índice avalia a percepção sobre a corrupção do setor público em 168 países. Na escala que vai de zero (mais corrupto) a 100 (menos corrupto), o Brasil aparece com 38 pontos. O país no qual a

Figura 1 – Mapa-mundo do índice de percepção de corrupção elaborado pela
Transparência Internacional (2016)

O modelo de Sistema de Controle Interno público europeu (PIC) foi estruturado para orientar os governos na criação de um ambiente de controle eficaz com o propósito de fornecer uma garantia razoável de que as transações atendem aos princípios da boa gestão financeira, transparência, eficiência, eficácia e economia, e as disposições legais e orçamentárias relevantes.

As implicações práticas deste modelo estão registradas neste documento, que tem como finalidade apresentar a experiência decorrente da visita à Croácia e à Bulgária bem como contribuir para o debate

---

população tem a menor percepção de corrupção é a Dinamarca, que aparece no topo da lista pelo segundo ano consecutivo. Em seguida estão a Finlândia e Suécia. Os países com piores avaliações são a Coreia do Norte e Somália. "O Brasil foi quem teve a maior queda, perdendo 5 pontos e descendo 7 posições, para o 76º lugar. O escândalo da Petrobras, atualmente em curso, levou as pessoas às ruas em 2015 e o início do processo judicial poderá ajudar o Brasil a frear a corrupção", registra o comunicado da ONG Transparência Internacional.

a respeito das mudanças possíveis e necessárias no Sistema de Controle Interno brasileiro.

O documento está estruturado em oito capítulos.

O *capítulo 1* apresenta o modelo europeu do controle interno público (PIC), os princípios e pilares do sistema, a função, o papel e os conceitos das atividades de controle. Depois é feito o detalhamento de cada um dos elementos, enfatizando o papel da gestão e do controle financeiro, da auditoria interna, da inspeção financeira e sua harmonização e, por fim, o relacionamento da atividade de AI com a gestão financeiro-orçamentária e com o controle externo e a sociedade, ressaltando as dificuldades e limitações do PIC.

O *capítulo 2* faz um comparativo entre o modelo europeu e o existente no Brasil, destacando as funções dos órgãos de controle, bem como o relacionamento entre os diversos tipos de controle existentes nos países estudados.

O *capítulo 3* explica os desafios que existem e as alternativas possíveis para a reestruturação do Sistema de Controle Interno no Brasil e destaca as vantagens da convergência aos padrões internacionais.

O *capítulo 4* oferece sugestões e aponta uma trajetória de mudança de modelo no Brasil, de maneira harmoniosa e consciente, e em atendimento aos princípios internacionalmente aceites.

No *capítulo 5*, disserta-se sobre questões centrais que deverão ser ponderadas e acordadas para reestruturar-se o sistema brasileiro.

O *capítulo 6* esclarece algumas ações, atividades e componentes que podem ser debatidos e detalhados no sentido de sanar as áreas críticas previamente identificadas.

Por fim, o *capítulo 7* apresenta alguns possíveis redesenhos de sistemas de controle interno à luz do modelo PIC europeu.

CAPÍTULO 1

O MODELO EUROPEU DE CONTROLE INTERNO PÚBLICO (PIC)

O conceito de controle interno do setor público (PIC – Public Internal Control, inicialmente denominado PIFC – Public Internal Financial Control) foi desenvolvido pela Comissão Europeia (CE), a fim de fornecer um modelo estruturado e operacional para ajudar os governos nacionais pertencentes ao espaço da União Europeia (UE), ou candidatos a pertencerem à UE, a reestruturar o seu ambiente de controle interno e atualizar seus sistemas de controle para o adequado cumprimento das normas internacionais e das melhores práticas da EU.[3] O conceito do modelo PIC pode ser descrito da seguinte forma:
- *público*: cobrindo todas as atividades no setor público;
- *interno*: cobrindo o controle exercido pelos próprios entes de governo centralizados e descentralizados;
- *controle*: sobre os meios para alcançar os objetivos do governo.

Este modelo foi estruturado para orientar os governos na criação de um ambiente de controle eficaz com o propósito de fornecer uma garantia razoável de que as transações cumpram com os princípios da boa gestão financeira, transparência, eficiência, eficácia e economia, bem como com as disposições legais e orçamentárias relevantes.

A reforma da Administração Pública – ou de alguns dos seus aspectos – tem estado na agenda de muitos Estados-Membros da UE por várias décadas. Enquanto as reformas mais gerais da "gestão pública" foram mais intensas na década de 1990, é interessante notar que nas áreas de controle interno parece ter havido mais reformas desde 2000.

---

[3] As normas internacionais principais do PIC são as orientações da Intosai sobre controle interno no setor público e o documento da posição do IIA sobre auditoria interna na Europa.

Estas reformas posteriores podem ser explicadas pelo reconhecimento da necessidade de gerir o risco. Nesse período, o modelo PIC tem se transformado numa parte amplamente utilizada, integral e vital da maioria dos sistemas de governança da Europa.

A adesão à UE foi, claramente, fundamental para a maneira como os 13 novos Estados-Membros reformaram suas administrações públicas em geral e os seus sistemas de controle interno em particular. Esta adesão tem também influenciado as soluções para sistemas PIC adotados pelos países que se tornaram Estados-Membros da UE, em meados da década de 1990 (Áustria, Finlândia e Suécia). Mais tarde, após a adesão, o esforço para um melhor desempenho parece ser o objetivo mais proeminente para reestruturar o modelo de controle interno.

Este objetivo também foi a motivação para os países da UE 15,[4] que reconheceram a necessidade de adaptar o setor público a uma entrega rápida de serviços demandados hoje e de serviços que serão esperados no futuro, enquanto ao mesmo tempo se esforçam para evitar o crescimento dos déficits orçamentários (ver o caso da Bélgica, Dinamarca, França e Portugal).

Há também países onde as reformas administrativas foram destinadas a fundamentalmente devolver ou descentralizar poderes públicos centrais (Itália e Espanha). Em outros países, as reformas têm sido baseadas, em parte, na visão de que alguns serviços que são entregues hoje por organizações públicas poderiam ser mais eficientes e eficazes se entregues por organizações não públicas ou parcialmente competitivas (Suécia e Reino Unido).[5]

Os desenvolvimentos mais marcantes dos modelos de controle interno na Europa são resultado de uma atenção crescente quanto aos objetivos e à gestão de desempenho, aos riscos e à governança como um todo, incluindo a *accountability*, bem como quanto à qualidade da prestação de serviços e à eficiência de custos. Estes desenvolvimentos levaram à ampla introdução de normas nacionais ou internacionais;

---

[4] UE 15 corresponde à Europa dos 15 países de 1992 que deu início à União Europeia. O alargamento e inclusão de 10 novos países deram-se em 2004 e, mais recentemente, em 2007, 2008 e 2013, Bulgária, Cyprus e Croácia ascenderam à EU, perfazendo os atuais 28 países-membros.

[5] Mais informações podem ser encontradas em EUROPEAN UNION. *Compendium of the Public Internal Control Systems in the EU member states*. 2. ed. Luxembourg: Publications Office of the European Union, 2014.

à clara definição das bases legais e dos mandatos para o controle, para a auditoria interna e – nos casos em que existe – para a inspeção financeira. A essência da governança é assegurar que as organizações operem, a todo momento, de um modo que gerem risco, atinjam objetivos e cumpram os princípios de boa gestão financeira. O PIC cria a moldura operacional para colocar a governança em prática.

A governança está no centro das atenções hoje em dia. Cada vez mais, o cidadão espera que o governo se concentre em resultados tangíveis, no gasto responsável e na *accountability* do ente público. Não obstante esta alta expectativa dos cidadãos, os entes públicos são confrontados com restrições fiscais, levando a que o controle interno de fundos públicos sistemático e disciplinado não só seja urgente, mas fundamental.

Assim, a capacidade da Administração Pública para gerir o orçamento nacional de maneira eficiente e eficaz e para fornecer serviços ou resultados de alta qualidade está diretamente ligada às perspectivas de crescimento e desenvolvimento nacional e global.

O sistema PIC considera todos os aspectos das operações e políticas de gestão – e não apenas os aspectos financeiros. A gestão de fundos não trata apenas do dispêndio do recurso público, mas também do recebimento de dinheiro, da salvaguarda dos ativos e passivos, e da recuperação dos montantes pagos indevidamente. O objetivo do PIC, portanto, é ajudar os governos a "gastarem bem".

1.1 Os princípios do controle interno público na Europa (PIC)

O PIC é um sistema abrangente que foi desenvolvido para controlar os aspectos financeiros das operações do governo e para assegurar uma boa gestão financeira. O modelo baseia-se em três princípios, (1) *accountability* do gestor implementada por meio de, entre outros, sistemas de gestão e controle financeiro (sistemas de GCF), (2) auditoria interna descentralizada e funcionalmente independente (sistemas de AI) e (3) harmonização central (UHC) *dos sistemas de GCF e AI* (com responsabilidade de desenvolver metodologias e normas para o seu efetivo funcionamento).

1.1.1 Accountability do gestor (*managerial accountability*)

O elemento principal do modelo PIC reside na *accountability* do gestor. O principal dirigente deverá ser *accountable* por atingir os objetivos da organização/entidade, de modo que atenda aos princípios de economia, eficiência e eficácia.

A implementação desse conceito tem sido, no entanto, uma grande mudança de cultura para os gestores em muitos países que reestruturaram, recentemente, o seu ambiente de controle.

Os sistemas tradicionais de controle interno envolvem processos altamente centralizados de controle prévio. Isso leva a uma situação de responsabilidade dividida. O ordenador de despesa diz que o controlador que faz revisão prévia é o responsável. O controlador que faz revisão prévia diz que o ordenador de despesa é o responsável. Esta responsabilidade dividida leva a situações de não responsabilidade. E nenhuma responsabilidade muitas vezes leva a nenhum resultado.

O modelo PIC considera que o dirigente máximo da entidade deverá implementar o que chamamos de sistemas de gestão e controle financeiro, a fim de reduzir os riscos e, assim, ajudar a garantir que os objetivos da organização sejam cumpridos. Esses sistemas de gestão e controle financeiro, ou GCF, podem ser vistos como o primeiro pilar do modelo PIC.

1.1.2 O desenvolvimento de sistemas de gestão e controle financeiro

O desenvolvimento de sistemas de gestão e controle financeiro (GCF) implica o estabelecimento de objetivos para a organização (alinhados com o plano estratégico da entidade), identificando os riscos para alcançar estes objetivos e, em seguida, estabelecendo medidas de desempenho ou controles para garantir que eles mitiguem os riscos identificados. A GCF é, portanto, parte integrante dos processos de planejamento, execução e monitoramento da gestão. Não é algo para ser construído superiormente – é algo para ser desenvolvido internamente.

Esses sistemas e procedimentos de controle terão, então, de ser realizados por todos os funcionários da organização. O principal dirigente não pode, e não deve, fazer tudo. Assim, embora o principal dirigente permaneça em última instância responsável, todo o pessoal da organização tem um papel a desempenhar na implementação da gestão e controle financeiro.

Isso representa um desafio especial, pois é necessário assegurar que a GCF seja vista como importante por todos os funcionários, seja compreendida por todos os funcionários e seja aplicada por todos os funcionários.

1.1.3 O papel da auditoria interna

O segundo elemento do modelo PIC refere-se à auditoria interna. Quando os sistemas de gestão e controle financeiro estão implementados, os gestores podem solicitar aos seus auditores internos que lhes forneçam uma avaliação objetiva desses sistemas e ver se eles estão funcionando de maneira adequada e eficaz.

Resumidamente, o papel da auditoria interna é fornecer à gestão uma opinião independente, objetiva e consultiva, que visa avaliar e sugerir melhorias para aumentar a eficácia de seus sistemas de GCF.

A auditoria interna não pode funcionar corretamente, ou aplicar adequadamente as normas internacionais, se os sistemas de GCF não estiverem implementados, sob o princípio da *accountability* da administração. Fazendo uma clara ponderação: o que vai um auditor realmente auditar se não houver sistemas de controle em vigor?

O papel de um auditor interno é bastante diferente do papel de um inspetor financeiro. Um inspetor financeiro vai investigar as transações para detectar fraudes e erros, com vista à tomada de medidas disciplinares. O papel de um auditor, como descrito acima, é avaliar os sistemas de GCF para ver se eles contribuem de maneira econômica, eficiente e eficaz, para atingir os objetivos das organizações. Se existirem lacunas, o auditor vai fazer recomendações sobre como resolvê-las.

Entender essa relação entre os sistemas de GCF e de auditoria interna é importante para o desenvolvimento bem-sucedido do sistema PIC.

Note-se que muitas pessoas veem, erroneamente, o modelo PIC como exclusivamente de auditoria interna. A auditoria interna é uma parte integrante do modelo PIC e anda de mãos dadas com os sistemas de GCF. O modelo PIC tem, assim, dois aspectos centrais: a gestão e controle financeiro (GCF) e a auditoria interna (AI).

1.1.4 A harmonização central dos sistemas de GCF e de AI

Por sua complexidade e abrangência, para a efetiva aplicação do PIC, é indispensável garantir a harmonização da abordagem em todos os níveis de governo. Nesse sentido, definida como o terceiro pilar do modelo, a unidade de harmonização central (UHC) é o agente

gestor do desenvolvimento do PIFC. Assim, o modelo PIC prevê uma unidade ou unidades de harmonização central[6] que deverá(ão) ter as seguintes características:
(i) deve(m) apresentar capacidade de harmonização do sistema de GCF em todo o governo baseado no princípio de *accountability* dos gestores;
(ii) deve(m) apresentar capacidade de harmonização das unidades descentralizadas e funcionalmente independentes de AI em todo o governo;
(iii) deve(m) reportar-se ao mais alto nível da gestão e tem(têm) o poder de impor aos ministérios[7] e a outros órgãos públicos a implementação das orientações relevantes;
(iv) deve(m) apresentar capacidade e poder de assumir a responsabilidade de atender às necessidades de orientação, treinamento e monitoramento dos vários intervenientes nas áreas de GCF e de AI;
(v) o chefe de cada unidade de harmonização central deve ser um servidor público.

No que diz respeito à *unidade de harmonização central do sistema de gestão e controle financeiro*, esta deverá ser responsável por coordenar o desenvolvimento e implementação dos princípios da gestão e controle financeiro em todas as entidades do setor público. Ela faz isso ao:
- desenvolver o marco legal para apoiar a GCF por meio de regras e manuais de procedimentos;
- promover o desenvolvimento da GCF por meio de um *site* e de uma rede de intercâmbio para profissionais de GCF;
- desenvolver novas habilidades e capacitar os profissionais de GCF por meio de programa de treinamento para o gestor das áreas administrativa, financeira e contábil (profissionais que prestam as contas) e para os gestores (usuários do orçamento/ordenadores de despesa);
- acompanhar a implementação dos sistemas de GCF por meio da verificação das autoavaliações e relatórios sobre o *status* do sistema de GCF de cada gestor;

---

[6] Alguns países têm duas unidades de harmonização central, uma que trata dos assuntos respeitantes à GCF e outra que trata dos aspetos da área de AI (como é o exemplo da Bulgária). Outros países optaram por ter somente uma unidade de harmonização central que trata dos assuntos respeitantes a ambas as áreas (exemplo da Croácia). As opiniões sobre ter uma ou duas unidades de harmonização divergem entre países, havendo vantagens e desvantagens nos dois modelos e argumentos a favor de um e de outro.

[7] Ministérios, no caso do Governo Federal, e secretarias estaduais ou municipais, conforme o âmbito de atuação federal, estadual ou municipal.

- fornecer as informações necessárias ao ministro/secretário (do ministério/secretaria em que se localiza a UHC), que, em seguida, apresentará seu relatório anual sobre a adequabilidade do sistema de GCF para a autoridade competente (Parlamento ou chefe do Poder Executivo – respectivo presidente/governador/prefeito).

No que diz respeito à *unidade de harmonização central do sistema de auditoria interna*, esta, além das responsabilidades correlatas às citadas acima, tem uma responsabilidade complementar de avaliar e recomendar melhorias aos sistemas de gestão e controle financeiro. Ela faz isso ao:

- estabelecer as competências e atribuições da função de auditoria interna;
- desenvolver legislação e métodos para a função de auditoria interna com base nas boas práticas e normas internacionais;
- supervisionar e acompanhar as atividades de auditoria interna, para aumentar a qualidade e a utilidade do trabalho de auditoria interna;
- receber os pareceres dos auditores internos e preparar relatório anual sobre as atividades de auditoria interna ao ministro/secretário (do ministério/secretaria em que se localiza a UHC);
- implementar programa de treinamento e certificação de auditores internos profissionais para a prática de AI;
- apoiar e incentivar a cooperação institucional entre os parceiros que partilham os mesmos interesses profissionais.

1.1.5 Outros atores no modelo PIC

Além das unidades de harmonização central, existem outros atores institucionais que são essenciais à implementação e manutenção adequada do sistema PIC:

a) governo;
b) gestores em cada entidade do setor público que deverão cumprir com os requerimentos do PIC nas suas organizações; e
c) as entidades fiscalizadoras superiores.[8]

---

[8] No Brasil temos 34 entidades fiscalizadoras, sendo o Tribunal de Contas da União a EFS federal, e mais 33 entidades fiscalizadoras regionais ou subnacionais, que fiscalizam recursos dos respectivos orçamentos estaduais e municipais.

Mais informações sobre os papéis e responsabilidades destes atores pode ser encontrada nos seguintes documentos:
- O capítulo 32 da *Acquis Communautaire* da UE;
- *Welcome to the world of PIFC*, da Comissão Europeia (Bruxelas);
- Notas dos trabalhos da Conferência de Bruxelas sobre PIFC de setembro de 2009;
- *Modelo de gestão financeira: declarações de boas práticas na gestão financeira pública*, publicado pelo UK Chartered Institute of Public Finance and Accountancy (CIPFA), em 2007;
- Arcabouço integrado de controle interno, publicado pelo Coso.

a) *Governo*

O governo é responsável pela adoção de uma política que exija das entidades do setor público a implementação do modelo PIC e pelo estabelecimento do marco legal e da capacidade institucional para implementar essa política.

O governo é também responsável por estabelecer a cadeia de responsabilidade entre os cidadãos e os gestores do setor público, o que inclui um sistema de *accountability* da administração em que: (i) os gestores concordam formalmente em cumprir os objetivos mensuráveis do programa e implementar o PIC; (ii) o desempenho do programa dos gestores é medido e comparado com os objetivos acordados; e (ii) os gestores são responsabilizados individualmente pelo desempenho de suas organizações.

b) *Gestores (o papel de desenvolver e manter controles internos)*

A *accountability* do gestor é a expectativa de que os gestores em todo o governo são responsáveis por definir e cumprir as metas de desempenho de seus programas, controlando seus custos, mitigando os riscos adversos de suas operações e assegurando que os programas são geridos com integridade e em conformidade com as leis aplicáveis. A alta administração irá delegar a responsabilidade aos gestores mais operacionais de modo que as decisões sejam tomadas o mais próximo possível do ponto de entrega dos serviços, enquanto se mantém a responsabilidade geral.

Para cumprir esta responsabilidade, a alta administração deve estabelecer, supervisionar e manter sistemas de controle e de gestão financeira eficazes. Estes sistemas de controle são a estrutura, as políticas e os procedimentos da organização que asseguram razoavelmente que:

- programas atinjam os objetivos pretendidos;
- recursos sejam utilizados de maneira econômica, eficiente e eficaz para alcançar a missão da organização;
- bens e recursos sejam protegidos de desgaste, perda, uso não autorizado, apropriação indébita, fraude e má gestão;
- políticas, planos, procedimentos, leis, regulamentos e normas sejam seguidos;
- informação confiável, precisa e oportuna seja obtida, mantida, comunicada e usada para a tomada de decisão.

c) *Entidades fiscalizadoras superiores (SAI)/tribunais de contas*

As observações anteriores referem-se ao modelo PIC como arcabouço do Sistema de Controle Interno do governo. No entanto, é essencial que o sistema de controle e a qualidade do seu funcionamento sejam objeto de uma auditoria externa ou de avaliação independente por uma entidade fiscalizadora superior (SAI), que é responsável, não perante o Poder Executivo, mas perante os membros do Legislativo na sua qualidade de representantes eleitos pelo povo.

A SAI deve ser membro da Organização Internacional de Entidades Fiscalizadoras Superiores (Intosai), além de adotar e implementar as apropriadas normas de auditoria para o setor público e os respectivos princípios éticos.

Como auditor externo do Legislativo,[9] cumpre à SAI o papel de auditar anualmente o relatório do governo sobre a execução do orçamento e o desempenho operacional e fornecer comentários sobre o processo de prestação de contas. A SAI poderá também realizar outras auditorias, como avaliações funcionais ou auditorias de desempenho, cujos resultados são reportados tanto para os organismos auditados como para o governo, mantendo o órgão legislativo regularmente informado sobre as suas atividades e resultados. Os relatórios da SAI devem estar disponíveis ao público, uma vez que a opinião pública é um dos principais instrumentos pelo qual a SAI pode alcançar os seus objetivos.

---

[9] No Brasil, o modelo constitucional do sistema de controle externo baseia-se em tribunais com poder para julgar os atos de gestão e impor sanções aos gestores públicos. Somente as contas anuais dos chefes do Poder Executivo Federal, Estadual e Municipal são julgadas pelo respectivo Parlamento. Essas contas anuais recebem um parecer prévio do respectivo tribunal. Contas do presidente da República são apreciadas pelo TCU (SAI) e contas dos governadores e prefeitos recebem parecer prévio dos TCE ou TCM.

Além de realizar as auditorias sob sua competência, a SAI pode também propor alterações legislativas destinadas à utilização mais eficaz dos recursos orçamentários e contribuir para o desenvolvimento contínuo do sistema de controle do governo. A SAI tem um importante papel no apoio ao desenvolvimento da estrutura de controle do governo. De acordo com De Koning,[10] "[...] é relevante desenvolver e avaliar o sistema de controle sob o olhar atento e aconselhamento desta entidade".

Assim, é esperado que a SAI mantenha atitude e papel proativos no desenvolvimento do Sistema de Controle Interno do governo. A SAI tem um interesse particular no desenvolvimento do controle interno, uma vez que um dos seus papéis será apreciar os sistemas de controle interno do governo em geral. Como tal, espera-se que as SAI desempenhem um papel-chave na promoção, junto dos ministros e da alta administração em geral, do princípio da *accountability* dos gestores, no estímulo ao desenvolvimento de sistemas de gestão e controle financeiro eficazes e no apoio da independência funcional e organizacional das unidades de auditoria interna. Não deve, obviamente, haver nenhuma sobreposição entre o papel da auditoria externa e auditoria interna, já que estes são dois atores diferentes, com atribuições e responsabilidades distintas.

1.1.6 Relacionamento entre os vários atores

Na visão do PIC, os atores têm as seguintes responsabilidades:
- O *governo* é responsável pelo desenvolvimento de uma política e instruções legais, juntamente com um arranjo institucional, para implementar o Sistema de Controle Interno.
- Às *UHC* cabe interpretar os requisitos legais, fornecer orientações aos gestores e auditores internos sobre os padrões profissionais/técnicos e os métodos a serem aplicados.
- A aplicação efetiva do Sistema de Controle Interno é da responsabilidade da alta administração de cada entidade do setor público, apoiado por uma função de auditoria interna.

A *alta administração* (*os gestores*) em cada entidade do setor público é, portanto, responsável por:
- definir e atingir os objetivos da entidade;

---

[10] DE KONING, Robert. *PIFC* – A European Commission initiative to build new structures of public internal control in applicant and third-party countries. [s.l.]: [s.n.], 2007. p. 13.

- garantir que o dinheiro seja gasto de maneira adequada no cumprimento dos objetivos da entidade;
- desenvolver um ambiente de controle que compreende sistemas de gestão e de controle financeiro;
- desenvolver uma análise de risco objetiva e de ações de gestão concretas para reduzir os riscos importantes em seus serviços;
- adotar manuais de GCF adequados, com fluxogramas de trabalho detalhados para serem utilizados pelos gestores financeiros e pelo auditor interno; e
- reportar as atividades da entidade e ser responsável por elas.

A *unidade de auditoria interna* em cada entidade do setor público é responsável por:
- avaliar o funcionamento dos sistemas de GCF em nome da alta administração e fazer recomendações para melhorá-los; e
- assessorar o gestor para melhorar a forma de alcançar os objetivos organizacionais, sem assumir a responsabilidade do gestor, *mantendo a independência funcional* (o papel do regimento de auditoria interna é importante aqui) e *mostrando o mais alto grau de objetividade, integridade e profissionalismo (código de ética).*

A interface entre a *SAI/tribunal de contas e o sistema de controle financeiro* deve acontecer por meio das unidades de harmonização central. A estreita cooperação e a prossecução de um diálogo construtivo entre a SAI e as UHC é essencial para promover a gestão eficaz dos recursos do orçamento do Estado. Este contato deve ser formalizado na forma de um grupo de trabalho de alto nível (grupo/conselho PIC) que se reúne regularmente para discutir problemas de gestão e controle financeiro interno do governo que possam surgir e encontrar soluções que satisfaçam os mandatos e objetivos de cada ator.

1.2 Papel da gestão e controle financeiro na Croácia e na Bulgária

1.2.1 A gestão e controle financeiro na Croácia

O desenvolvimento do sistema de gestão e controle financeiro na Croácia começou em 2007, com a reforma do sistema orçamentário. Uma nova Lei do Orçamento (*Budget Law*) foi aprovada em 2008 e criou as condições para o desenvolvimento do sistema de GCF. Com esta Lei do Orçamento, previu-se o desenvolvimento de planos estratégicos a cada 3 anos (até então os planos estratégicos na Croácia eram anuais). O aprimoramento do sistema de CGF foi depois aprofundado com a aprovação da Lei de Responsabilidade Fiscal em 2010 e, finalmente, com a reformulação da Lei PIC em 2015, que a tornou uma lei com escopo mais abrangente (a original datava de 2006 e era bem simplificada). As ligações entre Lei do Orçamento, Lei de Responsabilidade Fiscal e Lei do PIC estão demonstradas na figura seguinte.

Figura 2 – Ligações entre Lei de Orçamento, Lei de Responsabilidade Fiscal e Lei do PIC

Nestas leis foram integradas "ferramentas e técnicas" de GCF, como:

- Planejamento estratégico foi introduzido no ciclo orçamentário – ministérios e outros entes públicos foram obrigados a desenvolver planos estratégicos e a vincular objetivos estratégicos com os recursos orçamentários, por meio de programas e planos estratégicos. Foram definidas as competências e as responsabilidades dos utilizadores do orçamento.
- Objetivos e indicadores de desempenho foram introduzidos no planejamento. A cada programa foram atribuídos objetivos e indicadores específicos.
- A gestão de riscos foi introduzida no planejamento estratégico e no planejamento das atividades anuais.

- Um mecanismo foi desenvolvido para a aplicação prática da *accountability* dos gestores – responsáveis por atingir os objetivos e a gestão dos fundos do orçamento que lhes são atribuídos.
- Procedimentos internos de gestão de passivos, receitas, despesas, ativos foram preparados.
- A obrigação do gestor de responder a questionários de autoavaliação do funcionamento do sistema de GCF no processo de planejamento do orçamento, execução orçamentária, contabilidade, contratos públicos foi criada – este questionário é a base para a declaração sobre a responsabilidade fiscal, assinada pelos ministros/ gestores.
- O plano para o desenvolvimento do sistema de GCF é preparado a cada ano e é composto por: (i) medidas destinadas a resolver as deficiências identificadas por meio do questionário de autoavaliação, da declaração de responsabilidade fiscal, das opiniões da auditoria externa e das conclusões da auditoria interna; (ii) medidas destinadas ao aperfeiçoamento da gestão.
- Os utilizadores do orçamento/ordenadores de despesa de primeiro nível (ministérios, regiões, cidades) são obrigados a coordenar as atividades dos sistemas de GCF de outros níveis de utilizadores do orçamento e apoiar as seguintes tarefas: preparação de planos estratégicos, consolidação orçamentária, consolidação das demonstrações financeiras, gestão de riscos, monitoramento do desenvolvimento do sistema de GCF, das fraquezas, das medidas tomadas para a melhoria etc.

a) *Planejamento estratégico*

O planejamento estratégico é um processo que mapeia e indica o caminho que uma organização deve seguir. Ajuda a entidade a comunicar: (i) metas/objetivos que pretende atingir e (ii) principais ações que é necessário empreender para realizar essas metas/esses objetivos. O processo de planejamento estratégico permite ao governo: (i) identificar os objetivos mais importantes (e estabelecer prioridades); e (ii) alocar fundos para as prioridades por meio do processo orçamentário.

Assim, o planejamento estratégico tem um papel duplo:
- direcionar o trabalho dos ministérios e/ou outras entidades de governo a atingir as metas que têm um maior impacto na sociedade;
- apresentar as entidades aos cidadãos e ao público em geral (providenciando respostas: o que o ministério quer ser e fazer

no futuro e porquê). Na Croácia, todos os planos estratégicos são publicados e estão disponíveis para consulta.
O esquema mostrado na figura a seguir mostra a visão geral do processo de planejamento estratégico.

Figura 3 – Visão geral do processo de planejamento estratégico na Croácia

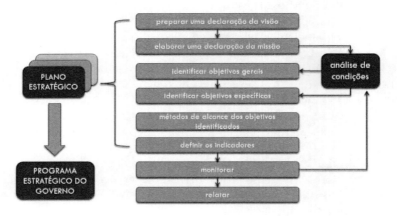

O plano estratégico tem assim o seguinte *layout*:
- *declaração da visão* – informa a visão de futuro do país pela organização;
- *declaração de missão* – informa o papel da organização no apoio ao atingimento das metas do país;
- *objetivos gerais* – as grandes metas a serem atingidas no longo prazo pela organização (máximo de 5 por ministério e 1 por outras entidades de governo);
- *objetivos específicos* – ações atingíveis para serem realizadas no curto/médio prazo (máximo de 7 para cada objetivo geral);
- *métodos de implementação* – medidas e programas a serem usados para alcançar os objetivos;
- *KPI (key process indicators)* – são os indicadores mensuráveis definidos para avaliar o progresso e os resultados (mínimo 1 e máximo 3);
- *identificação e avaliação dos riscos*.[11]

---

[11] Para mais informação sobre o planejamento estratégico de 2016 a 2018 da Croácia, consultar o documento no seguinte sítio: http://www.mfin.hr/adminmax/docs/Strateski%20plan%20Ministarstva%20financija%202016%20-%202018.pdf.

CAPÍTULO 1
O MODELO EUROPEU DE CONTROLE INTERNO PÚBLICO (PIC) | 37

A imagem a seguir mostra um exemplo do preenchimento dos KPI do Ministério das Famílias, Veteranos e Solidariedade entre Gerações.

Figura 4 – Exemplo do preenchimento dos indicadores de processos-chave (KPI)

Método de Realização	Método de Realização	Definição	Unidade	Valor Inicial	Fonte	Valor Alvo (2011)	Valor Alvo (2012)	Valor Alvo (2013)
1.1.1 Implementação de medidas focadas no apoio familiar	1.1.1.1 Aumentar o número de nascimentos vivos por 1000 cidadãos	Aumentar o número de nascimentos vivos contribui para a realização da meta do aumento da taxa de natalidade	%	9,9	MFVIS	10,7	11	11.3
	1.1.1.2 Participação de pais trabalhadores que usam formas flexíveis de licença parental no número global de usuários	Aumentar a participação de pais trabalhadores que usam formas flexíveis de licença parental cria predisposições para cuidados infantis de qualidade e para elevar o nível da qualidade da vida de crianças em famílias	%	34,55	MFVIS	35	35,5	36
	1.1.1.3 Participação de pais que usam o direito durante assistência à infância no início do número global de usuários	Aumentando a participação de pais que usam o direito durante assistência à infância permite que as mulheres regressem ao mercado de trabalho mais cedo e ganhem independência econômica. Isto também contribui para a igualdade de gêneros.	%	1.86	MFVIS	2	3	4
1.1.2 Desenvolvimento de formas de rede de serviço comunitário não institucional	1.1.1.4 Aumentar o tipo e escopo dos serviços de aconselhamento que os centros familiares oferecem na comunidade	Aumentar o tipo de escopo dos serviços de aconselhamentos que os centros familiares oferecem na comunidade influencia a elevação do nível de qualidade da vida da família.	Número de serviços	9,500	MFVIS	9,600	9,700	9,800
	1.1.1.5 Aumentar a participação de projetos e programas de qualidade que sejam focados nas famílias e seus membros comparado ao número global de projetos	Aumentar o número de projetos e programas de qualidade na comunidade que são alcançados através do Ministério das Famílias, Veteranos e Solidariedade Inter geracional e centros de família e apresentar aos seus membros possibilidade em relação à realização de direitos que satisfaçam suas necessidades	%	80	MFVIS	85	90	95
	1.1.1.6 Desenvolver uma rede de centros de família	Estabelecimento de um maior número de centros de família contribui para elevar à qualidade de vida da família, crianças e jovens, e assegurar uma prestação de serviços na área da República da Croácia	Número	17	MFVIS	18	19	21

Meta geral: empoderamento social e proteção de famílias, crianças e juventude
Meta específica: melhoria de qualidade de vida da família

Verifica-se que uma das partes mais importantes do processo é a identificação dos KPI que os gestores devem preparar/preencher. Estes KPI deverão ter informação sobre os resultados e *outputs* esperados. A UHC-CGF prepara instruções com exemplos que auxiliam os gestores a desenvolver os seus controles. A cada ano a UHC prepara novas instruções que são atualizadas com as experiências do ano anterior.

b) *Gestão do risco*

A fim de fazer da gestão de riscos parte integrante do processo de planejamento e de tomada de decisões, é necessário que todos os usuários do orçamento (gestores) desenvolvam uma cultura organizacional que lhes permita pensar em possíveis riscos durante o desenvolvimento de seus documentos de planejamento (estratégicos, operacionais e planos financeiros), e fazer da comunicação sobre os riscos identificados uma prática comum no momento em que as decisões são feitas. Isso ocorre porque os tomadores de decisão precisam ter informações disponíveis sobre os riscos associados com as decisões que eles estão fazendo. Riscos aparecem em várias fases de um processo de gestão. As principais áreas em que a gestão necessita identificar os riscos mais importantes e tomar ações para gerenciá-los e controlá-los são apresentadas na figura a seguir.

Figura 5 – Gestão de riscos, planejamento estratégico e o processo de tomada de decisões

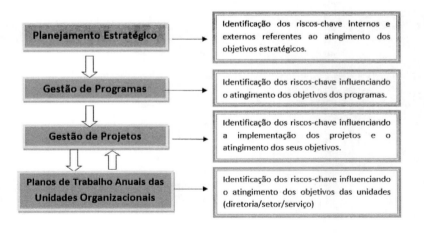

É importante salientar que todos os gestores são responsáveis pela gestão dos riscos em seus níveis. Isto implica a identificação dos riscos mais importantes e a tomada de medidas adequadas, a fim de minimizá-los.

Note-se que gerenciar os riscos significa olhar para o futuro, pensar à frente dos eventos potenciais que podem surgir, verificar o impacto e o efeito que um gestor pode enfrentar no futuro, e tomar as medidas oportunas, a fim de minimizar os riscos. Significa, portanto, evitar ou mitigar o impacto negativo associado. Detectar riscos-chave a tempo e tomar medidas de controle adequadas significa evitar os efeitos financeiros que necessariamente serão gerados para reduzir o problema, mas também evitar a reputação negativa devido às falhas operacionais. Os gestores que estão no comando das operações e são responsáveis pela realização dos objetivos fixados são as mesmas pessoas-chave encarregadas da gestão de riscos. Eles precisam entender a gestão de riscos como parte integrante do seu trabalho, especialmente quando eles estão tomando decisões e implementando um conjunto de atividades de controle para reduzir estes riscos e atingir os objetivos esperados.

c) *Ligação do orçamento ao plano estratégico*
O plano estratégico vai servir como uma ferramenta de planejamento e estabelece um vínculo entre determinado plano de ação selecionado pela entidade e a respectiva dotação orçamentária alocada para atingir aquele objetivo. Na preparação do orçamento define-se, em primeiro lugar, objetivos e metas desenvolvidos nos planos estratégicos dos gestores. Com base no levantamento dos objetivos, metas e indicadores, alinhados com o plano estratégico do ministério/governo, elaboram-se as atividades operacionais e os orçamentos necessários. O planejamento estratégico é, assim, o primeiro passo do planejamento do orçamento.

Uma condição necessária para alinhar o orçamento ao planejamento estratégico foi melhorar a classificação organizacional e melhorar a classificação dos programas. Maior ênfase foi dada aos objetivos do programa e aos KPI. Após isso foi feita a ligação dos objetivos dos programas com os objetivos específicos dos planos estratégicos/programas da estratégia do governo.

A ligação do orçamento ao plano estratégico é feita, como podemos observar na figura seguinte, pelos KPI. Exige-se que cada gestor atribua dotação (orçamento) a cada KPI identificado, baseando-se nas atividades necessárias para atingir os indicadores, o orçamento disponível e as prioridades definidas.

Figura 6 – Relação entre os objetivos previstos no plano estratégico e a elaboração do orçamento público

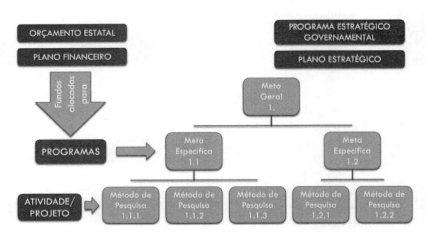

d) *Sistema de accountability, monitoramento e relato*

Foi feito o desenvolvimento de um sistema de *accountability* pelos resultados alcançados baseado na nomeação de pessoas responsáveis pela implementação do plano estratégico no nível de cada objetivo específico e do método individual de realização (com indicação do nome e função), conforme pode ser visto na figura a seguir. Para cada método e pessoa foi feita a ligação com o plano financeiro.

A Lei de PIC na Croácia define a responsabilidade dos principais dirigentes. Entre as responsabilidades estão as seguintes:
- definição de objetivos e indicadores de desempenho (em conformidade com os objetivos e os fundos da instituição);
- realização dos objetivos de negócios de acordo com os planos e programas estratégicos e com o orçamento aprovado e em conformidade com as leis e regulamentos;
- gestão de riscos que podem afetar a realização de objetivos do negócio;
- melhoria contínua dos processos de negócio;
- gestão dos fundos de acordo com as autoridades e responsabilidades dos processos de negócios delegados;
- monitoramento e avaliação dos resultados alcançados e seus efeitos;

- desenvolvimento e implementação de procedimentos de controle em processos, programas, projetos e atividades para atingir os objetivos de unidades organizacionais e assegurar a relação econômica e eficiente dos fundos atribuídos às instituições da sua competência;
- monitoramento constante e autoavaliação dos sistemas de controle interno.

O objetivo do monitoramento é detectar desvios do plano estratégico e avaliar se as atividades planejadas apresentam o efeito desejado. Para tanto, é necessário o seguinte:

- cada gestor deve estabelecer um sistema de monitoramento, a fim de fornecer informações sobre a realização dos objetivos definidos;
- após a criação do plano estratégico, o gestor é obrigado a designar uma pessoa responsável pelo acompanhamento da implementação do plano estratégico para cada período de três anos e informar o Ministério das Finanças;
- após a decisão, os responsáveis são obrigados a adotar a decisão de transferir a autoridade e a responsabilidade pela gestão dos fundos orçamentários previstos no plano financeiro para o ano, a fim de vincular objetivos, programas e fundos do orçamento;
- o gestor deverá preparar um relatório a cada 6 meses e um ano sobre a implementação do plano e enviar para o Ministério das Finanças.

Figura 7 – Exemplo de relatório semestral ou anual de monitoramento enviado ao Ministério das Finanças da Croácia

Meta específica	Método de realização	Responsável	Indicador de desempenho	Medida	Valor base	Valor anual	Valor alvo	Método de realização de acordo c/ plano sim/não	fundos de orçamento estatal planejados		Fundos de orçamento estatal executados	
									Fundos estatais	Fundos UE	Fundos estatais	Fundos UE
1	2	3	4	5	6	7	8	9	10		11	
Nº e título												

Todas as atividades identificadas acima foram necessárias para mostrar que o sistema de GCF não é *add-on* para sistemas de gestão existentes, mas que os sistemas de gestão existentes precisam integrar "ferramentas e técnicas" de GCF. Reformas orçamentárias eram necessárias para criar as condições prévias para o desenvolvimento do sistema de GCF por meio de todos os seus componentes. O desenvolvimento do sistema de orçamento e de GCF apresentou uma abordagem sistemática para a gestão, conforme pode ser verificado na Figura 8.

Figura 8 – O desenvolvimento do sistema de orçamento e de GCF numa abordagem sistêmica para a gestão

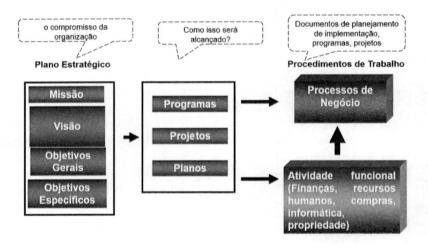

Os elementos identificados na figura anterior precisavam ser colocados no contexto da estrutura organizacional dos beneficiários do orçamento – quem faz o quê? Que poderes tem? Quem responde e quais relatórios prepara? Como pode ser bem-sucedido na implementação das tarefas e ser responsabilizado por elas?

Assim, tornou-se necessário criar um sistema de atribuição de responsabilidade por níveis, conforme mostra a figura seguinte.

Figura 9 – Modelo de sistema de atribuição de responsabilidade por níveis

e) *Questionário de autoavaliação do sistema de GCF e declaração de responsabilidade do gestor*

A declaração de responsabilidade do gestor é uma declaração anual, enviada pelo ministro/gestor da entidade confirmando legalidade, adequabilidade e eficiência no uso dos fundos e o eficaz e eficiente funcionamento do sistema de gestão e controle financeiro dentro do orçamento e plano financeiro dos fundos. Tem por base o questionário de autoavaliação do sistema de gestão e controle financeiro que tem de ser enviado juntamente com a declaração de RF para o Ministério das Finanças, e que detalha o funcionamento do sistema de GCF no processo de planejamento de orçamento, execução orçamentária, contabilidade e contratos públicos. O questionário, cuja minuta é preparada anualmente pela UHC-CGF, contém 75 questões na área de planejamento e execução do orçamento e plano financeiro. Cobre os domínios dos contratos públicos, contabilidade e relatórios. Este questionário exige que se responda "Sim", "Não" ou "NA" e que se anexe evidência que confirme a resposta. Para cada área do questionário em que existem deficiências e irregularidades deverá ser preenchido um formulário especial com indicação do plano para corrigir as fraquezas e irregularidades, que posteriormente dará origem ao relatório sobre as deficiências e irregularidades a ser enviado também para o MF.

Assim, anualmente, o gestor deve enviar para o Ministério das Finanças os seguintes documentos:
- demonstrações contábeis/financeiras;
- declaração de responsabilidade do gestor, com os seguintes anexos:
  - questionário de responsabilidade do gestor preenchido;
  - plano para eliminar deficiências e irregularidades;
  - relatório sobre fraquezas resolvidas e irregularidades verificadas no ano anterior;
  - parecer dos auditores internos sobre o sistema de controle e gestão financeira e das áreas que foram auditadas no ano anterior.

f) *Dificuldades, problemas e fraquezas do sistema de GCF na Croácia*
No início do desenvolvimento do sistema de GCF, verificavam-se as seguintes dificuldades:
- o sistema GCF era percebido como um *add-on* para sistemas de gestão existentes no setor público;
- não era visível a ligação entre o desenvolvimento do sistema de GCF e o desenvolvimento do sistema de orçamento;
- não foram feitas análises mais detalhadas da situação existente do sistema de GCF e, portanto, não foi fácil identificar prioridades e medidas concretas adaptadas à situação existente;
- o sistema de GCF nas "disposições legais" tinha todos os prerrequisitos para o efetivo desenvolvimento, mas a aplicação prática teve dificuldades;
- a aplicação prática do sistema de GCF nos primórdios do desenvolvimento foi focada em processos (descrições do processo, definição dos objetivos do processo, definição de riscos nos processos etc.). O sistema de CGF era simplesmente equacionado com o desenvolvimento dos processos de negócio;
- o quadro completo do desenvolvimento do sistema de GCF não era suficientemente claro, nem, na prática, o significado dos termos *value for money* e *management accountability*.

A Croácia usou várias formas para resolver essas dificuldades, entre as quais:
- Reconheceu-se que o desenvolvimento do sistema de GCF requer o desenvolvimento do sistema orçamentário – de orçamento orientado por *inputs* (*input oriented*), passou-se para orçamento destinado a resultados.

- A reforma do orçamento começou em 2008 e criou as condições para o desenvolvimento do sistema de GCF – criou-se um documento denominado Estratégia de Desenvolvimento e Modernização do Tesouro (2007-2011) e aprovou-se uma nova Lei de Orçamento (2008).
- O desenvolvimento do sistema de GCF desde 2009 foi totalmente colocado no apoio ao desenvolvimento do sistema de orçamento – criou-se a Estratégia PIFC (2009-2011) e aprovou-se a Lei da Responsabilidade das Finanças Públicas, em 2010.

Por fim, concluiu-se:
- O sistema de GCF não pode ser implementado com sucesso apenas por meio de orientações, instruções que vêm apenas da unidade de harmonização central!
- A GCF deve ser integrada em leis/diretrizes/instruções que provêm de outros atores de reformas fundamentais no setor público (caso croata – Tesouro do Estado, Ministério da Administração Pública/Administração, Ministério do Desenvolvimento Regional e fundos comunitários).

Dessa forma, mudaram a percepção dos gestores, mostrando que a GCF não é *add-on*, mas uma parte integrante das funções de gestão, por exemplo: gestão de riscos tem de ser desenvolvida como parte integrante do processo de planejamento e de tomada de decisão.

Atualmente, os maiores problemas do sistema de controle da Croácia prendem-se à falta de consciência da importância do processo de planejamento estratégico pela gestão – apesar de não ser um processo político, ele precisa de poder político. Outro problema recai no fato de que não é claro de quem é a responsabilidade da tarefa de planejamento estratégico – existe falta de coordenação em nível estadual e falta de coordenação em nível ministerial. Existe ainda falta de capacidade administrativa do Ministério das Finanças, especialmente na parte de monitoramento e de comunicação e existe falta de capacidade administrativa nos ministérios.

1.2.2 Gestão e controle financeiro na Bulgária

1.2.2.1 Histórico da reforma do Sistema de Controle Interno

O desenvolvimento do sistema de gestão e controle financeiro na Bulgária começou em 1º.1.2001, com a publicação da Lei de Controle Interno Financeiro Público (Lei PIFC). Esta lei criou a obrigação de os gestores do setor público criarem sistemas de gestão e controle financeiro (GCF) baseados no princípio da *accountability* do gestor. Foi também essa lei que deu as diretrizes para o controle prévio e introduziu pela primeira vez a auditoria interna como um conceito legal.

Até ao final do ano 2000, o Sistema de Controle Interno da Bulgária era baseado em inspeção[12] pura. Até 1995, havia um único órgão responsável pelo controle, denominado Comissão para Controle de Revisão Financeira. Este órgão tinha cerca de 1300 funcionários e tinha autoridade para fazer revisão e controle financeiro posterior/corretivo de todos os organismos e empresas públicas. Este órgão tinha ainda poder sancionatório com possibilidade de impor multas de até 3 meses de salário por irregularidades financeiras, sem possibilidade de recurso judicial. De 1996 a 2000, com a aprovação da Lei de Controle Financeiro do Estado, a Comissão deu origem a um Departamento de Controle Financeiro do Estado, posicionado dentro do Ministério das Finanças. A autoridade foi expandida para permitir fazer controle financeiro posterior de conformidade (auditorias de conformidade) de todos os organismos e empresas públicas e ainda para avaliar ativos, inventários, despesas, projetos e contratos de licitação e execuções. O poder sancionatório e as multas aplicáveis foram definidos na lei.

Quando a Lei PIFC entrou em vigor, a base legal da *accountability* do gestor e da auditoria interna foi introduzida na República da Bulgária. A lei impôs um modelo centralizado do PIFC e definiu um papel de liderança da agência de controle interno nesta área.

A 1º.1.2001, os inspetores financeiros do Departamento de Controle Financeiro tornaram-se auditores internos na Agência PIFC. O escopo do trabalho passou a ser de dois tipos: fazer auditoria interna – a avaliação especial de atividades da organização com o objetivo de dar recomendações para melhoria; e impor sanções (multas) por violações

---

[12] O termo *inspeção* no modelo PIC é adotado no sentido daqueles procedimentos utilizados para se apurar fraudes e desvios.

da lei. Detalhes sobre a Agência PIFC (que estava hierarquicamente subordinada ao MF):
- apresentava estrutura centralizada com escritórios locais;
- número de organizações auditadas por ela ascendia a 8.000 (ministérios, agências, comissões, municípios, empresas públicas etc.);
- contava com cerca de 1.100 auditores internos:
  – descentralizados – nos ministérios, agências grandes e grandes municípios;
  – para tarefas – especiais.

O período de 2001 a 2006 foi de transição para a Bulgária. Durante esses anos, os auditores internos pertenciam à carreira da agência de controle, mas estavam fisicamente nos órgãos gestores e faziam ambas as funções – de auditoria interna e inspeção financeira. Verificou-se nesta altura que as funções deveriam ser separadas, pois tratavam de abordagens com escopos e objetivos diferentes e, para realizar a verdadeira atividade de AI, os auditores internos precisariam passar administrativamente para os órgãos gestores.

Para demarcar a diferença de funções, a Lei PIFC deu origem, em 2006, a 3 leis diferentes: Lei de Gestão e Controle Financeiro no Setor Público; Lei de Auditoria Interna no Setor Público e Lei da Inspeção Financeira do Estado (ver figura seguinte). Foi nesta altura que se deu a total segregação da função de auditoria interna da função de inspeção.

Figura 10 – Relação de leis existentes na Croácia

Esta 2ª fase de reforma do Sistema de Controle Interno, que começou em 2006, teve como principais objetivos o reforço da responsabilidade dos gestores e da gestão e controle financeiro (GCF), a criação de unidades de auditoria interna (UAI) dentro das entidades do setor público, o estabelecimento de unidades de harmonização central para GCF e auditoria interna e a efetiva separação da auditoria interna e inspeção financeira.

Nesta altura e para orientar metodologicamente todas as funções, um conjunto de leis e manuais foi desenvolvido. Quanto à gestão e ao controle financeiro, foram aprovadas, entre outras, as seguintes diretivas:

- orientações metodológicas sobre a gestão e controle financeiro;
- orientações para a aplicação da responsabilidade dos gestores em organizações do setor público;
- instruções para executar o controle prévio;
- diretrizes para a implementação da gestão de riscos nas organizações do setor público;
- questionários sobre o *status* da gestão e controle financeiro, que são enviados para os chefes de organizações para realizar a autoavaliação e o relatório anual e enviar no final do ano ao ministro das finanças.

1.2.2.2 Responsabilidade pela gestão e controle financeiro e elementos do Coso

As leis e orientações supramencionadas atribuíram a responsabilidade pela gestão e controle financeiro aos *gestores* – ministros, prefeitos e demais autoridades, com poderes administrativos e orçamentários (para emitir atos de autoridade, designar gastos, contratar) – e a outras pessoas (por exemplo, secretários administrativos, diretores) em caso de delegação. Também houve a clarificação do que são gestão e controle financeiro, que foram descritos como o processo implementado em todas as estruturas e atividades da organização, com a participação de líderes responsáveis por criar, implementar, atualizar e relatar seu *status*, e de todos os funcionários da organização. A gestão e o controle financeiro buscam perseguir quatro objetivos principais: i) conformidade com a lei e os contratos; ii) confiabilidade e abrangência da informação; iii) desempenho econômico, eficaz e eficiente das atividades; e iv) proteção de ativos. O seu objetivo é fornecer "garantia razoável" para alcançar os objetivos da organização com base em cinco elementos inter-relacionados aos quais se refere o art. 10 da lei (ambiente de controle; gestão de risco; atividades de controle; informação e comunicação; e monitoramento). A figura a seguir mostra como os elementos de controle interno se correlacionam.

Figura 11 – Cubo do Coso I

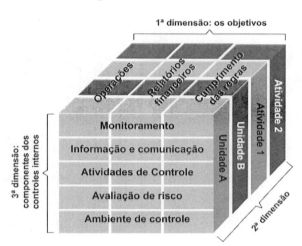

Ao detalhar, no art. 10, os *elementos de controle*, a lei obrigou os gestores, quando desenham o seu sistema de gestão e controle financeiro, a cumprir com o Coso. Assim, quando desenha o sistema, o gestor tem de pensar em todos os atributos dos elementos:

a) *Ambiente de controle* – integridade pessoal e ética profissional da gerência e dos funcionários da organização; filosofia de gestão e estilo de trabalho; estrutura organizacional; políticas e práticas de gestão de recursos humanos; competência do pessoal.

b) *Gestão de riscos* – o Coso considera que a gestão de riscos é parte integrante das atividades do setor público e do processo de gestão global. É da responsabilidade do chefe da entidade fazer com que os processos sejam organizados adequadamente. O processo envolve identificação, avaliação e controle de eventos potenciais ou situações que possam afetar a realização dos objetivos da organização. Ele é projetado para fornecer uma garantia razoável de que os objetivos serão alcançados e deve ser monitorado, documentado e melhorado. Assim, considera-se a gestão de riscos a espinha dorsal do controle interno. A figura seguinte mostra como deverá ser o processo de definição de controles numa organização.

Figura 12

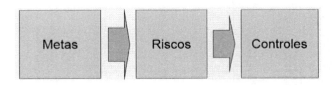

O MF da Bulgária, para desenvolver a gestão de risco das organizações, criou uma abordagem padrão e preparou uma base teórica unificada, com terminologia e compreensão comum de gestão de riscos no nível da "organização". Para tanto, desenhou um modelo de quatro etapas da abordagem-padrão a serem aplicadas pelas organizações do setor público:
- passo 1 – criar condições para a gestão de riscos;
- passo 2 – determinar áreas de risco;
- passo 3 – avaliar os riscos identificados e responder a eles;
- passo 4 – acompanhar e monitor o processo de gestão de riscos.

Para desenvolver esta metodologia, em 2004 o MF recorreu a um projeto financiado com recursos do Opac[13] para a introdução da gestão de riscos em 2 ministérios e 2 municípios, cuja implementação demorou aproximadamente 1 ano.

c) *Atividades de controle* – dizem respeito a qualquer ação/processo/regra que se destina a obter segurança razoável de que os riscos são limitados dentro do alcance da organização. Existem controles de prevenção, detecção e correção e sua aplicação pode ser combinada de diferentes formas. Em cada organização do setor público a implementação das atividades de controle dependerá da decisão e ponderação do gestor e terá como pontos de referência a lei, a identificação dos principais riscos que impactam o alcance dos objetivos, os arranjos existentes nos regulamentos internos da organização, a capacidade de adaptação da organização e a análise dos custos e benefícios da implementação de controles relevantes específicos.

---

[13] OPAC é o programa operacional para desenvolvimento de capacidade administrativa, cofinanciado pela União Europeia por meio do Fundo Social Europeu.

d) *Informação e comunicação* – o gestor tem de cumprir com a Lei de Acesso à Informação Pública e prestar atenção à publicação de informações obrigatórias no *site* da organização. O gestor tem também de consultar o *site* do MF e as informações respeitantes ao desenvolvimento e manutenção do Sistema de Controle Interno.

e) *Monitoramento* do sistema de controle e gestão financeira – segue uma lógica padronizada de acompanhamento e análise das autoavaliações feitas pelos gestores (em 2015, mais de 300 gestores prepararam e enviaram para o MF o questionário de autoavaliação sobre o *status* do Sistema de Controle Interno da sua organização) e de apoio e harmonização das várias unidades de auditoria interna (em 2015, cerca de 174 organizações tinham unidade de auditoria interna em funcionamento).

A lei sobre o sistema de gestão e controle financeiro aprovada em 2006, além de introduzir os princípios da *accountability* do gestor baseando-se nos princípios do Coso, criou as definições para os vários elementos, como as supramencionadas, e criou a responsabilidade dos gestores de enviarem relatório anual ao Ministério das Finanças sobre o *status* do Sistema de Controle Interno da entidade gerida (e entidades de nível inferior sob sua alçada). No Anexo B desta obra há um exemplo de questionário de autoavaliação do Sistema de Controle Interno que os gestores têm de preencher e enviar anualmente para a UHC-GCF do Ministério das Finanças.

A lei clarificou também as responsabilidades e as principais atividades da unidade de harmonização central de GCF:
- desenvolvimento, atualização e aperfeiçoamento de diretrizes, manuais, guias e outras orientações para garantir que a gestão e o controle financeiro estejam de acordo com a lei, as normas de controle interno internacionais e as melhores práticas europeias;
- apoio metodológico às organizações do setor público no desenvolvimento de sistemas de gestão e controle financeiro adequados e eficazes;
- coordenação e promoção de formação para gestores e funcionários do setor público em questões relacionadas com a gestão e o controle financeiro;
- apoio para o uso das ferramentas de autoavaliação da gestão e controle financeiro das organizações do setor público;

- preparação do relatório anual consolidado sobre o estado da gestão e controle financeiro. Para este efeito:
  – recolher e analisar as informações enviadas pelos gestores;
  – preparar anualmente o questionário de autoavaliação sobre o sistema de gestão e controle financeiro a ser preenchido pelos gestores.
- realização de um controle sistemático dos ministérios e municípios na aplicação da legislação e metodologia de gestão e controle financeiro.

Ante as novas leis e responsabilidades, houve uma reestruturação do arranjo institucional do Ministério das Finanças e dos ministérios/prefeituras. Assim, a partir de 2006, o sistema PIFC ficou com o desenho apresentado a seguir.

Figura 13 – Desenho do arranjo institucional do SCI da Bulgária

Sendo que o arranjo institucional do sistema de gestão e controle financeiro nos ministérios e prefeituras ficou com a forma apresentada a seguir.

Figura 14

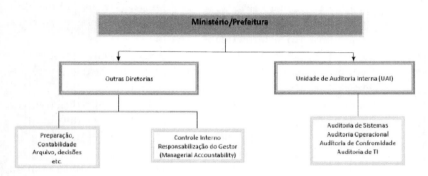

Quanto ao *sistema de auditoria interna*, na Bulgária, atualmente, acontece o seguinte:
- Os auditores internos trabalham em conformidade com as normas de AI nacionais que seguem as IPPF do IIA Global, código de ética, metodologia, emitidas pelo ministro das finanças.
- É obrigatória a criação de UAI nos ministérios, nos municípios de maior dimensão e em outras organizações estatais.
- O ministro das finanças é responsável pela coordenação da AI e harmonização (por meio das UHC);
- A definição da AI está em linha com a definição do IIA.
- As atividades são baseadas em risco.
- Existe um escopo completo das atividades.
- É obrigatória a criação das unidades de AI nas organizações estipuladas na lei.
- Há independência – cabe ao MF a aprovação, a contratação e a destituição dos chefes de unidades de AI.
- É requisito que todos os auditores internos tenham certificado nacional ou internacional.
- Tipos de trabalhos de auditoria – asseguração e consultoria.
- Procedimentos especiais nos casos de fraude.
- Há necessidade de se preparar e enviar para o MF opinião sobre o *status* do Sistema de Controle Interno da entidade.

Durante a fase de implementação do modelo PIFC, houve algumas *dificuldades e desafios*:

- Certa incompreensão inicial sobre as atribuições e funções da GCF/AI – o gestor teve de se conscientizar de seu papel como o responsável pelos resultados e aprender a se beneficiar das vantagens do sistema de GCF/AI.
- Quanto aos auditores internos – foi necessário melhorar a comunicação e as competências, formar, certificar e dar treinamento continuado, manter o entusiasmo etc.;
- Unidade de harmonização central – foi necessário desenvolver estrategicamente a unidade, criar metodologias, desenvolver formação e processo de certificação, gerar mecanismos de monitoramento e de revisão da qualidade etc.

Atualmente pode-se dizer que o *Sistema de Controle Interno* na Bulgária tem as seguintes características: (i) apresenta marco legal bem definido; (ii) responsabilidade do gestor (*management accountability*) é o núcleo do sistema; (iii) considera os princípios da boa gestão financeira; e (iv) exige o desenvolvimento dos cinco elementos do modelo Coso nas organizações do setor público.

O sistema, porém, ainda enfrenta alguns problemas, entre os quais está a falta de auditores internos em número suficiente, sendo que em algumas das entidades o lugar do chefe da UAI está vago. Outro problema prende-se com a dificuldade que alguns gestores ainda têm de entender o seu papel como responsáveis pelo Sistema de Controle Interno da entidade que gerem e o valor da auditoria no apoio ao desenvolvimento e manutenção desse sistema. Estes problemas colocam alguns desafios para o futuro, como a necessidade de atrair pessoas para a profissão de AI (que na Europa não é muito bem remunerada), a melhoria do entendimento e da compreensão dos chefes/gestores das entidades e o aumento da capacidade de todos os envolvidos para tornar o sistema eficiente e sustentável.

1.3 Papel da auditoria interna, da inspeção financeira e da unidade de harmonização central na Croácia e Bulgária

1.3.1 Auditoria interna

A atividade de auditoria interna caracteriza-se por sua autonomia na produção de avaliações objetivas e independentes relativas à qualidade de governança, gestão de riscos e controles existentes, com vistas ao aperfeiçoamento das operações e consequente incremento de valor em uma organização. O objetivo dessas verificações é fornecer à alta administração uma garantia razoável de que os procedimentos de gestão e controle em utilização estão adequados às necessidades da instituição, coerentes com os padrões geralmente aceitos e ajustados à legislação vigente.

Comparada com sua própria atuação nas últimas duas décadas, a atividade de auditoria interna na Bulgária e na Croácia apresenta uma realidade bastante modificada. A partir dos primeiros movimentos em direção à adoção do modelo PIC, a configuração da auditoria interna começou a ser desenvolvida mediante a concepção de legislação específica com forte aderência aos padrões de prática profissional internacionalmente aceitos.[14] Iniciados com alguns anos de diferença,[15] os processos de reforma em ambos os países apresentaram como um dos principais desafios a transformação do entendimento das pessoas sobre o real papel da auditoria interna. Não por acaso, tais processos foram marcados pela existência de etapas transitórias entre seu início e o momento atual.

Tal situação ocorreu devido à dificuldade em distinguir a natureza das atividades de auditoria interna e inspeção. Enquanto a primeira é funcionalmente independente e destina-se a avaliar o Sistema de Controle Interno e recomendar melhorias no sentido de qualificar as operações de uma organização, inspeções detêm-se sobre transações específicas com a finalidade de esclarecer a ocorrência de violações aos regulamentos e normas vigentes e estabelecer punições aos infratores.[16]

Antes das reformas, prevalecia a ocorrência de inspeções, cujos agentes tinham o poder de aplicar sanções administrativas e financeiras. Para dar suporte ao surgimento da auditoria interna, foram deslocados alguns profissionais para a nova área, mas estes carregaram consigo a cultura da inspeção financeira, ainda que fossem estimulados a produzir seus trabalhos sob a ótica da auditoria. Essa mistura de atribuições acabava por gerar contradição, visto que o mesmo profissional que exercia funções de auxílio ao gestor por vezes também era o responsável por aplicar-lhe uma penalidade.

---

[14] O que inclui estar de acordo com a definição de auditoria interna e atender aos preceitos de código de ética elaborado a partir das recomendações do Instituto dos Auditores Internos.
[15] As primeiras mudanças ocorreram na Bulgária em 2001 e na Croácia em 2004.
[16] Ressalte-se, contudo, que a auditoria interna não opina sobre a maneira pela qual os negócios são conduzidos. Sua atuação deve estar focada na avaliação do desempenho de sistemas existentes, de modo a identificar e recomendar o aproveitamento de oportunidades de melhoria do sistema de gestão e controle.

Nesse contexto, fica evidente a necessidade de coordenação dos trabalhos realizados por auditores internos e gestores financeiros com o propósito de evitar o desalinhamento das ações realizadas por esses atores nas diferentes organizações em que atuam. A fim de evitar esse desequilíbrio, o modelo PIC prevê a criação de unidades de harmonização central (CHU), que, juntamente com a *accountability* dos gestores e a própria atividade de auditoria interna, compõem os pilares sobre os quais está montado o modelo europeu.

Em ambos os países, a regra vigente obriga a criação de unidades de auditoria interna somente em órgãos cuja escala e relevância do serviço prestado justifique o investimento.[17] No que diz respeito à estrutura organizacional, tais unidades têm vinculação hierárquica direta com o principal gestor da organização.

Nos dois países visitados houve evolução na adoção do novo modelo no tocante à atividade da auditoria interna. No exemplo búlgaro, em uma primeira fase organizada em sistema centralizado no Ministério das Finanças, a auditoria interna vem consolidando uma atuação mais próxima da alta administração dos principais órgãos e entidades da Administração Pública nacional à medida que fortalece sua presença nessas instituições com a criação de unidades de auditoria e a designação de auditores internos para lá atuarem.

Na Croácia, as atribuições da auditoria interna são reforçadas com o aperfeiçoamento da legislação realizado em 2013. Entre as novidades introduzidas, destacam-se a inclusão no escopo de auditoria das entidades de segundo nível e a previsão do papel consultivo da auditoria à luz do estabelecido nas normas profissionais de atuação (IPPF). Além disso, no que diz respeito à implementação das recomendações de auditoria, estipulam-se com maior clareza e detalhamento as responsabilidades das pessoas que lideram a organização e das pessoas que atuam diretamente nos processos de trabalho.

Nos dois países, algumas situações que limitam o potencial da atividade de auditoria interna foram apresentadas por representantes dos sistemas de controle interno, como: a necessidade de ampliar o quadro de funcionários para atender ao amplo espectro de atuação, de aprimorar a formação profissional de auditores internos e de reduzir a existência de postos vagos nas chefias de unidades de auditoria interna.

---

[17] Na Croácia, inicialmente, estava prevista a implementação de unidades de auditoria interna em todos os órgãos e entidades da Administração Pública. Todavia, restrições de ordem financeira e limitação do quantitativo de auditores internos ativos incentivaram a alteração nessa diretriz.

Para superar essas barreiras, considera-se fundamental obter dos gestores a conscientização a respeito das distinções sobre as suas próprias responsabilidades, as responsabilidades da auditoria interna e as da unidade de inspeção.[18] A partir disso, é possível a criação de um círculo virtuoso: torna-se menos árdua a tarefa de demonstrar o valor que a atividade de auditoria interna é capaz de agregar às organizações; desse modo, objetivos como atrair jovens talentos e promover a qualificação de auditores internos tornam-se mais próximos da realidade. Consequentemente, a atividade de auditoria interna aumenta sua capacidade de oferecer às organizações ganhos de eficiência em seus processos de trabalho, fortalecendo a percepção dos gestores da sua importância e do verdadeiro papel atribuído a ela.

1.3.2 Inspeção financeira

Segundo os modelos de funcionamento dos sistemas de controle interno financeiro público (em inglês, Public Internal Financial Control – PIFC), entende-se inspeção financeira ora como uma atividade centralizada de controle geralmente do tipo *ex pos*", exercida por inspetores vinculados a um órgão de controle independente da entidade inspecionada (como no caso da Croácia e Bulgária), ora como função incorporada aos sistemas de gestão e controle financeiro (a exemplo da Dinamarca, Suécia e Alemanha). A inspeção financeira visa identificar e corrigir irregularidades e disfunções, além de impor sanções administrativas aos agentes e instituições responsáveis.

Tanto na Croácia como na Bulgária, o órgão ou departamento encarregado da inspeção financeira é diretamente subordinado ao ministro das finanças[19] e realiza suas ações com base em planejamento sistemático, que leva em conta as demandas oriundas de reclamações e denúncias dos cidadãos, requerimentos de ministros, Ministério Público, órgão de auditoria externa, entre outros. Cumpre destacar que, no caso da Bulgária, a Agência Nacional de Inspeção Financeira subordina-se apenas administrativamente ao ministro das finanças, possuindo independência funcional para exercer de maneira plena

---

[18] Sobre esse fato, na Bulgária, a atividade de auditoria interna é considerada relativamente nova e desconhecida no país, de modo que democratizar o entendimento de seu valor entre a população é entendido como um dos grandes desafios a serem enfrentados nos próximos anos.
[19] Equivalente ao Ministério da Fazenda, no Brasil.

suas atribuições. O diretor da agência é nomeado pelo ministro das finanças, de acordo com critérios estabelecidos na lei, para mandato de quatro anos.

No caso da *Croácia*, o Departamento de Inspeção Financeira também recebe informações do Departamento do Tesouro, responsável pelos assuntos orçamentários e financeiros, sobre irregularidades e não conformidades cometidas pelas entidades governamentais quanto às normas e obrigações relativas à responsabilidade fiscal. Além disso, mantém cooperação com o órgão de controle externo (State Audit Office) para troca de informações.

Em relação à *Bulgária*, até meados da década passada havia pouca distinção entre as funções de auditoria interna e de inspeção financeira, pois as atividades eram centralizadas e executadas por um único órgão. No entanto, em decorrência dos compromissos assumidos pelo país para entrada na União Europeia, em 2006 foi criada a Agência Nacional de Inspeção Financeira e, ao mesmo tempo, as funções de auditoria interna foram descentralizadas e transferidas para os diversos órgãos e entidades governamentais, como parte do amplo processo de reforma legal e institucional do sistema e das práticas de controle interno. Desde 2011, grande ênfase tem sido dada às inspeções nas aquisições de bens e serviços, pelo alto risco potencial associado, sendo que a agência é a única autoridade competente no país para aplicar sanções administrativas no caso de infrações e irregularidades cometidas nos processos de contratação pública. A agência conta atualmente com 193 funcionários, com formação eminentemente econômica ou jurídica, que executaram 623 inspeções no ano de 2015. As informações sobre as inspeções realizadas devem ser publicadas na internet a cada três meses.

1.3.3 Unidade de harmonização central

No âmbito da auditoria interna, a UHC é responsável por normatizar a rotina da atividade com o fim de orientar a atuação dos integrantes do sistema, bem como construir seu planejamento com base em avaliação de riscos e alinhado aos objetivos da organização. Além disso, exige dos auditores internos continuidade no investimento em sua formação (é exigida a certificação em auditoria para atuação em atividade de auditoria interna) e realiza periodicamente verificações da qualidade dos serviços prestados pelas unidades de auditoria interna.

Tanto a Croácia quanto a Bulgária possuem uma entidade que desempenha o papel de UHC, apoiando o ministro das finanças nas questões relacionadas ao Sistema de Controle Interno no setor público dos países. Na Croácia, existe uma única unidade de harmonização para apoiar as atividades de AI e controle financeiro. A Bulgária, conforme veremos a seguir, possui duas unidades de harmonização, sendo uma para AI e outra para a gestão e o controle financeiro.

Na Croácia, a implementação do sistema de controle das finanças públicas teve início em 2003, com a criação da auditoria interna. Entre 2004 e 2005, foi elaborada a estratégia de desenvolvimento PIFC em todos os níveis de governo, e, em 2006, foi aprovada a primeira lei que regulamentou o Sistema de Controle Interno no setor público do país: a Lei sobre o Controle Interno das Finanças Públicas (PIFC). Inicialmente a implantação do PIFC na Croácia concentrou-se no estabelecimento e desenvolvimento da auditoria interna; a aplicação efetiva da gestão e do controle financeiro só começou em 2007.

Nesse período, mais especificamente em 2005, foi criado um setor de harmonização de auditoria interna e controle financeiro, vinculado ao Ministério das Finanças. Atualmente, para o desempenho de suas competências institucionais, a UHC da Croácia é composta por uma equipe de dezoito (18) pessoas e está estruturada organizacionalmente em três departamentos.

Figura 15 – Estrutura organizacional da UHC na Croácia

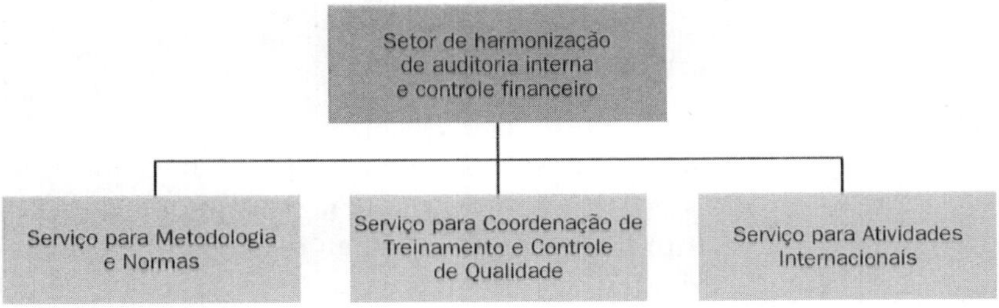

```
                Setor de harmonização
                 de auditoria interna
                 e controle financeiro
           ┌────────────┼────────────┐
  Serviço para      Serviço para         Serviço para
  Metodologia      Coordenação de        Atividades
   e Normas      Treinamento e Controle Internacionais
                    de Qualidade
```

Igualmente, a Bulgária, em decorrência da adesão do país à União Europeia, passou por um profundo processo de reformas e adaptações de seu Sistema de Controle Interno do setor público aos padrões estabelecidos pela UE.

Na primeira etapa das reformas, que ocorreu entre 2001 e 2005, a Lei de Controle Financeiro Interno Público entrou em vigor (2001), destacando, entre outras questões, a obrigação de os gestores públicos estabelecerem a gestão e o controle financeiro, e introduziu, pela primeira vez, a auditoria interna como um conceito legal, aderente aos padrões estabelecidos pela UE.

Na segunda etapa das reformas, entre 2005 e 2006, ocorreu a descentralização da auditoria interna e a sua distinção da função de inspeção, bem como foi aprimorado o marco regulatório do Sistema de Controle Interno no setor público do país, resultando em três novos atos.
1. Lei da Gestão e Controle Financeiro no Setor Público.
2. Lei da Auditoria Interna no Setor Público.
3. Lei da Inspeção Financeira Pública.

Nessa fase, em 2006, foi criada a Diretoria de Controle Interno para desempenho do papel de unidade de harmonização central. A Diretoria, atualmente com uma equipe de 15 pessoas, está estruturada em duas unidades.

Figura 16 – Estrutura organizacional da UHC na Bulgária

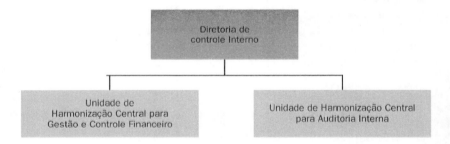

Nesse contexto, apesar de não terem sido os únicos agentes responsáveis pela implantação do PIFC em seus países, as UHC tiveram um papel fundamental de coordenar os esforços desses atores de maneira a garantir as reformas e adaptações necessárias em seus sistemas de controle interno do setor público. Entre desafios e dificuldades enfrentados nessa etapa inicial de implantação, foram, coincidentemente registrados pelas duas UHC, os seguintes: i) concepção e aplicação dos requisitos da gestão de risco pelos gestores; ii) compreensão do papel e propósito da auditoria interna pelos gestores e iii) aceitação pelos auditores internos da característica distinta das atividades de auditoria interna e inspeção.

A despeito de possuírem estruturas organizacionais distintas, de maneira geral, as UHC nos dois países possuem atribuições muito semelhantes: as referidas entidades são responsáveis por desenvolver e aprimorar o Sistema de Controle Interno no setor público. A figura a seguir apresenta uma visão sintética da abordagem adotada pelas UHC para o desenvolvimento e o aprimoramento da gestão e controle financeiro e da auditoria interna.

Figura 17 – Atuação das UHC na Croácia e na Bulgária: desenvolvimento e aprimoramento da GCF e AI

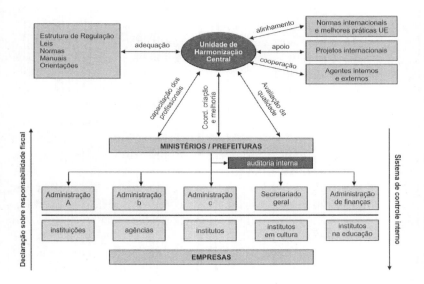

A estrutura regulatória sobre os temas gestão e controle financeiro e auditoria interna adotada nos dois países é composta por inúmeros instrumentos. Contudo, os seguintes atos constituem a base normativa dos citados temas:

Croácia
- *Budget Act* – é a peça central da legislação que regula as finanças públicas na Croácia; seu objetivo principal é estabelecer gestão e controle sobre os fluxos financeiros e orçamentários.
- *Fiscal Responsibility Act* – tem como objetivo garantir e manter a responsabilidade fiscal, a transparência e a sustentabilidade das finanças públicas.
- *Public Internal Financial Control Act* – a lei consolida a auditoria interna como parte integrante do Sistema de Controle Interno no setor público, define o procedimento de criação de

unidades de auditoria interna em organizações públicas, as reponsabilidades e obrigações do auditor interno, do chefe da unidade de auditoria interna, a necessidade de a auditoria interna ser realizada de acordo com as normas, planejamento e realização de programas de auditoria interna e projetos financiados pela União Europeia.
- *Rulebook on User of Budget Internal Audit* – o regulamento define os critérios para o estabelecimento de auditoria interna nas organizações públicas, a posição organizacional da unidade de auditoria interna e a posição do auditor interno designado nas unidades autônomas locais e regionais, e institui a avaliação da qualidade e o programa de melhoria do desempenho da auditoria interna.
- *Internal Auditors' Manual* – em conformidade com as normas internacionais de auditoria interna, mas adaptado às práticas aplicadas no setor público da Croácia, o manual de auditoria interna define a metodologia de trabalho e de desempenho das auditorias internas do setor público.
- *The Code of Ethics of Public Internal Auditors* – contém os princípios e regras obrigatórios para os auditores internos e outras pessoas envolvidas em alguma forma nos assuntos de auditoria interna.
- *Internal Auditors' Charter* – define os direitos e responsabilidades dos auditores internos em relação ao auditado.

Bulgária
- *Financial Management and Control in the Public Sector Act* – regulamenta o escopo de aplicação e execução da gestão e controle financeiro, bem como os princípios e requisitos para os sistemas de gestão e controle financeiro em organizações do setor público.
- *Public Sector Internal Audit Act* – a lei descentralizou a atividade de auditoria interna e estabeleceu o conjunto de critérios mínimos de obrigação de implementação da função de auditoria interna.

Assim, entre outras responsabilidades, as citadas UHC atuam no sentido de garantir a adequabilidade da estrutura regulatória sobre os temas gestão e controle financeiro e auditoria interna, por meio de elaboração, proposição e aprimoramento de leis, normas, regulamentos, metodologias e orientações, com base em padrões aceitos internacionalmente e as melhores práticas adotadas pela União Europeia.

Também estão a cargo das entidades a elaboração, a condução e o acompanhamento da execução das estratégias para a implantação e desenvolvimento de sistemas de controle interno em todos os níveis de governo.

Outra atividade a cargo das UHC é a avaliação da qualidade das atividades de gestão e controle financeiro e de auditoria interna. Realizadas por meio da revisão do desempenho completo das atividades de auditoria interna, as referidas avaliações têm como principal objetivo reunir informações para melhorar a metodologia e as normas de trabalho sobre o assunto.

As unidades de harmonização também são responsáveis pela avaliação do desenvolvimento do Sistema de Controle Interno no setor público de seus países. Nesse sentido elas elaboram, com base nos relatórios anuais sobre o sistema de gestão e controle financeiro e sobre as auditorias internas realizadas, o Relatório Anual de Controle Interno Financeiro público consolidado. O propósito desse relatório é informar o Governo sobre as ações de aprimoramento realizadas, a situação atual e as perspectivas futuras para o Sistema de Controle Interno financeiro no setor público do país.

As entidades são responsáveis, ainda, pela coordenação do processo de capacitação dos dirigentes e profissionais que desempenham a atividade de auditoria interna e a atividade de gestão e controle financeiro. Sobre o tema "formação profissional", é importante destacar que, tendo em vista a obrigatoriedade de certificação para o desempenho da atividade de auditoria no setor público nos dois países, as UHC organizam a formação profissional para a obtenção da qualificação de auditor interno público certificado. Preparada pelas UHC, a prova de certificação contempla padrões profissionais e metodologia de trabalho sobre auditoria interna nas instituições públicas. Na Croácia e na Bulgária são, respectivamente, cerca de 453 e 2300 auditores internos certificados; desses, 425 e 440 estão atuando como auditores internos públicos.

Com o objetivo de aprimorar o Sistema de Controle Interno público, as UHC também definem, coordenam e mantêm acordos de cooperação técnica com diversos agentes, como órgãos públicos, agentes públicos responsáveis pela criação e desenvolvimento do Sistema de Controle Interno, órgãos públicos de auditoria externa, Comissão Europeia, instituições internacionais e associações profissionais. Adicionalmente, as UHC mantêm o registro das unidades de auditoria interna, dos auditores certificados e das pessoas envolvidas na atividade de gestão e controle financeiro.

Na *Croácia*, a unidade de harmonização central também elabora, com base nos relatórios anuais sobre o sistema de gestão e controle financeiro e sobre as auditorias internas realizadas, o Relatório Anual de Controle Financeiro Interno público consolidado. O propósito deste é informar o Governo sobre as ações de aprimoramento realizadas, a situação atual e as perspectivas futuras para o sistema de controle financeiro interno no setor público.

Na *Bulgária*, de maneira semelhante ao que ocorre na Croácia, a Diretoria de Controle Interno, entidade que desempenha o papel de UHC no país, possui como principais responsabilidades elaborar, atualizar e melhorar, em conformidade com as normas internacionalmente aceitas e as melhores práticas adotadas no âmbito da União Europeia, a estrutura regulatória e metodológica relacionada à auditoria interna do setor público, monitorar a implementação da legislação e da metodologia definida, organizar e realizar os exames para obtenção do certificado de auditor interno do setor público, realizar avaliações de qualidade da atividade de auditoria nas unidades de auditoria interna das organizações que fazem parte do Poder Executivo, bem como elaborar o relatório anual consolidado sobre o controle interno no setor público.

À semelhança da Croácia, a atividade de auditoria interna no setor público na Bulgária foi regulamentada por lei específica (*Public Sector Internal Audit Act*), elaborada em consonância com os princípios estabelecidos nas Normas Internacionais para a Prática Profissional de Auditoria Interna do Instituto de Auditores Internos (IIA) e no Quadro Integrado de Controle Interno Coso (The Coso Framework). A lei descentralizou a atividade de auditoria interna e estabeleceu o conjunto de critérios mínimos a partir dos quais as organizações públicas devem implementar a função de auditoria interna (orçamento que gerem, quantidade de servidores etc.).

Outra importante ferramenta de auditoria interna é o Manual de Auditoria Interna elaborado pela UHC e aprovado pelo ministro das finanças. Ele tem três partes: gestão de atividades de auditoria interna, execução operacional de auditoria e ferramentas e técnicas de auditoria. A metodologia é aplicada pelos 440 auditores internos nas 160 unidades de auditoria interna do setor público.

Assim, como entidade responsável por desenvolver e aprimorar a auditoria interna no setor público da Bulgária, a Diretoria de Controle Interno, por meio de sua unidade de harmonização central para auditoria interna, executa as seguintes atividades:

a) elabora e promove metodologia única para auditoria interna nas organizações do setor público;
b) auxilia as atividades das unidades de auditoria interna, preparando instruções e orientações;
c) mantém um banco de dados das unidades de auditoria interna, incluindo os seus estatutos;
d) mantém o registro dos titulares de certificado de auditor interno do setor público;
e) monitora a implementação da Lei de Auditoria Interna do setor público, das Normas de Auditoria Interna do setor público e do Código de Ética de Auditores Internos nas organizações públicas;
f) coordena e auxilia a formação profissional dos gerentes de auditoria interna e dos auditores internos nas organizações do setor público.

1.3.4 Estrutura e pessoal da auditoria interna

Em conformidade com o modelo europeu de controle interno, a auditoria interna está estruturada em uma unidade de harmonização central e em unidades setoriais de auditoria interna, nos diferentes órgãos. A maior parte dos auditores estão lotados nas unidades setoriais e onde exercerão as suas atividades, encontrando-se vinculados diretamente ao titular do respectivo órgão. Uma parte menor está alocada na unidade de harmonização central.

Na *Croácia*, a unidade de harmonização central conta com 18 auditores internos, incluindo os respectivos dirigentes da unidade. Nos órgãos setoriais, estão alocados 425 auditores internos, em torno de dois para cada órgão. O ingresso na carreira exige a participação em um programa de capacitação, que envolve, a partir de 2010, 5 módulos principais e 3 optativos. Este curso tem uma duração de 6 a 7 meses e compreende vários testes de conhecimento. Os auditores internos, após o curso, especializam-se em temas específicos, por exemplo, agricultura, saúde, educação, conforme a sua área anterior de formação e atuação.

Na *Bulgária*, a unidade de harmonização central conta com 15 auditores internos, incluindo os seus dirigentes. Nos órgãos setoriais, encontram-se em atividade em torno de 600 auditores internos. Para ingresso na carreira, são exigidas formação superior, em qualquer área de conhecimento, certificação e aprovação em concurso público. Embora não haja restrição, a maioria dos auditores tem formação em economia, direito, contabilidade ou administração. A progressão na carreira se dá por antiguidade e mediante testes, mas depende também da existência de vagas. A carreira comporta os níveis de auditor estagiário (com poderes limitados), auditor interno, auditor sênior, auditor-geral e auditor público, além de chefe de núcleo de auditoria. Esta estrutura é similar à das demais carreiras da Administração Pública no país.

1.3.5 Capacitação e certificação de auditores internos

Conforme se destacou anteriormente, o modelo PIC requer uma política de desenvolvimento pessoal robusta, que possibilite aos gestores, auditores internos e servidores da área financeira adquirirem as competências necessárias para desempenharem de maneira satisfatória as tarefas que lhes cabem e atuarem com total segurança, cientes dos princípios e padrões de auditoria interna e de suas responsabilidades.

Com essa finalidade, tanto a Bulgária quanto a Croácia se estruturaram, por meio da UHC, para fornecer aos atores envolvidos no controle interno público a formação inicial necessária para a implantação do modelo, mas também o aprofundamento dos conceitos e dos métodos de trabalho. Para tanto, constituíram um processo de certificação nacional cuja finalidade é garantir o reconhecimento dos auditores e a sua respeitabilidade, bem como os conhecimentos necessários para atuarem de maneira efetiva.

A lei de controle interno dos dois países visitados determina que os auditores internos devem ser certificados nacional ou internacionalmente. Paralelamente ao processo de certificação, há um programa de educação continuada. Os principais elementos desses processos em ambos os países estão registrados nos quadros dos Anexos C e D.

1.3.5.1 Bulgária

a) *Formação*

A Escola de Finanças Públicas, do Ministério das Finanças, é a responsável pela formação de todos os funcionários públicos, inclusive os gestores (gratuitamente). Com essa finalidade, a escola mantém diversos programas, a exemplo do Programa de Gestão de Finanças e de Auditoria Interna, mantido pela Diretoria de Controle Interno, da UHC. Para os auditores internos, é obrigatório completar 40 horas anuais de formação. Contudo, esse requerimento não é rigoroso. Além de participarem desse programa, os auditores participam de seminários e de conferências. Normalmente existe grande interesse pelos temas oferecidos pela escola.

b) *Instrutores*

Os instrutores são principalmente os funcionários da Diretoria de Controle Interno.

c) *Certificação*

A Lei da Auditoria Interna exige que os auditores internos tenham certificação, seja nacional ou internacional. Somente os estagiários podem trabalhar sem certificação, mas devem se certificar em no máximo 2 anos.

Na Escola de Finanças Públicas, há um curso específico de preparação para o exame de certificação que atende tanto aos funcionários da unidade de auditoria interna quanto aos da unidade de controle financeiro, dado que há um único certificado para as duas áreas.

d) *Procedimentos de segurança*

Anualmente, organiza-se uma banca especial para a realização do exame de certificação, composto por membros da Diretoria de Auditoria Interna e também de outros órgãos. Nem todos os candidatos obtêm o certificado, somente os que demonstram ter alcançado os requisitos necessários.

Os organizadores do exame definem a data, o horário e o local do exame e as formas de se candidatar; ainda, elaboram as questões que farão parte do teste. A chefe da diretoria e o presidente da banca têm a responsabilidade pelo conteúdo total do exame. Diversas precauções são tomadas para garantir o sigilo do exame; duas variantes do exame são elaboradas e a que realmente será utilizada é escolhida somente no dia anterior. Após a correção dos exames, a lista de aprovados é publicada. Os candidatos que desejarem podem consultar os exames.

1.3.5.2 Croácia

a) *Formação*

Auditoria interna é uma carreira recente na Croácia. Várias instituições oferecem treinamento para auditores internos, mas somente a UHC oferece formação para auditores do setor público.

Todos os anos a UHC realiza um levantamento dos conteúdos pelos quais os auditores têm interesse. Com base nessas informações, a unidade de harmonização central organiza oficinas de formação adicional, cerca de 25 ao ano, cujos temas são publicados em um catálogo de treinamento, em que constam oportunidades de *workshops*, palestras, artigos escritos etc. Os servidores podem participar de *workshops* organizados pela UHC ou *workshops* organizados por diferentes organizações. As pessoas são obrigadas por lei a participar de treinamentos, mas não há mecanismos para penalizar auditores que não frequentam a formação continuada. No início de cada exercício, cada auditor interno ativo tem de apresentar um relatório sobre a formação realizada no ano anterior.

b) *Instrutores*

A formação de auditores internos começou com a intenção da Croácia de aderir à EU, que contribuiu com o processo fornecendo recursos e palestrantes. Aqueles que se formaram nessa primeira etapa passaram a ser os instrutores dos cursos posteriores.

c) *Certificação*

O processo de certificação na Croácia é mais longo e mais rigoroso do que o da Bulgária. Seguramente há uma relação entre esse e o fato de os auditores internos certificados na Croácia poderem trabalhar em outros países da UE. O candidato à certificação só pode perder um dia de treinamento em cada módulo. Se faltar em mais de um dia por módulo, terá que fazer o treinamento mais uma vez. Uma pessoa pode ser reprovada em uma ou duas áreas. Nesse caso, ela pode realizar um exame apenas nas áreas em que falhou. Se a pessoa for reprovada em mais do que duas áreas, no entanto, terá que refazer o exame inteiro.

Depois de ser aprovado no exame escrito, no prazo de 10 dias, o candidato deve informar à UHC os temas relacionados à sua área para que lhe seja designado, no prazo de 10 dias, um mentor, o qual deverá orientá-lo e avaliá-lo no exame prático. Se a instituição a que o candidato estiver vinculado dispuser de uma unidade de auditoria interna, será nomeado um mentor da própria unidade para orientá-lo e avaliá-lo. Se a instituição do candidato não dispuser de auditoria interna, o mentor será indicado pela UHC.

O mentor deve ser um funcionário que possua a certificação profissional fornecida pelo Ministério das Finanças, precisa ter coordenado ao menos cinco auditorias, possuir excelente histórico e não ter sido condenado por violação do dever.

O exame prático consiste na participação em pelo menos duas auditorias. O candidato executa as tarefas sob supervisão do mentor que o avalia de acordo com critérios preestabelecidos. Aqueles que alcançarem pelo menos 70% dos critérios estabelecidos em cada uma das auditorias realizadas serão aprovados. A formação prática pode ser realizada no máximo três vezes e pode durar até quatro meses.

Depois de passar no exame prático, o candidato se prepara para o exame oral. O exame oral dura até 45 minutos. A pessoa tem de responder corretamente pelo menos 5 das 7 perguntas propostas. Se a pessoa responder a menos de 5 perguntas corretamente, ela será enviada para uma auditoria adicional e terá de solicitar um novo exame oral no prazo de 2 meses.

Somente quando o candidato passa em todos os exames ele recebe o certificado.

1.3.6 Planejamento da auditoria

Na *Croácia* foi possível ver que as reformas orçamentárias foram direcionadas para o desenvolvimento do planejamento e das fases da programação em um ciclo orçamentário com maior ênfase na consecução das metas e nos resultados. Para isso foi necessário alinhar os planos estratégicos e financeiros, o desenvolvimento de planejamento do programa com base em metas, o desenvolvimento de indicadores de desempenho e um sistema de monitoramento de implementação.

Os regulamentos e a metodologia de trabalho têm sido aprimorados nos últimos três anos e criaram uma base sólida para um desenvolvimento da gestão do setor público. Isso impôs aos gestores a obrigação de planejar estrategicamente, gerenciar riscos, organizar as competências e responsabilidades para a realização dos objetivos e gestão dos recursos financeiros, desenvolver os sistemas de registros e relatórios, aplicar autoavaliação do sistema de gestão e controle financeiro, utilizar as recomendações do trabalho de auditoria interna com objetivo de minimizar problemas e deficiências detectadas nos sistemas de gestão e controle financeiro.

A metodologia de trabalho da auditoria interna também foi aprimorada, especialmente na parte de planejamento estratégico e de conexão dos planos estratégicos de auditoria interna com os planos estratégicos da instituição. O plano de auditoria é utilizado para estabelecer os recursos necessários e estabelecer as prioridades para uma auditoria mais eficiente.

Foram formulados questionários de avaliação de riscos para que o gestor identificasse seus processos de negócio, tendo em vista que para o planejamento de auditoria interna é necessário um amplo conhecimento de gestão de risco, de controles internos e das atividades funcionais e administrativas dos gestores.

As bases para condução da auditoria interna são os planejamentos estratégico e anual de auditoria interna que são desenvolvidos pelo chefe de auditoria interna e aceitos pelo gestor da unidade auditada até o final do ano vigente para os três próximos anos. O plano estratégico, desenvolvido com base na metodologia de avaliação de riscos para o período de três anos, contempla os objetivos, caminhos e os recursos necessários para o desenvolvimento da auditoria interna. O plano anual de auditoria interna, por sua vez, é desenvolvido com base no plano estratégico para um ano de acordo com os recursos existentes, contém objetivos gerais e específicos e a auditoria proposta para o ano seguinte. O chefe da auditoria interna submete os planos estratégicos e anual da auditoria, aprovados pelo gestor da unidade auditada, para a UHC – unidade de harmonização central até 31 de janeiro de cada ano.

Na *Bulgária*, por sua vez, a fase de planejamento é muito importante para a execução da auditoria, tendo em vista que é a forma como a equipe se prepara para o trabalho de auditoria. Da mesma forma, na elaboração do plano estratégico, questionários são encaminhados para os gestores mais operacionais, para obtenção de informações sobre gestão e controle financeiro. O objetivo do plano estratégico é fazer auditoria de todas as atividades da organização.

O chefe de auditoria auxilia no planejamento dos trabalhos e a equipe de auditoria confecciona o plano de auditoria após levantamento de informações para adquirir o conhecimento da organização e documentar os processos de auditoria, identificar os controles e os objetivos da organização, avaliar os riscos das atividades e os controles existentes para os riscos além da definição da estratégia de realização de testes de auditoria.

O conhecimento da atividade é adquirido considerando informações tais como: base legal, objetivos, estrutura organizacional, áreas de operação, metodologia de gestão de risco, procedimentos e controles-chave, políticas e ambiente contábil, gestão financeira e sistemas de controles, políticas de pessoal e outros. Os estudos preliminares usam todos os documentos e informações coletados para o planejamento anual. Este tem por base o ambiente de controle e a avaliação de riscos, além dos objetivos e escopo de cada trabalho de auditoria. Durante o planejamento os auditores também usam as informações do arquivo permanente do trabalho, resultados de auditorias anteriores, reuniões e entrevistas com os gestores e especialistas. Para obter informação adicional, os auditores internos encaminham questionários aos gestores da unidade auditada.

Toda a informação é analisada e considerada para definir os objetivos e escopo de auditoria. Fatores de risco são considerados e avaliados de acordo com os controles internos e as estruturas envolvidas.

A avaliação de risco e os resultados de auditorias anteriores contribuem para a seleção das unidades a serem auditadas. Nesse sentido as unidades classificadas como de alto risco são incluídas no plano anual de auditoria. A unidade de auditoria interna realiza aproximadamente 20 trabalhos por ano.

O chefe da auditoria interna apresenta o plano anual de auditoria interna a ser realizado na organização, os trabalhos e as atividades a serem realizadas. No início do ano, o plano de auditoria é publicado no sítio eletrônico para dar conhecimento aos diretores. Uma carta de notificação é encaminhada ao gestor para dar início aos trabalhos. A carta, assinada pelo gestor, apresenta escopo, objeto e nome dos auditores internos. A equipe encaminha *e-mail* ao chefe da unidade com informações sobre a auditoria e agenda uma reunião para informar objetivos, riscos e controles objetos de análise.

O prazo de cada compromisso depende do tipo de atividade. Durante o ano, 80% do tempo de trabalho dos auditores é para cumprir compromissos de auditoria, 10% para planejamento estratégico e anual e 10% para treinamento e qualificação.

No plano anual também consta um plano para cumprimento das recomendações por parte dos gestores.

1.3.7 Análise de risco

Após estudo do modelo PIC na Croácia e na Bulgária, verificou-se que a análise de risco é feita no planejamento de auditoria, com o objetivo de identificar e analisar os eventos que podem impactar o alcance dos objetivos da organização bem como as consequências decorrentes.

O auditor tem que ter habilidade para entender as atividades e os processos da organização, pois a identificação dos riscos é feita pelo gestor para demonstrar os riscos existentes e potenciais que podem prejudicar o atingimento dos objetivos da organização.

A identificação de riscos tem por base o conhecimento das atividades e processos do ambiente da organização e considera relatórios de execução do plano estratégico, revisões orçamentárias, achados de auditoria de trabalhos anteriores, objetivos e características da organização, orçamento e volume de recursos, compra de bens e contratação de serviços, partes relacionadas, e outros.

Os auditores internos assessoram o gestor no processo de detectar e avaliar riscos materiais das atividades e contribuem para melhorar a gestão de risco e os mecanismos de controle, considerando também os seguintes fatores de risco relacionados às atividades:

- impacto do exame de alguns processos em relação às atividades da organização;
- mudanças estatutárias e organizacionais relevantes nas atividades;
- valor das transações financeiras;
- problemas e recomendações reportados anteriormente e resultados de inspeções;
- providências tomadas pela administração em relação a pontos de aprimoramento.

No começo desse processo, é necessário treinar o gestor sobre análise de risco para que preencha adequadamente os formulários de análise, pois o processo resulta em opinião baseada no conhecimento e expertise do gestor de risco baseada na informação disponível.

No caso da *Bulgária*, o grande desafio após a aprovação da lei foi entender a concepção e a aplicação dos requisitos da gestão de risco, pois não havia essa previsão legal até o ano de 2006. Para isso, houve contratação de consultorias internacionais, elaboração de manuais de instrução e capacitações sobre o tema.

A documentação da análise de risco é a base da gestão de riscos e é registrada pela unidade em formulários próprios para avaliação de riscos. O foco da auditoria são os processos utilizados para avaliar os riscos. Os resultados são refletidos no documento do sistema de auditoria.

O chefe da auditoria interna obtém do gestor a análise de risco e confirma que aqueles são os riscos da organização. Depois de identificados, o gestor elenca os riscos conforme a probabilidade de ocorrência e o possível impacto que causaria na organização. O impacto do risco pode ser considerado mínimo, moderado ou alto, conforme interfira em um processo ou atividade. Já a possibilidade de ocorrer o risco pode ser baixa, média ou alta. Essa classificação tem que ser fundamentada pelo responsável pela informação. O cruzamento dessas duas análises forma uma matriz de risco que serve de base para as decisões da gestão, conforme matriz de probabilidade x impacto a seguir:

Figura 18 – Matriz de probabilidade e impacto

Probabilidade				
Muito Provável		Risco Aceitável (médio – 2)	Risco Inaceitável (alto – 3)	Risco Inaceitável (extremo – 5)
Provável		Risco Aceitável (baixo – 1)	Risco Aceitável (médio – 2)	Risco Inaceitável (alto – 3)
Improvável		Risco Aceitável (baixo – 1)	Risco Aceitável (baixo – 1)	Risco Aceitável médio – 2)
Chance de ocorrer:		Pequena	Moderada	Grande

Probabilidade x Impacto = Risco

Impacto
(quão sério é o risco?)

Ressalta-se que a análise de risco é útil quando atividades de mitigação são estabelecidas pelo gestor incluindo o monitoramento contínuo. Grande parte das atividades de gestão de risco é feita com base nas avaliações dos gestores.

Na Bulgária, até 2006, o monitoramento era feito pelos controladores externos e a prática de autoavaliação de riscos era praticamente desconhecida. Essa prática passou a fazer parte do relatório consolidado final. Além disso, todos os servidores passaram a ser responsáveis por notificar potenciais ameaças à realização de suas atividades, por meio de formulários próprios, para o gestor; sempre considerando possibilidade, frequência e impactos da ocorrência dos riscos. A lei exige ainda que os controles sejam descritos no regulamento interno da organização e que sejam adequados às atividades específicas da organização. Cabe aos auditores internos identificar os controles existentes, a relevância em relação às atividades e os processos da organização para avaliar a efetividade desses controles. A identificação dos controles impacta diretamente a determinação da quantidade de testes de auditoria. A análise deve questionar se há controles para todos os riscos identificados; se os controles estão apropriados e contribuem para o atingimento do objetivo da organização e se são efetivos, eficientes e necessários.

O auditor deve considerar a possibilidade de alguns riscos não serem cobertos pelos controles e então deixar o gestor ciente, reportando inclusive no relatório.

Na *Croácia*, até o ano de 2009, não havia o desenho dos processos de negócio das unidades. Os gestores e os auditores tinham dificuldade para conhecer os processos e riscos correlatos.

Em 2009 a UHC publicou as diretrizes para gestão de riscos (*Guidelines for Risk Management Process*) e em 2011, também a UHC, juntamente com o Tesouro, publicou as instruções para elaboração do planejamento estratégico. Além disso, em 2011 a necessidade de planos anuais de auditoria com base na identificação de riscos foi incorporada em um decreto da Administração Pública.

Com base na metodologia do planejamento estratégico, que contempla a análise de riscos, foram feitas reuniões para apresentação do modo como as áreas de negócio contribuem para o cumprimento da missão da organização, identificados os programas e atividades e seus níveis de importância (complexidade, valor, impacto interno e externo, e outros) para avaliar os riscos. Foram realizados *workshops* e atividades de *brainstorming* para identificar e categorizar os principais riscos da entidade (reputação, financeiro, político, prestação de serviços, recursos humanos, operacional e de tecnologia), bem como desenvolvidos questionários de risco e cálculos para classificação do nível de risco.

Atualmente os gestores da Administração direta devem desenvolver suas estratégias de gestão de risco demonstrando como pretendem implementar o gerenciamento de riscos de maneira sistemática, definindo papéis e responsabilidades, metodologia do processo de gerenciamento e comunicação sobre os riscos para toda a estrutura organizacional, bem como proporcionar treinamento adequado, entre outros.

Os gestores da Administração indireta não são obrigados a adotar estratégias de gestão de risco, todavia eles têm que identificar e gerenciar os riscos que podem influenciar mais significativamente suas operações para comunicar, caso necessário, ao gestor da unidade a que estão vinculados.

A UHC da Croácia preparou um manual de instruções estratégicas de gestão de riscos para ajudar os gestores a desenvolverem suas próprias estratégias.

As premissas da gestão de risco na Croácia são: patrocínio da alta administração; envolvimento de toda a equipe; conhecimento da existência dos riscos e de que estes estão sendo monitorados; gestão de riscos como parte da estratégia e do processo de planejamento anual; riscos e gestão de riscos vistos como oportunidades de avaliação de políticas e decisões estratégicas.

Detectar os riscos-chave oportunamente e tomar medidas de controle adequadas significa evitar custos financeiros nos quais se incorreria para reduzir o problema, e também evitar possível reputação negativa devido a falhas operacionais. Os gestores responsáveis pela operação e pelo atingimento dos objetivos são ao mesmo tempo as pessoas-chave para gerenciar os riscos. Eles têm que entender que a gestão de riscos é parte integral do trabalho deles, e um elemento fundamental para a eficiente tomada de decisões.

1.3.8 Procedimentos

Tanto a Bulgária quanto a Croácia têm o seu manual de auditoria interna em que estão descritos os procedimentos para a realização de auditorias. Os manuais trazem expressamente que a aplicação das metodologias descritas obedece aos padrões internacionais de auditoria interna do Instituto Internacional dos Auditores (IIA).

O Anexo E da presente obra mostra os fluxos de procedimentos de auditoria interna na Croácia e na Bulgária.

Os planos anuais de auditoria são enviados a toda a alta administração, o que faz com que os gestores já saibam o que pode ser objeto de auditoria durante o ano. O início dos trabalhos de auditoria dá-se quando uma comunicação é enviada pelo chefe da unidade de auditoria (*head of audit unit*) diretamente aos gestores, sem necessidade de "ordem de serviço" ou documento similar assinado pelo ministro. Exceção prevista na Croácia apenas quando não for feito plano de auditoria ou em *ad hoc audits*.

Os procedimentos de auditoria são baseados em identificação, detalhamento e avaliação dos riscos dos processos/sistemas auditados. A seguir avaliam-se os controles adotados contra os riscos identificados. A partir da identificação de riscos e controles são produzidos os testes de auditoria a aplicar, modelando os tipos de volumes de testes necessários ao trabalho dos auditores. Ocorre então a aplicação dos testes de auditoria conforme planejado.

Os resultados dos testes de auditoria, uma vez avaliados, podem requerer a revisão e atualização do programa de testes, ampliando se necessário seu escopo ou abrangência. Os achados devem então ser confirmados, de maneira a evitar falsos positivos.

Confirmados os achados de auditoria, são formuladas conclusões do auditor a respeito do processo/sistema auditado. Em seguida devem ser formuladas as recomendações acerca dos achados, o que antecede a produção do relatório preliminar de auditoria.

1.3.9 Relatório de auditoria

Os relatórios de auditoria são produzidos quando terminados os testes, confirmados os achados e formuladas as recomendações. A estrutura comum dos relatórios de auditoria inclui:
(i) sumário executivo;
(ii) introdução;
(iii) achados e recomendações;
(iv) conclusão;
(v) apêndices e anexos, se necessário.

É produzido inicialmente um relatório preliminar de auditoria, encaminhado ao auditado depois de percorrer as estruturas de aprovação. Preparado o relatório preliminar, é conduzida reunião de fechamento de auditoria, para a apresentação dos achados aos auditados com a participação não só dos auditores que conduziram a auditoria, mas também do chefe da unidade de auditoria (*head of audit unit*).

Na reunião de fechamento busca-se consenso acerca das conclusões e recomendações do relatório preliminar. Os auditados podem, então, fazer suas considerações acerca dos pontos dos quais discordam, o que será avaliado pela equipe de auditoria para o relatório final.

Aos auditados é dado prazo para resposta formal ao relatório preliminar de auditoria. A resposta deve incluir, na Croácia, o plano de ação em resposta aos achados e às recomendações, plano este que será parte integrante do relatório final. Na Bulgária o plano de ação é exigido apenas depois do relatório final. Com a resposta dos auditados é produzido e encaminhado o relatório final de auditoria.

O plano de ação, demandado em ambos os países, apenas em momentos diferentes, torna-se base para os processos de *follow up* das recomendações. O procedimento de *follow up* ocorre de duas formas: *in loco* ou por envio de evidências que comprovem a aplicação do plano de ação. Quando ocorre *in loco* são feitas auditorias específicas para *follow up* ou verificação das recomendações na próxima auditoria na mesma unidade.

1.3.10 Avaliação de qualidade

Na Bulgária e Croácia, as definições contidas em seus manuais de auditoria interna comprovam que a avaliação de qualidade da atividade de auditoria interna foi idealizada com base nas definições apresentadas na Estrutura Internacional de Práticas Profissionais

(IPPF) do Instituto dos Auditores Internos (IIA). Nesse documento, o conjunto de iniciativas que objetivam promover a avaliação do trabalho desempenhado pela atividade de auditoria interna está organizado na forma de um programa de avaliação de qualidade e melhoria (daqui em diante denominado programa).

O programa constitui-se em um conjunto de avaliações de caráter permanente e periódico, relativo a todos os trabalhos levados a cabo pela atividade de auditoria interna durante determinado período. Seu desenvolvimento e manutenção estão sob a responsabilidade do chefe da unidade de auditoria interna.[20] Vale ressaltar, contudo, que a exclusividade dessa incumbência do chefe da unidade de auditoria interna diz respeito apenas ao plano de trabalho; no tocante à entrega da qualidade na realização diária das atividades de auditoria interna, a responsabilidade é compartilhada por todos os auditores internos.

Em termos gerais, pode-se afirmar que a principal ambição na condução de um programa é promover a eficiência e a eficácia nas atividades de auditoria interna com vistas à percepção de incremento de valor por parte da organização. Em consequência, as normas de práticas profissionais incentivam que seu desenho seja feito de acordo com as características particulares de cada instituição, a fim de potencializar suas possibilidades de êxito.

Contudo, embora pese a inexistência de uma estrutura rígida para formulação do programa, para que sua implementação esteja em acordo com as normas internacionais, faz-se necessário que ele permita avaliar:
- os aspectos que compõem a atividade de auditoria interna, bem como sua eficiência e eficácia;
- a conformidade com a definição de auditoria interna, com o código de ética e com as normas estabelecidas nas IPPF;
- a importância das atividades de auditoria interna para que a organização identifique oportunidades de melhoria e reconheça a auditoria interna como fator relevante na conquista de seus objetivos.

Vale ressaltar que o programa deve prever uma escala de avaliação com vistas à classificação do nível de desempenho da atividade de auditoria interna e seu grau de aderência às normas profissionais.

---

[20] É recomendado que o programa seja revisado anualmente e que as seções que o constituem sejam atualizadas tempestivamente, sem necessariamente aguardar-se o próximo período de revisão.

No caso búlgaro, optou-se por adotar a escala sugerida no Manual de Avaliação de Qualidade do IIA, que prevê três níveis de classificação: opera em conformidade, opera em conformidade parcial ou não opera em conformidade. A escala adotada na Croácia aproxima-se do modelo alemão ao operar sua classificação em quatro níveis: requisitos são cumpridos, há espaço para pequenas melhorias, há espaço para melhorias significativas ou há incompatibilidades que prejudicam a possibilidade de realizar auditoria interna.

As avaliações de qualidade previstas podem ser classificadas entre aquelas realizadas internamente, utilizando-se da própria equipe de auditoria interna da organização, e outras cuja execução esteja sob a responsabilidade de profissionais que não pertençam à instituição avaliada. Em ambos os casos, os avaliadores necessitam ser qualificados na prática de auditoria interna e no processo de avaliação de qualidade.[21]

As avaliações internas abrangem o monitoramento contínuo e a autoavaliação periódica. O primeiro tipo está incorporado à rotina de gerenciamento das atividades desenvolvidas diariamente pelos profissionais de auditoria interna, com a finalidade maior de constatar se o trabalho posto em prática no dia a dia apresenta os resultados esperados.

Já as autoavaliações buscam identificar a qualidade normalmente observada nas atividades rotineiras de auditoria interna, por meio da análise da conformidade com o código de ética e com as normas, da qualidade da rotina de gerenciamento e do conjunto de iniciativas implementadas, além de avaliar a aderência com as políticas e regulamentos relacionados à auditoria interna, o nível de cumprimento dos padrões de desempenho almejados e as formas como a auditoria interna produz riqueza à organização. Via de regra, em ambos os países procura-se aproveitar a realização dessas avaliações para propiciar treinamento aos profissionais envolvidos, bem como aprender mais sobre os processos estudados e assim sugerir medidas mais sofisticadas para desenvolvê-los.

No caso dos monitoramentos contínuos, as áreas de melhoria identificadas devem ser trabalhadas tempestivamente. Para as autoavaliações periódicas, deverão ser elaborados planos de ação no sentido de promover as ações necessárias nas áreas de melhoria assinaladas. Para ambos os casos, os resultados produzidos pelas avaliações devem

---

[21] Em caso de uma equipe de auditores internos, aceita-se que as competências necessárias à consecução dos trabalhos possam estar capilarizadas entre seus membros.

ser comunicados ao principal gestor da organização ao menos uma vez ao ano.

Por sua vez, as avaliações externas são caracterizadas pela importância da independência dos avaliadores para que sua opinião a respeito do trabalho de avaliação e consultoria realizado seja um retrato fidedigno do desempenho alcançado pela atividade de auditoria interna no que diz respeito à eficiência e eficácia no cumprimento de suas obrigações e atendimento das expectativas dos *stakeholders*, bem como da conformidade com a definição de auditoria interna, o código de ética e as normas do IPPF.[22]

As avaliações externas devem ocorrer ao menos uma vez a cada cinco anos e incluem uma revisão de toda a atividade de auditoria interna. Além da opção de sua realização por equipe externa e independente, pode-se também realizá-la mediante a validação independente de autoavaliação produzida pela equipe de auditoria interna, situação que impactaria na diminuição dos custos com a avaliação. Nesse mesmo sentido, merece destaque a realização de revisões por pares, em especial para os casos de atividades de auditoria interna de pequena escala, alternativa utilizada em larga escala na Diretoria de Controle Interno do Ministério das Finanças da Bulgária[23] para a execução de avaliações externas.

Além da verificação de caráter periódico, na Bulgária e na Croácia utiliza-se outro instrumento para efetuar avaliações externas. Anualmente, é produzido um documento relativo ao desempenho do sistema de auditoria interna com base em relatórios sobre as auditorias internas concluídas e demais atividades realizadas pelos órgãos que possuem atividade de auditoria interna implementada, confeccionados sob a coordenação do chefe de auditoria interna do próprio órgão e aprovados por seu principal gestor.

Ainda, em complemento às iniciativas de avaliação de qualidade desempenhadas pela unidade de harmonização central do Ministério das Finanças croata, os auditores externos do Tribunal de Contas também possuem a função de realizar avaliações da atividade de auditoria interna uma vez ao ano. No que diz respeito aos programas da

---

[22] No caso do setor público, todos aqueles capacitados e que atuam em atividades de auditoria interna distintas podem ser considerados independentes para fins de atuação em avaliações externas, salvo aqueles vinculados ao mesmo chefe de auditoria interna.

[23] Nessa diretoria encontram-se as unidades de harmonização central existentes no organograma búlgaro, uma para a auditoria interna e outra para a gestão e controle financeiro.

União Europeia em curso no país, são feitas avaliações independentes dos sistemas de gestão e controle por agência local[24] e por entidades da própria União Europeia.

A ocorrência de maneira continuada de procedimentos relativos à avaliação de qualidade impulsiona o desenvolvimento das atividades de auditoria interna, dado que as avaliações realizadas permitem medir o grau de eficiência e de eficácia alcançado pela atividade de auditoria interna. Não sem motivo, as normas internacionais possibilitam declarar-se que a atividade de auditoria interna está "Em conformidade com as Normas Internacionais para a Prática Profissional de Auditoria Interna" quando os resultados encontrados estão dentro dos padrões esperados. No caso contrário, em que os resultados apurados estão aquém dos desejados, o chefe de auditoria necessita informar os casos relevantes de não conformidade ao principal gestor do órgão, além de promover a realização de planos de ação com vistas a solucionar os problemas identificados. Dessa maneira, seja pelo caminho desejado ou não, a avaliação de qualidade produz os incentivos adequados para que os agentes envolvidos atuem em prol do desenvolvimento da atividade de auditoria interna.

1.4 Relacionamento com a gestão financeiro-orçamentária

Inicialmente, cabe destacar que no modelo europeu de controle interno é conferida grande atenção à especificação dos parâmetros estratégicos de gestão, entre os quais os objetivos finalísticos de cada unidade, a sua visão de futuro, as atividades/funções, estrutura organizacional e distribuição de responsabilidades e indicadores de resultado e impacto, além dos recursos orçamentários-financeiros destinados para a sua viabilização.

Outro ponto relevante a destacar consiste na atenção dada à identificação e análise de riscos, voltadas para assegurar o alcance dos objetivos estratégicos de cada unidade. O sistema de planejamento e controle europeu explicita esta necessidade e exige a sua avaliação.

Tais aspectos refletem-se em um processo de gestão e controle que registra estes aspectos estratégicos em relatórios anuais e questionários de autoavaliação, a serem posteriormente avaliados pela auditoria interna.

---

[24] Agency for the Audit of European Union Programmes Implementation System (ARPA).

Na *Croácia*, foi observado que o Ministério de Finanças lidera todo o processo de planejamento e controle da gestão do setor público, sendo a melhoria da gestão o propósito maior da estruturação do controle interno. O controle interno está comprometido com a efetividade das políticas públicas, com a especificação e o monitoramento de indicadores, e também com a conformidade.

Por imposição legal, cabe aos ministros prepararem os planos estratégicos, para períodos de 3 anos. E estes planos devem destacar as ações de médio prazo (3 anos), e como elas se articulam em uma visão de longo prazo (5 a 10 anos). Esta visão refletirá no próximo plano estratégico, evoluindo e sendo atualizada gradativamente. O plano estratégico de cada órgão define o que se pretende realizar, como se pretende realizar e quem será responsável pela realização. A delegação de autoridade/responsabilidade pelo atingimento dos objetivos dos programas (*managerial accountability*) é percebida como fundamental para uma melhor gestão. E a gestão de riscos também é considerada importante, na medida em que afeta o desempenho dos programas. Neste contexto, o propósito do controle é amplo, não se limitando à análise de transações e documentos.

A ideia geral parece apontar para o reconhecimento de que o planejamento/gestão estratégico-orçamentário-financeiro e o controle interno devem evoluir em paralelo e de maneira articulada.

Em seu lado negativo, foi registrado na Croácia que os programas ainda não estão fortemente articulados ao planejamento estratégico, os orçamentos ainda experimentam uma migração do modelo *input-oriented* para uma elaboração orientada aos resultados, e permanece não plenamente solucionada a questão de como medir o que está sendo efetivamente alcançado pelos vários programas. Desta forma, os colaboradores ainda têm dificuldade em associar o controle interno a uma lógica de *value for money*. A *managerial accountability* também se manifesta de maneira parcial.

Na *Bulgária*, o orçamento é proposto ao parlamento pelo Ministério de Finanças, que conta com a Diretoria de Planejamento e Orçamento, a Diretoria do Tesouro Nacional, a Diretoria de Gastos/Custos do Estado, uma diretoria que acompanha as prefeituras, a Diretoria da Dívida Pública e a Diretoria de Política Tributária que trata da legislação, além da Agência de Inspeção. As funções de gestão financeira, gestão orçamentária, inspeção financeira e auditoria interna encontram-se, portanto, sob o comando de um mesmo ministério, o que favorece a sua coordenação. Quando a Bulgária era um país típico comunista, até 1989, a administração financeira era fortemente centralizada em uma diretoria do Ministério da Fazenda, chamada Controle Público Financeiro. Tinha também os papéis de orientação, fiscalização e imposição de sanções administrativas (multas) e patrimoniais (indenizações).

Com as reformas iniciadas em 1999/2000, já tendo em vista as exigências da União Europeia, foi modificada a filosofia do controle. O peso do controle deslocou-se de externo para interno. A ideia era que cada instituição pudesse realizar o seu controle, inclusive de efetividade, eficácia e eficiência. Significava fortalecer o controle interno em cada instituição. Os controles internos de cada órgão deveriam obedecer aos seus ministros e à sociedade.

Foram também separadas claramente as funções de auditoria interna e inspeção financeira. A auditoria interna privilegia uma perspectiva sistêmica e emite recomendações de aperfeiçoamento da gestão, à luz dos planos estratégicos dos órgãos. E a inspeção financeira foca no controle da legalidade das transações, atuando sob a coordenação da administração financeira. Auditores internos e inspetores são duas carreiras separadas, mas os integrantes de uma carreira podem pleitear mudar de carreira se obtiverem as qualificações e certificações necessárias.

Merece destaque também a diretriz de não sobreposição de atividades entre as funções de auditoria interna, inspeção financeira e controle externo, cujo planejamento procura evitar a simultaneidade dos trabalhos, assim como a repetição de verificações. Cada avaliação reconhece a anterior como ponto de partida e visa analisar questões ainda não contempladas nos trabalhos anteriores.

Por fim, cabe apontar o bom e fácil relacionamento entre as administrações financeiras e a auditoria interna, sendo destacado que um fator importante para tal consiste em a auditoria interna não dispor de poder sancionatório, mas atuar voltada para a crítica construtiva e para a melhoria da gestão pública.

1.5 Relacionamento com o controle externo

A princípio, percebe-se um bom relacionamento entre o controle interno e o controle externo, tanto na Croácia como na Bulgária. A necessidade de adequação ao modelo europeu tem servido de forte motivação para empreender as mudanças requeridas para inclusão na UE. Um grande fator de estímulo às adequações necessárias é o acesso a fundos europeus para financiamento de políticas públicas e investimentos em infraestrutura nesses países.

O controle externo na UE apresenta características próprias e modelos diferentes, começando com um Tribunal de Contas europeu – único exemplar no mundo com tal formatação. Entre os países que integram a UE, encontramos características interessantes sob vários aspectos, entre os quais podemos destacar:
- grau de autonomia de seus membros;
- forma de investidura e grau de independência de suas decisões;
- alcance das decisões;
- ênfase em auditorias de legalidade (conformidade) e auditorias operacionais;
- planejamento de suas atividades e apresentação de relatórios anuais;
- número de "jurisdicionados";
- existência de entidades de fiscalização superiores – EFS (*supreme audit institutions* – SAI) centralizadas e entidades de fiscalização regionais.

Entretanto, a maior diferença encontrada refere-se ao modelo "tribunal de contas" ou "agência nacional". A tabela do Anexo F elenca todos os países da UE e seu pensionamento quanto a esse quesito. Conforme pode ser visto na tabela, a Croácia apresenta controle externo no modelo de agência e a Bulgária, no modelo tribunal de contas.

Exemplos de bons relacionamentos entre auditoria interna e externa podem ser percebidos na Croácia e Bulgária.

Na *Croácia*, o *State Audit Office* (SAO) é o organismo responsável por levar a cabo a função de auditoria externa. O SAO é uma organização independente que se reporta diretamente ao Parlamento croata e conduz os seus trabalhos de acordo com as normas internacionais emitidas pela Organização Internacional das Entidades Fiscalizadoras Superiores (Intosai). O auditor-geral do SAO tem um assento no Conselho de Controle Interno do Setor Público (*PIC Council*), enquanto a unidade de harmonização central das unidades de auditoria interna organiza palestras e seminários sobre auditoria para os auditores do SAO.

Além disto, a unidade de harmonização central realiza procedimentos prévios em preparação aos trabalhos de asseguração realizados pelo SAO e interage com as unidades de auditoria interna para que a coordenação com a auditoria externa seja sempre levada em consideração.

Encontros, discussões e cooperação estratégica com a auditoria externa são sempre incentivados.

Na *Bulgária*, o *Bulgarian National Audit Office* (BNAO), órgão de auditoria externa búlgaro, é responsável por realizar auditoria nas unidades de auditoria interna, avaliando a estrutura da auditoria interna, o estatuto da unidade e a metodologia para escolher os escopos das atividades de auditoria interna.

Há também a avaliação da qualificação dos auditores internos, bem como avaliação do procedimento de planejamento de atividades da auditoria interna.

O Instituto dos Auditores Internos da Bulgária indica, entre seus membros, um representante para fazer parte do Conselho do BNAO, o que aumenta o grau de cooperação entre auditoria interna e externa.

As opiniões colhidas junto aos representantes do BNAO apontam no sentido de que uma unidade de auditoria interna forte permite que não só sejam fornecidas informações sobre a situação da entidade ao dirigente máximo da organização, mas também os rumos necessários para que sejam corrigidas eventuais deficiências identificadas.

Há a percepção de que um sistema de auditoria interna forte impacta positivamente o trabalho dos auditores externos. Portanto, a atividade de auditoria externa deve ser a principal interessada em fortalecer a função de auditoria interna.

Além da relação com a auditoria interna, as EFS de Croácia e Bulgária também mantêm relação com os órgãos que realizam inspeções financeiras. A inspeção financeira é uma atividade punitiva, que visa reprimir desvios em relação à legislação financeira de cada país.

Juntamente com os órgãos que realizam inspeções financeiras, as EFS da Croácia e da Bulgária realizam reuniões de planejamento, nas quais compartilham informações e tomam ciência sobre os trabalhos relevantes realizados.

1.6 Relacionamento com a sociedade (transparência e ouvidoria)

A reforma do Sistema de Controle Interno ocorrida nos países visitados – 2 dos mais recentes ingressantes na União Europeia – buscou tornar mais eficiente especialmente a função de auditoria interna, fortalecida e valorizada como área estratégica para a garantia do uso adequado dos recursos públicos e melhoria da gestão. Para tanto, a auditoria interna deve funcionar em estreita colaboração com o dirigente máximo da unidade estatal em que se insere, sem se confundir com as áreas de gestão financeira e inspeção. Sua tarefa principal encontra-se vinculada, portanto, à verificação da efetividade dos postulados regentes da Administração Pública, sendo atividade centrada na eficiência, legalidade, moralidade, economicidade e transparência.

Em tese, a transparência muito pode colaborar com a auditoria interna, especialmente em duas vertentes:
- a primeira, de fora para dentro, ou seja, da sociedade em direção ao Estado, propiciando contribuição dos usuários dos serviços, os quais, como destinatários das políticas públicas e por elas direta ou indiretamente impactados, podem exercitar o chamado *feedback*, manifestar-se apontando situações inadequadas, sugestões e outros aportes potencialmente úteis ao controle governamental, capazes de balizar ou auxiliar na definição de prioridades ou focos da auditoria;
- a segunda, de dentro para fora, ou seja, do Estado destinado à sociedade, dando a conhecer os trabalhos de auditoria interna e seus principais resultados, mostrando como a atividade impulsiona a busca por bons resultados administrativos e zela pelo uso correto do dinheiro público, aumentando a confiança dos cidadãos no setor estatal, beneficiado por mais credibilidade e, assim, robustecido em sua legitimidade.

Tanto na Bulgária como na Croácia, países politicamente organizados como repúblicas parlamentaristas, em que o Parlamento não apenas legisla e fiscaliza o Poder Executivo, mas também dirige a Administração Pública, compondo sua cúpula gestora, a função de ouvidoria é exercida por titular de mandato que se reporta diretamente ao Poder Legislativo e é por ele investido, atuando como elemento de controle externo, sem interação regular com a área de auditoria, apenas esporadicamente havendo troca de informações.

Há canais institucionais da Administração Pública para interlocução com os cidadãos, por meio do recebimento de cartas e mensagens eletrônicas, atendimento presencial ou telefônico e portais na internet, mas tais tarefas não ficam atribuídas a órgão específico que possa ser denominado ouvidoria. O que mais se aproxima do conceito brasileiro de ouvidoria pública é comumente designado, na Europa, de *ombudsman*, sendo vinculado ao Parlamento e não diretamente integrante do Governo.

Portanto, o modelo europeu revela-se muito distinto do brasileiro neste aspecto: lá, há distância institucional maior entre a auditoria interna e a função de ouvidoria, desempenhada por órgão externo peculiar denominado *ombudsman*, enquanto no Brasil o controle interno governamental possui principalmente 4 macrofunções, todas executadas por unidades componentes da Administração Pública, enfeixadas ou não em um mesmo órgão: auditoria, ouvidoria, correição e controladoria. Há, aqui, proximidade entre as áreas responsáveis por tais atividades, capaz de favorecer o saudável intercâmbio entre setores governamentais afins, podendo auxiliar o fortalecimento da atividade de auditoria interna, tanto por sua maior eficiência quanto pela exposição de seus resultados à sociedade.

1.7 Dificuldades e limitações do PIC nos países visitados

Como visto anteriormente, tanto a Croácia quanto a Bulgária passaram por reformas legais, institucionais e administrativas em seus sistemas de controle e auditoria interna, impondo inúmeros desafios e obstáculos ao alcance das mudanças pretendidas.

A partir das informações colhidas nos dois países, constata-se que, numa perspectiva mais geral, boa parte das dificuldades de implantação, reorientação ou aperfeiçoamento da atividade de auditoria interna associa-se estreitamente às deficiências e desafios no nível de gestão da Administração Pública.

A auditoria interna tem o papel e a função de contribuir e assessorar o gestor no enfrentamento das deficiências e construção de um modelo de gestão mais eficiente, que seja capaz de atingir os objetivos da organização de maneira mais eficaz e entregar resultados mais efetivos. No entanto, o cumprimento de sua missão institucional pode sofrer limitações quando, a despeito de seus apontamentos e recomendações, o gestor não adotar as medidas necessárias para atacar as falhas e os problemas significativos nas estruturas, processos e procedimentos administrativos, se os propósitos das políticas públicas não estiverem bem traçados, se o orçamento não vincular adequadamente as estratégias, objetivos e recursos disponíveis para realização dos programas governamentais ou ainda se faltarem bons indicadores para avaliação quantitativa e qualitativa do alcance das metas estabelecidas.

Portanto, para que a alteração do sistema de controle se alinhe aos padrões internacionais, segundo a lógica do PIC, é imprescindível uma mudança na mentalidade de todos os *stakeholders* envolvidos, incluindo, sobretudo, as autoridades máximas dos órgãos e entidades, os gestores e responsáveis pela formulação e execução do orçamento e os próprios auditores internos. Todos devem compreender a terminologia, os conceitos e as diferenças na natureza das atividades desempenhadas, além das competências e responsabilidades legais e institucionais de cada um, pois, do contrário, a implementação concreta das mudanças será muito difícil. Neste sentido, a busca por padrões e modelos internacionais representa uma das formas mais adequadas para garantir que essa travessia possa acontecer de maneira segura e com grande chance de êxito, o que justifica a visita de estudos para conhecer e validar o modelo de controle interno da União Europeia.

Para que as funções de auditoria interna sejam desempenhadas com eficiência, eficácia e efetividade, um dos primeiros e grandes desafios consiste em conscientizar as autoridades e gestores de que o fortalecimento dos controles internos traz vantagens e benefícios à gestão do órgão ou entidade, como garantia de conformidade aos padrões e procedimentos estabelecidos, diminuição de perdas financeiras e monitoramento e contenção de riscos.

No atual estágio de desenvolvimento dos seus sistemas de controle, os dois países visitados apontaram dificuldades e desafios específicos, que limitam o desempenho das atividades de auditoria interna.

Uma preocupação comum diz respeito ao número insuficiente de auditores para atender às demandas que são dirigidas aos órgãos de auditoria e cumprir, de maneira eficiente e efetiva, suas funções institucionais. Embora haja estipulação em lei da quantidade mínima de auditores por unidade de auditoria interna, essa medida não assegura que o número estabelecido seja compatível com as necessidades e características de cada órgão ou entidade em particular.

Quanto à profissão, a carreira de auditor interno do setor público nesses países é menos atrativa do que carreira similar no setor privado, em razão dos modestos salários oferecidos (ao contrário do que ocorre no Brasil), criando-se uma discrepância entre o baixo nível remuneratório e o elevado grau de competências, conhecimentos e expertise exigido dos auditores.

No que se refere à Croácia, os representantes da unidade de harmonização central apontaram as seguintes deficiências e desafios da área de auditoria interna: necessidade de aperfeiçoar a sistemática de gerenciamento de riscos, com mais envolvimento dos órgãos e entidades, pois hoje esse trabalho depende fundamentalmente da atuação da auditoria interna; dificuldade de identificar as causas dos problemas durante os trabalhos de auditoria, de modo a tornar as recomendações mais pertinentes e eficazes; constatação de que, ainda que seja difícil, é necessário avaliar o impacto financeiro das atividades desempenhadas pela auditoria interna, principalmente quanto aos benefícios proporcionados à gestão. Quanto a este último aspecto, a UHC está desenvolvendo metodologia destinada a auxiliar os auditores internos na avaliação do impacto da sua atuação e que tem como suporte quatro pilares: a situação encontrada; como deveria ser; causa do problema; e os efeitos ou resultados, em termos de custo-benefício (*value for money*), das ações empreendidas.

Já em relação à Bulgária, foram elencados os seguintes pontos passíveis de melhoria: incompreensão quanto aos papéis e responsabilidades associados à gestão, controle interno e auditoria interna; falta de confiança nas "boas intenções" dos auditores internos; formação insuficiente para conseguir assegurar a competência profissional dos auditores internos; falta de motivação ou desejo de envolvimento; atividades de planejamento de auditoria pouco satisfatórias; existência de relatórios extensos, constatações pouco claras e recomendações pouco úteis.

CAPÍTULO 2

COMPARATIVO COM O SISTEMA DE CONTROLE BRASILEIRO

2.1 Gestão financeiro-orçamentária no Brasil e o *accountability* do gestor

Conforme destacado em seção anterior, no modelo europeu de controle interno é dada grande atenção à especificação do planejamento estratégico, dos objetivos maiores de cada unidade, de sua visão de futuro, das atividades/funções, estrutura organizacional e distribuição de responsabilidades e dos indicadores de resultado e impacto, além dos recursos orçamentários-financeiros destinados para a sua viabilização.

Já no Brasil observa-se um acentuado distanciamento entre as macrofunções de planejamento estratégico, elaboração orçamentária e gestão financeira, as quais, inclusive, são conduzidas sob a responsabilidade de órgãos distintos (casa civil, planejamento, fazenda, controladorias). Uma reorganização destas atribuições pode ser especialmente importante para fortalecer a integração entre estas macrofunções, conferindo maior relevância ao planejamento estratégico e assegurando a sua repercussão na efetiva alocação de recursos orçamentários e financeiros.

No modelo europeu, os temas estratégicos refletem-se em um processo de gestão e controle que registra estes aspectos estratégicos em relatórios anuais e questionários de autoavaliação, a serem posteriormente avaliados pela auditoria interna. Já no Brasil, os planos estratégicos e relatórios anuais recebem menor atenção (*vide* exemplos na seção 1.3 e no Anexo B desta obra).

Por outro lado, o controle interno da gestão no Brasil tem se distanciado de uma ótica sistêmica e focado mais na execução orçamentária e financeira, sob uma perspectiva transacional, sendo dedicada menor atenção aos aspectos estratégicos da gestão, o que provavelmente está exercendo um efeito limitante sobre a efetividade da gestão pública.

Outro ponto relevante a destacar consiste na atenção dada à identificação e análise de riscos, voltadas para assegurar o alcance dos objetivos estratégicos de cada unidade. O sistema de planejamento e controle europeu explicita esta necessidade e exige a sua avaliação. No Brasil, pouca atenção é destinada a esta análise e, em muitos órgãos, não se vislumbra a sua realização.

2.2 Funções dos órgãos de controle no Brasil

Esta seção se iniciará com uma breve contextualização do Sistema de Controle Interno no Brasil, comparando suas principais características com aquelas observadas nos exemplos búlgaro e croata. Sobre esse ponto, em razão da variedade existente em nosso país no que diz respeito às estruturas organizacionais e atribuições dos órgãos centrais de controle interno, serão utilizados como posicionamento brasileiro aqueles identificados como prevalentes na grande pesquisa realizada pelo Conselho Nacional de Controle Interno (Conaci)[25] e que resultou na publicação em 2014 da obra *Panorama do controle interno no Brasil*. Em sua parte final, o foco principal desta seção estará na apresentação das possíveis mudanças que uma aprovação da Proposta de Emenda Constitucional nº 45/2009 provocará no Sistema de Controle Interno brasileiro, bem como poderia se dar o aproveitamento do modelo PIC nesse cenário.

Não reside surpresa alguma no fato de existirem importantes distinções entre os sistemas de controle interno brasileiros e os praticados na Bulgária e na Croácia, especialmente no que se refere a questões de ordem estratégica como o grau de *accountability* de gestores e o nível de centralização da atividade de auditoria interna. De fato, o próprio sentido deste estudo passa pela existência de tais diferenças, dado seu objetivo de propor novas alternativas para o fortalecimento do Sistema de Controle Interno em nosso país.

---

[25] Entidade que congrega os órgãos de controle interno dos estados, do Distrito Federal, dos municípios-sede das capitais e da União, cuja finalidade prevista no art. 3º de seu regimento é "fomentar a integração e o desenvolvimento dos órgãos governamentais de controle interno com o objetivo de fortalecer e aprimorar o desempenho das funções do controle em prol da eficiência e transparência da gestão pública brasileira".

Sobre o primeiro aspecto, diferencia-se do caso brasileiro, em especial o modelo croata, ao prever de maneira minuciosa em normativos legais as responsabilidades que carregam o principal gestor e os chefes das unidades organizacionais de órgão ou entidade em relação à implementação e funcionamento de ferramentas de controle.

No que tange à organização funcional da atividade de auditoria interna, os casos europeus estudados se caracterizam pela existência de unidades independentes de auditoria interna nos órgãos dotados de maior relevância na Administração Pública, ao passo que no Brasil a auditoria interna trabalha de maneira centralizada —[26] além das unidades de auditoria autônomas que costumam existir em diversos dos entes da Administração indireta federal, estadual e municipal (autarquias, fundações e empresas controladas pelo Poder Público). Dito de outra maneira, em nosso país a atividade é realizada em um dos órgãos que integram o Poder Executivo, mas por auditores internos lotados no órgão central de controle interno. Na Bulgária e na Croácia, a atribuição de executar auditorias está no próprio órgão responsável pela gestão, mais especificamente a cargo de sua unidade de auditoria interna, que possui seu próprio corpo de auditores e atua de maneira independente na condução dos assuntos sob seus cuidados.

Em razão disso, aparece outra significativa diferença. Considerada um dos pilares do modelo PIC, ao lado da *accountability* de gestores e de atividade de auditoria interna independente, as unidades de harmonização central previstas no caso europeu para a auditoria interna perderiam a razão de sua existência se ambientadas em contexto marcado por alto grau de centralização da atividade de auditoria interna. Por outro lado, mesmo com essas condições continuaria recomendável a implementação de unidade de harmonização central para a gestão e controle financeiro, com a finalidade de promover o alinhamento entre as ações praticadas nas diversas instituições integrantes da Administração Pública.[27]

Por seu turno, o próprio espírito que norteia a atividade de auditoria interna mostra-se divergente. Se na Bulgária e na Croácia sua atuação apresenta-se mais alinhada às normas internacionais

---

[26] Segundo a publicação do Conaci, cerca de 80% da atividade de auditoria interna no Brasil está organizada de forma centralizada.

[27] Diferentemente da Bulgária e Croácia, onde as UHC integram a estrutura organizacional do Ministério das Finanças, em 90% dos estados e capitais brasileiros os órgãos de controle interno pertencem ao primeiro escalão de governo.

para atuação profissional, no Brasil confunde-se com a atividade de inspeção a todo o momento, privilegiando o tratamento de transações em detrimento da verificação do desempenho da gestão pública.

Não por acaso, mais da metade dos órgãos centrais declararam não possuir nenhuma metodologia para gerenciamento do controle interno.[28] Em consequência, encontram-se em campos opostos os critérios utilizados para definir quais trabalhos serão realizados em ambos os cenários. Ao passo que na Bulgária e na Croácia privilegiam-se critérios relacionados à avaliação de riscos (como priorizar a realização de auditorias em áreas que apresentam maior vulnerabilidade ou que não as recebem há mais tempo), no Brasil prioriza-se a escolha por critérios relacionados às necessidades da alta administração (que demanda a inclusão de trabalhos no plano de auditoria), ao apelo popular (como denúncias veiculadas na imprensa) e à materialidade.

Por outro lado, também foram identificadas similaridades entre os casos. O incremento nas atividades relacionadas ao Sistema de Controle Interno aparece como uma consequência de reformas legislativas em busca de melhores padrões de governança.[29] Além disso, a própria operacionalização da atividade de auditoria interna apresenta semelhanças, notadamente nas etapas que compõem um trabalho de auditoria.

De fato, em ambos os cenários procura-se construir o plano de atividades da auditoria com base nas definições trazidas pelo planejamento estratégico. A estruturação do trabalho para determinado exercício inicia-se com a confecção do plano de auditoria e, antes do início da execução dos trabalhos, há a apresentação formal da equipe de auditores. Há uma comunicação prévia dos resultados dos trabalhos à instituição auditada, que possui prazo para apresentar sua manifestação a respeito das conclusões da equipe de auditoria antes do encerramento dos trabalhos. Após a análise dos argumentos apresentados, a equipe de auditoria produz o relatório final da auditoria, comunicado formalmente à organização auditada e passa a monitorar a implementação das recomendações para melhoria.

Quanto à essa implementação, parece haver uma taxa de sucesso um pouco superior no caso dos países europeus: enquanto na

---

[28] Onde existe essa situação, aplicam-se os pressupostos do Coso ou do Intosai.

[29] No Brasil, quase a metade dos órgãos centrais de controle interno foram criados após a entrada em vigor da Lei Complementar nº 101/2000, a chamada Lei de Responsabilidade Fiscal (LRF).

Bulgária e na Croácia declara-se que ela está na ordem de 80% e 70%, respectivamente, no Brasil a faixa prevalente informada pelos órgãos centrais varia de 41% a 60%.

Indispensável destacar um elemento novo que pode alterar, significativamente, esse contexto de diferenças e similaridades entre os modelos. Aprovada pela Comissão de Constituição e Justiça e com manifestação favorável de relator designado, encontra-se no aguardo de deliberação do plenário do Senado Federal a Proposta de Emenda à Constituição (PEC) nº 45, de 2009, que trata da inscrição no texto constitucional de regras sobre a organização das atividades do Sistema de Controle Interno da Administração Pública. A proposição é constituída de apenas dois artigos. O art. 1º determina que o art. 37 da Constituição Federal – que enumera as principais regras de atuação da Administração Pública direta e indireta de todas as esferas federativas – seja acrescido do inc. XXIII, com a seguinte redação, resultado de alterações introduzidas na tramitação legislativa:

> Art. 1º O art. 37 da Constituição Federal passa a vigorar acrescido do seguinte inciso XXIII:
>
> "Art. 37. [...]
>
> XXIII - as atividades do Sistema de Controle Interno, previstas no art. 74, essenciais ao funcionamento da administração pública, contemplarão, em especial, as funções de ouvidoria, controladoria, auditoria governamental e correição, e serão desempenhadas por órgão de natureza permanente, e exercidas por servidores organizados em carreiras específicas, na forma de lei complementar e por outros servidores e militares, devidamente habilitados para essas atividades, em exercício nas unidades de controle interno dos Comandos militares. [...]" (NR).

Assim, a referida PEC propõe a qualificação, no texto constitucional, das atividades do Sistema de Controle Interno da União, estados, Distrito Federal e municípios como essenciais ao funcionamento da Administração Pública, a indicação das funções de ouvidoria, controladoria, auditoria governamental e correição como constituintes das atividades do Sistema de Controle Interno, a determinação para que as atividades do Sistema de Controle Interno sejam desempenhadas por órgão de natureza permanente e a exigência de que as atividades do Sistema de Controle Interno sejam executadas por servidores públicos, organizados em carreira específica.

Ampliando, ainda mais, as diferenças entre o modelo brasileiro e os modelos dos países visitados, a forma atual proposta pela PEC não deixa margem a outras interpretações que não sejam de existência de um único órgão central de controle interno.

A despeito disso, abre-se uma janela de oportunidades de aprimoramento do modelo de Sistema de Controle Interno no setor público brasileiro, pois fica caracterizada a necessidade de União, estados, Distrito Federal e municípios organizarem o seu controle interno, permitindo, dessa forma, que cada ente federativo leve em conta a sua realidade e as suas necessidades ao conceber e organizar o seu sistema.

Contudo, para concretizar essa oportunidade, o aprimoramento e o enfrentamento dos desafios existentes impõem a todos os interessados uma reflexão profunda sobre o modelo de Sistema de Controle Interno mais adequado ao setor público no Brasil. A abordagem contida no presente documento tem por objetivo contribuir e agregar qualidade à referida reflexão.

2.3 Relacionamento entre controle interno e controle externo no setor público brasileiro

Auditar é, basicamente, comparar a situação encontrada com um critério aplicável e reportar as diferenças. Caso a situação encontrada esteja em conflito com o critério, tem-se um achado negativo. Caso a situação encontrada cumpra de maneira excepcional o critério, tem-se um achado positivo. A atividade de auditoria costuma ser classificada sobre diversos aspectos. Uma das classificações mais comuns é a divisão entre auditoria interna e auditoria externa.

O critério para estabelecer essa divisão entre auditoria interna e auditoria externa seria, principalmente, a posição do auditor: se interna ou externa à organização. No caso de o auditor se encontrar dentro da organização, denomina-se a auditoria de interna. No caso de a atividade de auditoria ser realizada por profissional ou entidade externos à organização, toma lugar a auditoria externa. Nesse sentido, o trabalho executado pela auditoria interna e pela auditoria externa são bastante semelhantes, pois ambas utilizam as mesmas técnicas de auditoria e têm uma atenção especial aos desenhos e à funcionalidade do Sistema de Controle Interno, formulam recomendações de melhoria para as deficiências encontradas e modificam a extensão de seu trabalho de acordo com os riscos identificados e os sistemas e controles existentes.

No âmbito empresarial, além do critério da posição do auditor, costuma-se diferenciar auditoria interna com base em outros critérios como objetivo e revisão das operações. De modo geral, as diferenças entre auditoria interna e externa (também chamada de auditoria independente) citadas pela literatura são as apresentadas no quadro a seguir.[30]

Quadro 1

Auditoria interna	Auditoria externa
Realizada por um empregado da empresa auditada.	A auditoria é contratada externamente à organização e os auditores não possuem vínculo empregatício com a empresa auditada.
Apesar de o auditor ser independente em relação às pessoas cujo trabalho ele examina, ele é subordinado às necessidades e desejos da alta administração. Por isso, há um menor grau de independência.	Maior grau de independência, pois não há vínculos com a organização auditada.
O objetivo principal é atender às necessidades da administração, verificando se as normas internas estão sendo seguidas, se há necessidade de aprimorar as normas internas vigentes ou elaborar novas normas e efetuar auditoria nas diversas áreas das demonstrações contábeis e em áreas operacionais.	O objetivo principal é atender às necessidades de terceiros no que diz respeito à fidedignidade das informações financeiras.
A revisão das operações e do controle interno é principalmente realizada para desenvolver aperfeiçoamento e para induzir o cumprimento de políticas e normas, sem estar restrita aos assuntos financeiros.	A revisão das operações e do controle interno é principalmente realizada para determinar a extensão do exame e a fidedignidade das demonstrações financeiras.
O auditor preocupa-se diretamente com a detecção e prevenção de fraude.	O auditor incidentalmente se preocupa com a detecção e prevenção fraudes, a não ser que haja possibilidade de substancialmente afetar as demonstrações financeiras.

Apesar dessas diferenças fundamentais, há consenso de que as atividades de auditoria interna e externa se complementam, pois atuam cada qual com uma função específica.

---

[30] Adaptado de ALMEIDA, Marcelo Cavalcanti. *Auditoria*: um curso moderno e completo. 7. ed. São Paulo: Atlas, 2010.

Exemplos dessa complementação entre auditoria interna e externa são citados nas Normas Brasileiras de Contabilidade Técnicas de Auditoria Independente (NBC TA), mais especificamente na NBC TA 315 e na NBC TA 610.

A título de demonstração, os itens 23 e A109 da NBCT TA 315 estabelecem:

> 23. Se a entidade tem auditoria interna (ver definição no item 14 da NBC TA 610 – Utilização do Trabalho de Auditoria Interna), o auditor independente deve obter entendimento da natureza das responsabilidades da auditoria interna, da sua posição hierárquica na organização e das atividades executadas ou a serem executadas (ver itens A109 a A116).
>
> A109. Se a entidade tem função de auditoria interna, obter entendimento dessa função contribui para que o auditor obtenha entendimento da entidade e do seu ambiente, inclusive do controle interno, em particular o papel que a auditoria interna desempenha no monitoramento do controle interno sobre as demonstrações contábeis. [...]
>
> A113. Se a natureza das responsabilidades da auditoria interna e seus trabalhos ou atividades estiverem relacionados com as demonstrações contábeis da entidade, o auditor independente pode, também, utilizar tais trabalhos para modificar a natureza ou a época, assim como reduzir a extensão dos seus procedimentos de auditoria a serem executados para a obtenção de evidência de auditoria. É mais provável que os auditores utilizem o trabalho da auditoria interna da entidade quando, por exemplo, com base na experiência em auditorias anteriores ou nos procedimentos de avaliação de riscos do auditor, a entidade tem uma função de auditoria interna com recursos adequados e apropriados em relação ao tamanho da entidade e à natureza de suas operações e tem um nível de subordinação direta com os responsáveis pela governança.

NBC TA 610:

> 21. Caso o auditor independente planeje usar o trabalho da auditoria interna, ele deve discutir com a auditoria interna o uso planejado desse trabalho como base para coordenar as suas respectivas atividades.
>
> 22. O auditor independente deve ler os relatórios da auditoria interna relativos ao trabalho que o auditor independente planeja utilizar para obter entendimento da natureza e extensão dos procedimentos executados e as constatações dos auditores internos.

Esses dispositivos normativos sinalizam para o fato de que a atividade de auditoria externa deve sempre se relacionar com a auditoria interna, seja conhecendo como a unidade de auditoria interna está estruturada e como ela contribui para o monitoramento do Sistema de Controle Interno sobre as demonstrações contábeis e até utilizando os trabalhos realizados pela auditoria interna.

A EFS também necessita desenvolver uma boa relação de trabalho com as unidades de auditoria interna, para que a experiência e o conhecimento possam ser compartilhados e o trabalho mútuo possa ser suplementado e complementado. Incluir as observações da auditoria interna e reconhecer suas contribuições nos relatórios de auditoria externa, quando for o caso, podem também fortalecer essa relação. A EFS também deve desenvolver procedimentos de avaliação do trabalho da unidade de auditoria interna, para determinar em que extensão essa pode ser confiável. Uma sólida unidade de auditoria interna pode reduzir o trabalho de auditoria externa e evitar uma desnecessária duplicidade de trabalho. A EFS deve assegurar seu acesso aos relatórios de auditoria interna, aos respectivos papéis de trabalho e às informações de decisões de auditoria.

O auditor externo deve, igualmente, realizar uma avaliação da auditoria interna para verificar o nível de competência da função de auditoria interna e se esta aplica uma abordagem sistemática e disciplinada na atividade de auditoria, incluindo a avaliação de qualidade. Realizando esses exames, o auditor externo consegue identificar até que ponto pode confiar nos trabalhos da auditoria interna e modificar seu julgamento sobre os riscos da entidade a ser auditada de acordo com a confiança que pode depositar no trabalho de auditoria interna.

2.3.1 Relacionamento entre auditoria interna e auditoria externa no setor público brasileiro

No setor público brasileiro, há diversidade sobre os tipos de auditoria aplicáveis. A auditoria realizada por órgãos e entidades públicas é denominada, de maneira geral, "auditoria governamental".

A auditoria governamental pode ser dividida entre interna e externa, a depender da posição de quem realiza a auditoria. A auditoria é denominada interna quando a atividade de auditoria é realizada dentro da própria organização (unidades de auditoria interna das autarquias, empresas públicas e sociedades de economia mista, por exemplo) ou dentro de um mesmo poder (dentro do Poder Executivo, a Controladoria-Geral da União; nos poderes Legislativo e Judiciário, as respectivas unidades de "controle interno"). De modo geral, no Poder Executivo Federal, nós temos a Controladoria-Geral da União (CGU) como órgão de auditoria interna para a Administração direta (unidade de auditoria dentro do mesmo poder, no caso, o Poder Executivo) e as diversas unidades de auditoria interna, espalhadas em cada entidade da Administração indireta (auditorias internas do Banco Central do Brasil, da Caixa Econômica Federal, do Banco do Brasil etc.).

Por sua vez, a auditoria externa é realizada basicamente pelos tribunais de contas da Federação. Os tribunais de contas são órgãos colegiados que auxiliam o Poder Legislativo na sua tarefa fiscalizadora.

Os tribunais de contas são responsáveis, entre outras competências, por realizar, por iniciativa própria, ou do Poder Legislativo de sua esfera, de comissão técnica ou de inquérito, inspeções e auditorias de natureza contábil, financeira, orçamentária, operacional e patrimonial, nas unidades administrativas dos poderes Legislativo, Executivo e Judiciário, e de administradores e demais responsáveis por dinheiros, bens e valores públicos da Administração direta e indireta, incluídas as fundações e sociedades instituídas e mantidas pelo Poder Público, e as contas daqueles que derem causa a perda, extravio ou outra irregularidade de que resulte prejuízo ao erário público.

Pode-se perceber, portanto, que o escopo de atuação da auditoria externa realizada pelos Tribunais de Contas é bem amplo, pois abrange todos os órgãos, entidades e pessoas que administrem ou que sejam responsáveis por bens e valores públicos. Além disso, os tribunais de contas não estão restritos aos aspectos contábeis e financeiros, visto que suas auditorias envolvem também aspectos de natureza orçamentária, patrimonial e operacional.

Além deste escopo amplo, a Constituição Federal também determina que os tribunais de contas realizem as fiscalizações levando em consideração os aspectos de legalidade, legitimidade, economicidade, aplicação das subvenções e renúncia de receitas, podendo até aplicar multas, em caso de ilegalidade de despesa ou irregularidade de contas.

2.3.2 Visão da colaboração e relacionamento do controle interno com controle externo no nível federal

Atualmente, o Tribunal de Contas da União (TCU) (tribunal de contas responsável por fiscalizar os recursos federais) possui três modalidades de auditoria: auditoria de conformidade, auditoria operacional e auditoria financeira.

- A auditoria de conformidade (regularidade) objetiva examinar a legalidade e a legitimidade dos atos de gestão dos responsáveis sujeitos à jurisdição do Tribunal, quanto aos aspectos contábil, financeiro, orçamentário e patrimonial. Compõem as auditorias de regularidade as auditorias de conformidade e as auditorias contábeis.
- A auditoria operacional objetiva examinar economicidade, eficiência, eficácia e efetividade de organizações, programas e atividades governamentais, com a finalidade de avaliar o seu desempenho e de promover o aperfeiçoamento da gestão pública.
- A auditoria financeira tem por objetivo aumentar o grau de confiança das demonstrações financeiras dos órgãos e entidades sujeitos à jurisdição do TCU, por parte dos usuários previstos.

Fato interessante de ser ressaltado é que a própria legislação brasileira incentiva o bom relacionamento entre as auditorias internas e a auditoria externa.

A título de exemplificação, citem-se os arts. 49, 50 e 51 da Lei Orgânica do Tribunal de Contas da União:

> Art. 49. Os Poderes Legislativo, Executivo e Judiciário manterão, de forma integrada, Sistema de Controle Interno, com a finalidade de: [...]
>
> IV - apoiar o controle externo no exercício de sua missão institucional.
>
> Art. 50. *No apoio ao controle externo*, os órgãos integrantes do Sistema de Controle Interno deverão exercer, dentre outras, as seguintes atividades:
>
> I - (Vetado)
>
> II - *realizar auditorias nas contas dos responsáveis sob seu controle*, emitindo relatório, certificado de auditoria e parecer;
>
> III - [...]
>
> Art. 51. Os responsáveis pelo controle interno, ao tomarem *conhecimento de qualquer irregularidade* ou ilegalidade, *dela darão ciência de imediato ao Tribunal de Contas da União, sob pena de responsabilidade solidária*. (Grifos nossos)

No entanto, é necessário certo cuidado para que não ocorram atritos entre as auditorias governamentais internas e externas.

Se por um lado a função de auditoria interna pode proporcionar evidências para o trabalho de fiscalização e uma unidade de auditoria interna capacitada diminui o risco atribuído a uma organização, melhorando a eficácia da auditoria externa, também é preciso lembrar que uma má coordenação entre auditoria interna e externa pode levar a uma duplicação nos trabalhos.

Neste caso específico, auditores internos e externos agem sobre o mesmo objeto e sobre o mesmo órgão/entidade, fazendo com que o gestor público tenha que lidar com dois procedimentos de auditoria semelhantes, mas conduzidos por órgãos diferentes. Essa duplicação de trabalhos consiste em desperdício de tempo e de recursos, tanto por parte dos auditores, como do gestor público.

Outro problema que pode interferir no bom relacionamento entre auditoria interna e auditoria externa é a resistência da auditoria externa em aceitar as opiniões da auditoria interna.

Como a auditoria interna está subordinada ao chefe máximo da organização ou do poder, os auditores externos podem colocar em dúvida a independência dos auditores internos e, assim, preferir conduzir os seus próprios procedimentos de auditoria. Haveria uma tendência, portanto, de auditoria interna e externa não se comunicarem de maneira eficaz.

Este problema na comunicação pode resultar em outros obstáculos, como a distorção ou omissão de informação solicitada pelos auditores externos, a percepção por parte dos auditores externos de que a auditoria interna não é confiável e até mesmo o surgimento de rivalidade entre os auditores.

Um terceiro problema que pode interferir na relação entre a auditoria externa e interna seria a falta de capacitação dos auditores internos, ou mesmo externos, conforme o caso.

Por estarem vinculados ao chefe de poder ou da organização, as unidades de auditoria interna concorrem com outras áreas para conseguir recursos do orçamento público.

A realidade brasileira tem demonstrado que, de maneira geral, as unidades de auditoria interna têm se mostrado deficientes tanto em relação aos recursos orçamentários quanto em relação aos recursos humanos.

Nesse contexto, é difícil encontrar oportunidades para treinamento e capacitação dos auditores internos, pois nem sempre o fortalecimento da função de auditoria interna é prioridade, ou mesmo de interesse, dos dirigentes máximos da organização ou de poder.

Por outro lado, a falta de capacitação do auditor externo governamental evita que este consiga identificar como o trabalho do auditor interno pode auxiliar na consecução do trabalho da auditoria externa.

Em casos extremos, o auditor externo pode se sentir tentado a realizar o seu trabalho simplesmente corroborando as afirmações da auditora interna, sem nenhuma análise adicional.

O problema da duplicação de trabalhos e da comunicação ineficaz podem ser evitados se o grau de confiança na auditoria interna for elevado. Assim, acredita-se que se a auditoria interna conduzir os seus trabalhos de acordo com as normas internacionais e as melhores práticas de auditoria interna identificadas, há possibilidade de evitar a duplicação de trabalhos, pois não será necessário que a auditoria externa realize novos procedimentos de auditoria sob objetos já analisados pela auditoria interna.

De forma semelhante, a profissionalização da auditoria interna aumenta a percepção de credibilidade da auditoria interna, quebra resistências e permite que auditoria interna e externa se auxiliem mutuamente para melhorar a eficácia das auditorias realizadas. No entanto, para que esses requisitos sejam implementados, é necessário que haja o envolvimento das instâncias de governança superiores dos poderes e/ou das organizações.

2.3.3 Visão da colaboração e relacionamento do controle interno com controle externo no nível estadual

No âmbito dos demais tribunais de contas brasileiros,[31] a Associação dos Membros dos Tribunais de Contas do Brasil – Atricon editou, em 2014, normativos para orientar e uniformizar o entendimento sobre as diretrizes que os respectivos controles internos dos estados devem observar. Nesse sentido, foram editadas duas resoluções da Atricon, sendo a Resolução Atricon nº 4/2014 (Controle interno: instrumento de eficiência dos tribunais de contas do Brasil) específica para o controle interno dos TC:

> Aprova as Diretrizes de Controle Externo Atricon 3302/2014, relacionadas à temática "Controle interno: instrumento de eficiência dos Tribunais de Contas".
>
> A Associação dos Membros dos Tribunais de Contas do Brasil (Atricon), com base no que dispõem os incisos I, V e VI do artigo 3º do seu estatuto, e

---

[31] São 33 tribunais de contas, sendo 26 TC estaduais, 1 TC do Distrito Federal, 4 tribunais de contas dos municípios (Bahia, Ceará, Goiás e Pará) e 2 tribunais de contas de município (TCM do município de São Paulo e do município do Rio de Janeiro).

CONSIDERANDO um dos objetivos da Atricon, definido no seu estatuto, de coordenar a implantação, nos Tribunais de Contas do Brasil, de um sistema integrado de controle da administração pública, buscando a uniformização de procedimentos e a garantia do amplo acesso do cidadão às informações respectivas; [...]

RESOLVE:

Art. 1º. Aprovar as Diretrizes de Controle Externo Atricon 3302/2014, relacionadas à temática "Controle interno: instrumento de eficiência dos Tribunais de Contas", integrantes do anexo único, publicado no endereço eletrônico <http://goo.gl/tuh31W>.

DIRETRIZES

21 Os Tribunais de Contas do Brasil, no cumprimento das disposições constitucionais, promoverão a criação de Sistemas de Controle Interno como instrumento de melhoria da governança, da gestão de riscos e do controle interno, com observância às diretrizes estabelecidas nos itens a seguir.

22 Adotar as seguintes normas da Intosai como referência para estruturação e funcionamento do Sistema de Controle Interno:

a) ISSAI GOV 9100 – Guia para as Normas de Controle Interno;

b) ISSAI GOV 9110 – Diretrizes Referentes aos Informes sobre a Eficácia dos Controles Internos;

c) ISSAI GOV 9120 – Controle Interno: Fornecendo uma Base para a Prestação de Contas do Governo;

d) ISSAI GOV 9130 – Informação Adicional sobre a Administração de Riscos da Entidade;

e) ISSAI GOV 9140 – Independência da Auditoria Interna no Setor Público;

f) ISSAI GOV 9150 – Coordenação e Cooperação entre os Tribunais de Contas e os Auditores Internos do Setor Público.

E a Resolução Atricon nº 5/2014 (Controle interno: instrumento de eficiência das jurisdicionados), que prevê, entre outras, as seguintes diretrizes:

Aprova as Diretrizes de Controle Externo Atricon 3204/2014, relacionadas à temática "Controle interno: instrumento de eficiência dos jurisdicionados".

A Associação dos Membros dos Tribunais de Contas do Brasil (Atricon), com base no que dispõem os incisos I, V e VI do artigo 3º do seu estatuto, e CONSIDERANDO um dos objetivos da Atricon, definidos no seu estatuto, de coordenar a implantação, nos Tribunais de Contas do Brasil, de um sistema integrado de controle da administração pública, buscando a uniformização de procedimentos e a garantia do amplo acesso do cidadão às informações respectivas;

CONSIDERANDO os resultados do Diagnóstico de Avaliação de Qualidade e Agilidade do Controle Externo no âmbito dos Tribunais de Contas relativos ao Sistema de Controle Interno, apurados em 2013 e disponíveis no site da Atricon;

CONSIDERANDO a necessidade de disponibilizar referencial para que os Tribunais de Contas aprimorem seus regulamentos, procedimentos e práticas de controle externo relativas ao Sistema de Controle Interno dos jurisdicionados; [...]

RESOLVE:

Art. 1º. Aprovar as Diretrizes de Controle Externo Atricon 3204/2014, relacionadas à temática "Controle interno: instrumento de eficiência dos jurisdicionados", integrantes do anexo único desta resolução, publicado no endereço eletrônico <http://goo.gl/TokgGA>.

Art. 2º. Esta resolução entra em vigor na data de sua publicação.

Fortaleza, 6 de agosto de 2014.

Conselheiro Valdecir Pascoal

Presidente da Atricon

DIRETRIZES

21 Os Tribunais de Contas do Brasil, no cumprimento de suas competências constitucionais, promoverão ações visando à implantação e ao efetivo funcionamento do Sistema de Controle Interno dos jurisdicionados, como instrumento de melhoria da governança, da gestão de riscos e do controle interno da administração pública, a serem realizadas, no que couber, com observância às diretrizes estabelecidas nos itens seguintes.

22 Adotar as seguintes normas da Intosai como referência para estruturação e funcionamento do Sistema de Controle Interno dos jurisdicionados:

a) ISSAI GOV 9100 – Guia para as Normas de Controle Interno;

b) ISSAI GOV 9110 – Diretrizes Referentes aos Informes sobre a Eficácia dos Controles Internos;

c) ISSAI GOV 9120 – Controle Interno: Fornecendo uma Base para a Prestação de Contas do Governo;

d) ISSAI GOV 9130 – Informação Adicional sobre a Administração de Riscos da Entidade;

e) ISSAI GOV 9140 – Independência da Auditoria Interna no Setor Público;

f) ISSAI GOV 9150 – Coordenação e Cooperação entre os Tribunais de Contas e os Auditores Internos do Setor Público. [...]

32 O Sistema de Controle Interno dos Poderes Executivos estaduais e municipais poderão adotar, preferencialmente, o modelo de Controladorias-Gerais, agrupando as macrofunções de auditoria governamental, controle interno, ouvidoria e corregedoria, desde que não haja estrutura própria para as duas últimas, sendo obrigatórias as funções de auditoria governamental e de controle interno para todos os jurisdicionados, em consonância com as orientações da Intosai, Coso I e II, Conaci e destas diretrizes.

Vale ressaltar igualmente o relacionamento entre auditoria interna e controle externo existente no âmbito da Rede de Controle e da Estratégia Nacional de Combate à Corrupção e Lavagem de Dinheiro (ENCCLA). A Rede de Controle é um centro decisório interorganizacional que visa aprimorar a efetividade da função de controle do Estado sobre a gestão pública. A partir da celebração do Protocolo de Intenções, em 25.3.2009, iniciou-se a efetivação da Rede de Controle da Gestão Pública por meio da realização de oficinas de trabalho em Brasília e a implantação de redes nos estados.

O principal objetivo da Rede de Controle é desenvolver ações direcionadas à fiscalização da gestão pública, ao diagnóstico e combate à corrupção, ao incentivo e fortalecimento do controle social, ao compartilhamento de informações e documentos, ao intercâmbio de experiências e à capacitação dos seus quadros. Para tanto, a estratégia adotada está sendo a de ampliar e aprimorar, de modo expresso e efetivo, a articulação de parcerias entre os órgãos públicos e as entidades, nas diversas esferas da Administração Pública, mediante a formação de rede de âmbito estadual e federal, bem como a interação da rede formada pelos signatários do acordo estadual com a Rede de Controle da Gestão Pública.

No âmbito da ENCCLA, a atuação conjunta é balizada por objetivos estratégicos, desdobrados em ações. Uma das ações da ENCCLA é a de "Criar diretrizes para a implantação e efetivo funcionamento dos sistemas estadual e municipal de controle interno".

Vale ressaltar que, tanto na Rede de Controle quanto na ENCCLA, o relacionamento envolve outros órgãos como a Advocacia Pública, o Ministério Público e a Polícia Federal.

Dinâmica análoga vem ocorrendo, também, na formação de Fóruns Estaduais de Combate à Corrupção (FOCCO), com a articulação de todas as instituições públicas responsáveis pelo tema para intercâmbio de informações, realização de capacitação conjunta, agilização de providências e formação de grupos temáticos de trabalho, por exemplo.

DESAFIOS E ALTERNATIVAS DE EVOLUÇÃO E CONVERGÊNCIA

3.1 Desafios e vantagens de reestruturação do Sistema de Controle Interno e como reestruturar usando o exemplo do PIC da UE

3.1.1 Desafios subjacentes à reestruturação do modelo de controle interno

O modelo PIC prevê a criação de novas leis e regulamentos, mas isso é só uma parte do processo e nem é a mais complicada para a adoção do modelo. O verdadeiro desafio de reestruturar o ambiente de controle interno está na mudança das atitudes e mentalidades da gestão e do pessoal e na construção das aptidões e competências daqueles envolvidos no processo. As leis são, obviamente, importantes, mas também é importante a conscientização e aceitação das reformas pela equipe.

Eventos de conscientização, como seminários, congressos, e afins são importantes para explicar uma nova abordagem proposta para o controle interno e para tranquilizar os gestores sobre quaisquer preocupações que possam ter.

3.1.2 Vantagens de reestruturação do modelo de controle interno

A reestruturação do modelo de controle interno pode melhorar as operações da governança pública e minimizar falhas porque permite, do *ponto de vista do setor público em geral*:

- aumentar o foco sobre as prioridades e objetivos da organização e das partes interessadas;
- maximizar os recursos e sua utilização de maneira mais eficiente e eficaz;
- reforçar a utilização adequada do dinheiro público.

No que diz respeito ao *dirigente máximo e aos gestores em especial*, um Sistema de Controle Interno melhor definido e mais robusto pode ajudar o gestor a direcionar suas atividades e a garantir que ele atinja seus objetivos. Em outras palavras, o gestor será capaz de demonstrar seu sucesso, ou seja, dar concretude aos programas e transformar o emaranhado burocrático em entregas úteis para a população. Não só isso, mas vai ser capaz de demonstrar uma boa gestão financeira e a utilização eficaz e eficiente dos recursos que lhe são atribuídos.

Igualmente importante no setor público de hoje é que, com um novo Sistema de Controle Interno, mais eficiente e focado nos objetivos e metas prioritários, este vai garantir que as partes interessadas estejam numa posição melhor para entender o que podem esperar e o que podem exigir dos gestores. Em contrapartida, o gestor estará numa melhor posição para discutir os projetos e programas com base em expectativas reais com as partes interessadas. Quem iria querer ser responsabilizado por objetivos vagos ou que são simplesmente inalcançáveis? Além disso, ficará claro que o gestor só pode dar uma garantia razoável, e não absoluta, sobre o atingimento de seus objetivos e metas.

Além disso, há benefícios claros para todos os *servidores públicos*. Procedimentos de delegação e uma clara definição de papéis irão esclarecer as responsabilidades do pessoal e levarão a um aumento da inovação, motivação e satisfação no trabalho para todos.

3.1.3 Como reestruturar o Sistema de Controle Interno seguindo os princípios do PIC[32]

Para iniciar o processo de reestruturação do Sistema de Controle Interno, o primeiro passo é a criação ou a identificação da entidade que será a unidade de harmonização central (UHC). Esta UHC será responsável por fazer a *gap analysis* (análise de lacunas) do Sistema

---

[32] Para mais detalhes, ver EUROPEAN COMMISSION. *Welcome to the world of PIFC*. Brussels: EU Publications Office, 2006.

de Controle Interno existente (a análise das diferenças com as normas internacionais). Apesar de ser uma UHC provisória, muitas vezes os seus responsáveis acabam formando a UHC definitiva pelo que a sua criação/identificação deve respeitar alguns preceitos:
- O chefe da UHC deverá ter conhecimento de sistemas de gestão e controle financeiro bem como de conceitos modernos de auditoria interna e experiência com eles. Deverá ter alto grau de independência e, acima de tudo, ser livre de pressão política. O detentor da posição não deverá ser passível de remoção por troca de poder político e deverá agir como o garantidor das políticas de PIC de longo prazo, uma vez que o sucesso dessas políticas dependerá do compromisso e da orientação de longo prazo.
- É necessário que a UHC desenvolva uma rede para a adequada troca de informações do projeto de reestruturação entre os vários agentes. A UHC deverá definir e explicar as vantagens e desafios inerentes à mudança do paradigma. Este trabalho em rede e elaboração de políticas (incluindo a elaboração do documento de reestruturação do PIC) deve providenciar uma plataforma de entendimento e envolvimento no processo. Este processo de colaboração é condição fundamental para o sucesso da reforma.

Deve salientar-se que o papel da UHC não é de auditar o serviço de auditoria interna. O papel da UHC é supervisionar a implementação do modelo PIC e, em seguida, monitorar a sua evolução.

Depois de criada/identificada a UHC, a entidade responsável e harmonizadora de todo o processo, os próximos passos deverão ser considerados: (a) conceitualização; (b) desenvolvimento do arcabouço organizacional; (c) desenvolvimento do arcabouço legal; e (d) o estabelecimento de uma política de desenvolvimento do pessoal. Na prática, estes estágios são inter-relacionados e a experiência mostra que muitas vezes todas as fases começam logo após o acordo da conceitualização.

a) *Conceitualização*

O processo de conceitualização normalmente leva muito tempo, mas é uma condição necessária para o sucesso da implementação do projeto. Esta é a fase mais importante, pois irá usar os resultados da análise de lacunas para fazer as recomendações sobre as quais serão baseadas as ações futuras.

Idealmente a unidade de harmonização central (UHC) deve elaborar um documento com a política de PIC (possivelmente com a cooperação de consultores técnicos) para discussão em larga escala entre as partes interessadas. Este documento deve levar em conta os resultados das discussões com as várias partes do setor público. No entanto, o ministério/secretaria em que a UHC se encontrar posicionada deve assumir a responsabilidade pelo texto final para que possa defender com sucesso sua posição ao presidente/governador/prefeito e, mais tarde, durante os debates sobre a legislação PIC, no Parlamento. Finalmente, a política de PIC deverá apresentar um plano de ação realista, especificando quais decisões importantes devem ser tomadas, em que ordem e em que prazo.

b) *Desenvolvimento do arcabouço organizacional*

Dados o período de tempo necessário à total implementação do PIC e o escopo da tarefa de harmonizar as metodologias e normas em todos os níveis de governo, é essencial ter uma unidade de harmonização com poderes para gerir o desenvolvimento e aperfeiçoamento do sistema de controle. Esta UHC deve ser localizada num ministério/ secretaria e seu chefe, reportar-se diretamente ao ministro/secretário.

A UHC deve apoiar o desenvolvimento de dois elementos do PIC. Em primeiro lugar, a UHC deve iniciar e apoiar o processo de criação de serviços de auditoria interna funcionalmente independentes ligados a ministérios/secretarias e órgãos públicos em todos os níveis do governo. Esses serviços de auditoria devem se reportar ao nível de gestão mais elevado: o ministro/secretário em ministérios/secretarias do governo e ao diretor/gestor em outros órgãos públicos. As demais esferas governamentais (estados, municípios) devem "espelhar" os princípios do PIC e organizar-se, tendo em conta a economia e eficiência em fazê-lo.

Em segundo lugar, em relação aos sistemas de GCF, a UHC deve apoiar o principal dirigente nos ministérios/secretarias e órgãos públicos em desenhar, estabelecer, implementar e executar serviços financeiros com procedimentos que estejam em conformidade com as normas de controle interno. Um aspecto importante da responsabilidade dos gestores é a introdução da avaliação e gestão de riscos.

A UHC tem, portanto, duas seções distintas; uma lidando com a auditoria interna e outra lidando com a GCF. Considerando que a UHC da auditoria interna tem a responsabilidade de assessorar o ministro/ secretário responsável pelo controle interno e informar o Governo sobre o estado de controle das finanças públicas no país/estado deve, dessa forma, se reportar diretamente ao ministro/secretário. A UHC de GCF pode, por sua vez, ser localizada, por exemplo, no âmbito federal na Direção do Tesouro ou do Orçamento que tem a responsabilidade de desenvolver padrões de GCF no setor público.

c) *Desenvolvimento do marco legal*

Com base nas conclusões e recomendações do documento da política do sistema PIC, a próxima etapa será a elaboração de nova e abrangente legislação, cobrindo tanto as questões de GCF como de AI. É uma boa prática, na construção do marco legal, em que se define o arcabouço regulatório principal, que a lei dê destaque aos princípios mais importantes de PIC. Legislação secundária para a sua adequada implementação deverá ser elaborada em conformidade com o estipulado na lei principal e, se necessário, ser trabalhada em regulamentos ou normas que podem ser atualizadas sem passar por procedimentos de aprovação morosos e burocráticos.

d) *Política de desenvolvimento do pessoal*

Todas as novas funções exigem a criação de um ambiente de treinamento apropriado. Para este efeito, mecanismos de formação sustentáveis devem ser estabelecidos, a fim de atender às necessidades de formação inicial e permanente.

A formação dos principais dirigentes, auditores internos e servidores da área financeira (gestores financeiros, contadores) sobre os novos princípios, tarefas e responsabilidades deve começar o mais cedo possível – de preferência no início das discussões sobre o modelo PIC ou pelo menos assim que o documento sobre a política do Sistema de Controle Interno público (política PIC) for adotado. Muitas vezes, os cursos e matérias de formação são concebidos com a orientação de consultores e/ou parceiros que têm experiência comprovada na área.

A sensibilização ao dirigente máximo sobre o valor das recomendações da auditoria interna é mais relevante quando o "tom do topo" determina o posicionamento da auditoria interna na organização.

Currículos modernos, práticos e funcionais terão de ser desenvolvidos por especialistas, em cooperação com a UHC e sempre que possível com o aconselhamento das universidades e do IIA local. Estes programas devem ser desenvolvidos tendo o setor público em mente.

O título do auditor público interno deve refletir um profissionalismo que só pode ser obtido após pelo menos dois anos de formação combinados com experiência prática profissional.

3.2 Vantagens da convergência aos padrões internacionais

A busca por padrões internacionais não é novidade na História humana. Grandes civilizações floresceram e durante seu apogeu buscaram garantir uniformidade e padrões mínimos que facilitassem o comércio e cobrança de impostos. Até os dias atuais, nossos hábitos são fortemente influenciados por padrões definidos no passado. A largura de nossas ruas e estradas foi definida pelas medidas estabelecidas pelas "bigas" romanas. Com pequenas variações de bitola, as ferrovias também tiveram sua distância entre os trilhos definidas pela mesma biga romana. O sistema métrico trouxe enormes ganhos para indústria, serviços e comércio, facilitando a vida das pessoas. O padrão monetário disciplinou as trocas de bens e serviços.

Na ciência, a padronização da metalinguagem permite que os nomes científicos e novas descobertas sejam de fácil compreensão e evita discussões inócuas. A sinalização do trânsito, os procedimentos para navegação marítima, o intenso comércio internacional, a navegação aérea, com padrões bem definidos sobre as aerovias como se fossem estradas sobrepostas em prateleiras virtuais e milhões de aviões que vão e vem numa sincronia quase perfeita.

Na contabilidade, o processo de convergência para as normas internacionais começou há cerca de 10 anos, com ganhos significativos. A metodologia adotada para o processo de convergência das normas contábeis pode ser aproveitada, dada a complexidade do tema, o número de atores envolvidos e o alcance das medidas necessárias.

O processo de convergência às normas internacionais é uma verdadeira revolução para a contabilidade brasileira. É um processo que abrange tanto a área privada quanto o setor público.

Mas o que é o processo de convergência? É o processo de adoção das normas internacionais de contabilidade em busca de informações padronizadas e de maior qualidade. O setor privado segue as IFRS editadas pelo IASB – International Accounting Standard Board. No Brasil, o Comitê de Pronunciamentos Contábeis editou, com base nas IFRS, os Pronunciamentos Contábeis, que são observados por diversas entidades normativas como CVM, Susep, RFB, entre outras.

Por outro lado, o setor público segue as IPSAS (Normas Internacionais de Contabilidade Aplicadas ao Setor Público), que são editadas pelo Ifac,[33] uma organização mundial composta por 173 membros e

---

[33] Ifac é a sigla para International Federation of Accounts (Federação Internacional de Contadores). Maiores informações no *site*: http://www.ifac.org/.

associados, incluindo o Brasil, que tem como objetivo contribuir para o desenvolvimento da economia internacional e é responsável pela edição das IPSAS.

Seguindo a tendência mundial de aperfeiçoamento da contabilidade, o Ministério da Fazenda publicou, em 2008, a Portaria nº 184/08, considerada o marco inicial do processo de convergência da contabilidade governamental aos padrões internacionais.

Como parte desse processo, a STN edita anualmente o Manual de Contabilidade Aplicada ao Setor Público (MCASP) com base nas IPSAS e nas normas do Conselho Federal de Contabilidade (CFC), respeitando a legislação vigente.

Papel importante também é desempenhado pelo Conselho Federal de Contabilidade (CFC), que editou, em 2008, as Normas Brasileiras de Contabilidade Aplicadas ao Setor Público (NBCASP), de observância obrigatória para as entidades do setor público.

Outra ação importante no processo de convergência foi a tradução das IPSAS, que surgiu de um trabalho conduzido pelo Comitê Gestor da Convergência no Brasil, em uma ação conjunta do Conselho Federal de Contabilidade (CFC) e do Instituto dos Auditores Independentes do Brasil (Ibracon), com a cooperação técnica da Secretaria do Tesouro Nacional – STN.

Ao trabalhar para convergir aos padrões internacionais de contabilidade, o novo modelo visa resgatar a essência da contabilidade aplicada ao setor público, ramo da ciência contábil, dando o enfoque adequado ao seu objeto, o patrimônio público. O processo de convergência visa modernizar os procedimentos contábeis, possibilitando a geração de informações úteis para o apoio à tomada de decisão e ao processo de prestação de contas e controle social. Além disso, permitirá a consolidação das contas nacionais, com a elaboração do Balanço do Setor Público Nacional, baseado em procedimentos e registros padronizados utilizados pelos entes da Federação, conforme estabelecido pela Lei de Responsabilidade Fiscal (LC nº 101/00).

São muitos os benefícios gerados com a adoção dos procedimentos e normas internacionais de contabilidade. Vejamos alguns exemplos:
- geração de informação útil para a tomada de decisão por parte dos gestores públicos;
- comparabilidade entre os entes da Federação e entre diferentes países;
- registro e acompanhamento de transações que afetam o patrimônio antes de serem contempladas no orçamento;

- melhoria no processo de prestação de contas, tanto por parte dos tribunais e órgãos de controle quanto pela sociedade;
- implantação de sistema de custos no setor público, conforme previsto na LRF;
- elaboração do Balanço do Setor Público Nacional (consolidação nacional das contas dos entes da Federação), conforme previsto na LRF;
- racionalização e melhor gestão dos recursos públicos;
- reconhecimento do profissional contábil no setor público.

Para viabilizar o sucesso dessa nova proposta, a STN elenca algumas ações necessárias. Importantes mudanças deverão ser feitas para o país avançar no processo de convergência às normas internacionais:

- implantação do Plano de Contas Aplicado ao Setor Público (PCASP), que é uma estrutura padronizada e obrigatória para toda a Federação;
- adequação dos sistemas informatizados de contabilidade para permitir os registros de acordo com as novas normas e o PCASP;
- adequação dos sistemas de apoio como os de créditos a receber e de gestão patrimonial;
- capacitação dos servidores e dos gestores envolvidos no processo;
- comunicação oportuna e tempestiva entre os diversos setores da administração e a contabilidade;
- implantação/adequação de sistemas de controle dos bens de almoxarifado, bens móveis e imóveis.

As mudanças não são simples e, para que sejam bem-sucedidas, são necessários envolvimento e engajamento das diversas áreas, incluindo os gestores e autoridades públicas. Porém, esse esforço possibilitará a geração de informação útil e relevante, melhorando a transparência da gestão pública, além de outros benefícios. As imagens a seguir ilustram o fluxograma do processo de convergência descrito anteriormente.

CAPÍTULO 3
DESAFIOS E ALTERNATIVAS DE EVOLUÇÃO E CONVERGÊNCIA | 113

Figura 19

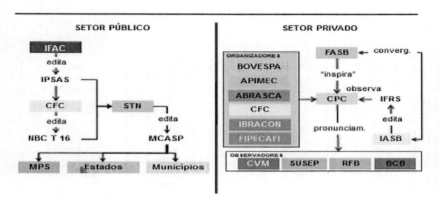

O mapa do processo de convergência indica um caminho a seguir:

Figura 20

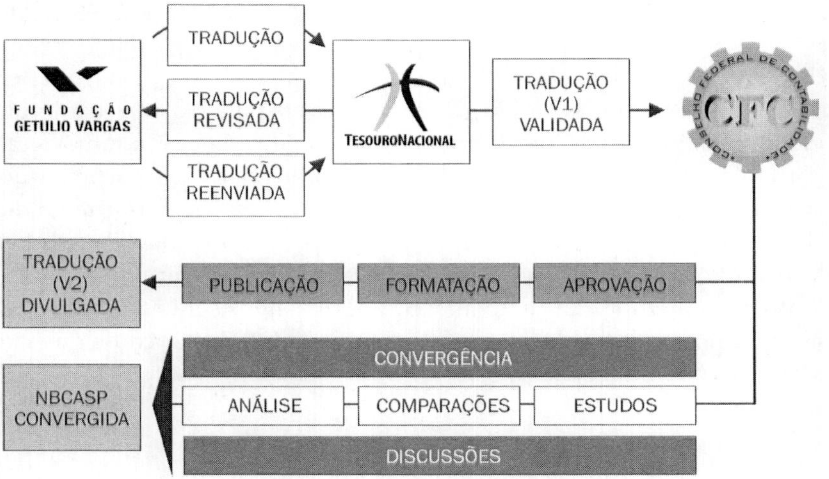

A imagem a seguir ilustra algumas etapas já cumpridas:

Figura 21

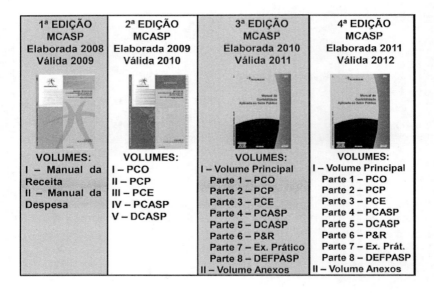

Finalizando, o processo de convergência para o controle interno deve ser conduzido pelos Ministérios da Fazenda e Controladoria-Geral da União, de maneira integrada e colaborativa, com a participação do Conaci e apoio institucional dos tribunais de contas, por meio do TCU e da Atricon. Nesse processo, alguns pontos podem ser adotados imediatamente, outros podem ser implementados em curto prazo, outros em médio prazo e, finalmente, alguns itens serão adotados em longo prazo, conforme esquema a seguir (adotado na convergência das normas contábeis).

Figura 22

No controle externo brasileiro o tema não é novo. Há mais de dez anos os tribunais de contas iniciaram processo de alinhamento com as Issai da Intosai. Atualmente, com apoio da Atricon,[34] constata-se forte aderência aos padrões e às normas internacionais. As vantagens são evidentes, pois trazem a imediata mudança de cultura para dentro da organização, com reflexos no redesenho dos processos internos e melhora do desempenho, com ganhos de produtividade, padronização de procedimentos e harmonização de entendimentos.

Permite ainda maior troca de informações com outros órgãos de controle, aumenta o grau de confiança da sociedade no processo de tomada de decisões, propicia julgamentos mais uniformes, evita esforços repetitivos, melhora a qualidade dos relatórios de auditoria, gerando maior segurança jurídica para os gestores públicos.

Sobre as vantagens da convergência para o Sistema de Controle Interno, podemos incluir todos os potenciais benefícios auferidos pelo controle externo, com efeito multiplicador, pois sabemos que o controle interno tem grau de capilaridade muito maior.

Assim, acreditamos que todos têm a ganhar com o alinhamento e a convergência a normas e padrões internacionais.

---

[34] Associação dos Membros dos Tribunais de Contas do Brasil.

3.3 Condições favoráveis para reestruturação

O Sistema de Controle Interno do país vem passando por diversas mudanças desde a sua criação, conforme visto no Capítulo 2. Apesar das inegáveis melhorias e avanços alcançados, seja a partir do fortalecimento de uma carreira própria de analistas (auditores internos), seja pela união de quatro atividades complementares no âmbito de um só ministério (a saber, auditoria, correição, ouvidoria e controladoria), o estudo dessa temática em outros países aliado a experiências exitosas, como a presente *study visit* realizada na Croácia e Bulgária, nos mostram oportunidades de melhoria que devem ser, ao menos, discutidas e avaliadas.

O país passa por uma transformação social, política e econômica forte, sendo que a percepção de corrupção pelos cidadãos tem aumentado. Nessa linha, órgãos de controle são fortemente cobrados para exercer seus papéis com mais efetividade. A história recente tem nos mostrado que após grandes escândalos surgem oportunidades de melhorias nessa área, como aconteceu com a aprovação da Lei Sarbanes-Oxley – SOX, pelo Congresso norte-americano, após as fraudes contábeis ocorridas no início da década passada, que envolveram grandes empresas como Enron, MCI, Parmalat, entre outras, ou na nossa própria experiência nacional, em que a Lei Anticorrupção (Lei nº 12.846/2013) foi aprovada após ampla mobilização popular contra sucessivos e graves escândalos e por melhores serviços públicos.

O Tribunal de Contas da União – TCU, em trabalhos recentes, já vem abordando a possiblidade de melhorias na estruturação do chamado "Sistema de Controle Interno". No Acórdão nº 2.622/2015, que tinha como objetivo sistematizar informações sobre o estágio da governança e da gestão das aquisições em amostra de organizações da Administração Pública federal, a fim de identificar os pontos vulneráveis e induzir melhorias nessa área, o Tribunal deliberou da seguinte forma:

> 9.5. recomendar à Controladoria-Geral da União (CGU/PR) que continue a orientar as organizações sob sua esfera de atuação para que:
>
> 9.5.1. observem as *diferenças conceituais entre controle interno e auditoria interna*, de forma a não atribuir atividades de cogestão à unidade de auditoria interna;
>
> 9.5.2. em decorrência da distinção conceitual acima, avaliem a *necessidade de segregar as atribuições e competências das atuais secretarias de controle*

interno (ou equivalentes), de forma que a mesma unidade organizacional não possua concomitantemente atribuições e competências relativas a atividades de controle interno e a atividades de auditoria interna;

9.5.3. caso exista um conselho superior que supervisione a autoridade máxima da organização, avaliem a possibilidade de que a *unidade de auditoria interna fique subordinada a esse conselho*, como preconizam as boas práticas sobre o tema, à semelhança das orientações contidas no IPPF 1000 e no item 2.34.5 do código de melhores práticas de governança corporativa do Instituto Brasileiro de Governança Corporativa;

9.5.4. promovam uma *autoavaliação da unidade de auditoria interna*, confrontando suas práticas com as boas práticas sobre o tema, como, por exemplo, aquelas contidas no IPPF, e utilizem o resultado para promover as melhorias consideradas adequadas em cada caso;

9.5.5. avaliem a conveniência e oportunidade de propor revisão dos marcos normativos e manuais de procedimentos que tratam de controle interno e auditoria interna de forma a adequá-los às boas práticas sobre o tema, como o Coso II e o IPPF. (Grifos nossos)

Na mesma linha, o relatório de levantamento realizado por aquela Corte, em conjunto com diversos tribunais de contas do país, que teve como objetivo sistematizar informações sobre a situação da governança pública em âmbito nacional – esferas federal, estadual, distrital e municipal –, propôs alguns encaminhamentos diretamente ligados ao tema ora tratado, como:

> Recomendar, com fulcro na Lei 8.443/1992, art. 43, inciso I, c/c RITCU, art. 250, inciso III, à Casa Civil da Presidência da República (em articulação especialmente com o Ministério do Planejamento, Orçamento e Gestão e com a Controladoria-Geral da União), ao Conselho Nacional de Justiça e ao Conselho Nacional do Ministério Público que: [...]
>
> 279.1.4. Estabelecimento, ou aprimoramento, das unidades de auditoria interna, inclusive dos órgãos centrais do Sistema de Controle Interno de cada Poder, buscando garantir que:
>
> 279.1.4.1. Suas atribuições contemplem a avaliação da eficácia dos processos de gerenciamento de riscos, controle e governança, não lhe cabendo conceber, implementar ou executar esses processos, pois são de responsabilidade dos gestores;
>
> 279.1.4.2. No caso de órgãos ou entidades que possuam unidades de auditoria interna em sua estrutura organizacional, estas se reportem administrativamente ao dirigente máximo da organização, e funcionalmente ao responsável pelo direcionamento estratégico e pela supervisão da organização, que pode ser um conselho de governança ou uma autoridade supervisora. [...]

280. Recomendar, com fulcro na Lei 8.443/1992, art. 43, inciso I, c/c RITCU, art. 250, inciso III, à Controladoria-Geral da União que avalie a conveniência e oportunidade de aprimorar sua atuação, adequando sugestão contida nas boas práticas sobre o tema, a exemplo da Estrutura Internacional de Práticas Profissionais do Instituto de Auditores Internos (IPPF 1110 e 1110-1), de forma a dotar a estrutura dos órgãos da Administração Direta com unidades de auditoria interna que se reportem administrativamente ao dirigente máximo da organização (Ministro), e funcionalmente ao responsável pelo direcionamento estratégico e pela supervisão da organização (Presidência da República), reporte funcional esse que pode ser delegado a própria Controladoria-Geral da União.

Deve-se ressaltar que o Acórdão nº 1.273/2015, que tratou do relatório supracitado, não acolheu o encaminhamento proposto pela unidade técnica, considerando que o próprio TCU ainda irá se aprofundar nessa análise. Entretanto, conseguimos constatar que a temática já vem sendo estudada e discutida no âmbito daquela Corte de Contas.

Nesse sentido, é oportuno o debate trazido à baila por este grupo, que vai ao encontro do que já vem sendo discutido no âmbito dos controles externo e interno, não apenas na esfera federal, mas também nas unidades da Federação.

A necessidade de aperfeiçoamento do Sistema de Controle Interno brasileiro vem se tornando crescentemente objeto da pauta legislativa e da atuação de órgãos de controle, a exemplo do Tribunal de Contas da União (TCU), e de governança superior, a exemplo do Conselho Nacional de Justiça (CNJ), demonstrando que há condições favoráveis para o tratamento da questão na agenda política e institucional do país, dada a predisposição demonstrada pelas ações das mais altas instâncias do governo nacional, como se evidencia a seguir.

3.3.1 Atuação do Tribunal de Contas da União (TCU)

A atuação do TCU no tema do controle interno tem resultado em importantes aprimoramentos das atividades do Sistema de Controle Interno no âmbito federal, mas, por si só, não é capaz de provocar a reestruturação e o alinhamento do sistema aos padrões internacionais, bem como não tem um efeito, pelo menos imediato, no âmbito dos estados, do Distrito Federal e dos municípios. Isso permite concluir, de antemão, que somente o respaldo de um marco legislativo de nível nacional poderá viabilizar a estruturação do modelo de controle interno brasileiro para alcançar elevados padrões de atuação e eficácia.

Visando apoiar o desenvolvimento desse marco legislativo, o TCU elaborou o estudo *Critérios gerais de controle interno na Administração Pública – Um estudo dos modelos e das normas disciplinadoras em diversos países*.[35] O estudo explora os modelos de referência em gestão de riscos e controles internos e o modo como os diversos países pesquisados trataram a questão em seus ordenamentos jurídicos. O objetivo é subsidiar discussão, no âmbito do Senado Federal, de anteprojeto de proposta legislativa para definição de critérios gerais de controles internos, gestão de riscos e governança na Administração Pública brasileira.

Além disso, o TCU estabeleceu em seu plano para o período 2011-2015 o objetivo estratégico de "Intensificar ações que promovam a melhoria da gestão de riscos e de controles internos da Administração Pública". Para o período 2015-2021, continuando a estratégia de fortalecimento do controle interno, o TCU novamente estabeleceu um objetivo estratégico para o tema: "Induzir o aperfeiçoamento da gestão de riscos e controles internos da Administração Pública".

No âmbito dessa estratégia de atuação, o TCU vem desenvolvendo diversas iniciativas, tanto na realização de trabalhos de controle externo, quanto na atuação legislativa e institucional, visando promover a melhoria e induzir o aperfeiçoamento do modelo de controle interno federal. Tais iniciativas distribuem-se em três linhas principais: (a) atuação indutora, por meio de auditorias e outras ações de controle abrangentes, que resultam em determinações e recomendações aos órgãos jurisdicionados e de governança superior do Estado para o aprimoramento do controle interno; (b) atuação consultiva e de promoção junto ao Poder Legislativo da União de um marco regulatório consistente em matéria de controle interno; e (c) atuação de cooperação com outras instituições, para desenvolver e implementar ações e práticas com vistas ao alinhamento da atuação do controle interno federal aos padrões internacionais.

Entre ações realizadas pelo TCU com potencial de contribuir para o escopo do presente estudo, destacam-se os acórdãos a seguir, como exemplos de ações relevantes no âmbito da linha de atuação (a) indicada acima. Em seguida, o tópico 3.3.2 traz um resumo acerca de três projetos legislativos relevantes para tema em tramitação no Congresso Nacional, para os quais tanto o estudo do TCU, antes mencionado, quanto a atuação consultiva e de promoção junto às casas legislativas

---

[35] TCU. *Critérios gerais de controle interno na Administração* Pública – Um estudo dos modelos e das normas disciplinadoras em diversos países. Brasília: TCU, 2009.

do Congresso Nacional representam ações da linha de atuação (b). Nos tópicos 3.3.3 e 3.2.4, abordam-se as ações realizadas pelo Conselho Nacional de Justiça (CNJ), com vistas à implementação do Sistema de Controle do Poder Judiciário, em âmbito nacional, decorrentes das recomendações do Acórdão nº 1.074/2009-TCU-Plenário (linha de atuação (a)), com apoio do TCU no que diz respeito às ações de desenvolvimento de competências (linha de atuação (c)); finalmente, no tópico 3.2.4, é fornecido um panorama geral e preliminar de iniciativas que se encontram ainda na fase de desenho, de análise de viabilidade e de consulta com partes interessadas, no que tange aos aspectos de normas técnicas, capacitação e certificação profissional de auditores.

- *Acórdão nº 1.074/2009*

Diagnóstico acerca das estruturas dos órgãos e unidades de controle interno dos poderes Executivo (órgãos setoriais do Ministério da Defesa e do Ministério das Relações Exteriores; e as unidades de controle interno dos Comandos Militares – a Advocacia-Geral da União então não possui Secretaria de Controle Interno formalmente organizada), Legislativo e Judiciário, envolvendo 67 órgãos de controle interno. Com exceção da Controladoria-Geral da União (CGU) e da Secretaria de Controle Interno da Casa Civil, integrantes, nos termos da Lei nº 10.180, de 6.2.2001, do Sistema de Controle Interno do Poder Executivo, os demais órgãos e unidades de controle interno integrantes da Administração Pública federal direta foram objeto dessa avaliação.

O *objetivo* do trabalho foi verificar a adequação dos procedimentos, da estrutura e das atividades dos órgãos e unidades de controle interno às normas e boas práticas, nacionais e internacionais, de auditoria interna e de governança, tendo como *critérios* as Normas Internacionais para o Exercício Profissional da Auditoria Interna do Institute of Internal Auditors (IPPF, IIA); o *Study 13. Governance in the Public Sector: a Governing Body Perspective (International Public Sector Study)* da International Federation of Accountants (Ifac); o Código das Melhores Práticas de Governança Corporativa (3ª versão) do Instituto Brasileiro de Governança Corporativa (IBGC) e Resolução CFC nº 986/2003 que aprova as Normas Brasileiras de Contabilidade (NBCT 12), que tratam do exercício da auditoria interna.

Constatou-se a necessidade de melhorias nas estruturas institucionais, na forma de atuação e no desenvolvimento de pessoas, bem como de reposicionamento hierárquico da função de auditoria interna, entre outras. Foram emitidas recomendações a todos os 67 órgãos de controle interno avaliados.

- *Acórdão nº 821/2014*

Auditoria operacional nas unidades de controle interno e de auditoria interna de órgãos e entidades federais situados no estado do Rio de Janeiro, na Administração direta (3 órgãos) e indireta (22 entidades), abrangendo universidades, empresas públicas e outras pessoas jurídicas do setor público daquele estado.

O *objetivo* da auditoria foi conhecer a estrutura e o funcionamento das unidades de controle interno e de auditoria interna dos órgãos/entidades jurisdicionados do TCU no Rio de Janeiro, com vistas a avaliar o nível dos seus desempenhos operacionais, constatar possíveis deficiências nas suas estruturas de governança e verificar a aderência das suas estruturas, procedimentos e atividades aos *critérios* estabelecidos nas normas e boas práticas, nacionais e internacionais, de auditoria interna e governança, emitidas pelo Institute of Internal Auditors (IPPF, IIA) e pela International Organization of Supreme Audit Institutions (Intosai), bem como às orientações dos órgãos superiores de controle e governança (TCU, CGU e CNJ).

Constatou-se a necessidade de melhorias na forma de atuação e no desenvolvimento de pessoas, na segregação de funções de auditoria interna e de gestão, entre outras. Foram emitidas centenas de recomendações aos órgãos de controle interno avaliados.

- *Acórdão nº 568/2014*

Avaliação dos Sistemas de Controles Internos dos Municípios de Roraima, mediante ação conjunta do Tribunal de Contas da União (TCU), Controladoria-Geral da União (CGU), Tribunal de Contas do Estado de Roraima (TCE/RR), Ministérios Públicos Federal e Estadual (MPF e MPE/RR) e Ministério Público de Contas do Estado (MPC/RR). Todos os municípios e a capital do estado tiveram seus sistemas de controle interno avaliados, portanto, os resultados desse diagnóstico podem ser uma importante representação do estágio de maturidade dos sistemas de controle interno dos municípios brasileiros.

O *objetivo* foi avaliar os sistemas de controles internos de todos os municípios do estado de Roraima, em nível de entidade e de atividades, bem como fornecer subsídios aos municípios para estruturá-los e/ou aprimorá-los, em busca da melhoria da governança municipal. Assim, o foco da avaliação foi o Sistema de Controle Interno da gestão, ou seja, focando o processo de controle interno e não somente a atuação da função de auditoria interna, como os dois primeiros trabalhos acima mencionados. Os *critérios* de avaliação utilizados foram os do modelo Coso – Controles internos – Estrutura integrada, do Committee of Sponsoring Organizations of The Treadway Commission.

Os resultados foram apresentados com relação ao nível de maturidade, conforme modelo de medição desenvolvido para o trabalho, que permite estabelecer análises em relação a cada componente do Coso, bem como do sistema como um todo, e comparações entre os diversos municípios participantes do diagnóstico.

3.3.2 Iniciativas legislativas em curso

No âmbito do Legislativo, há a já mencionada Proposta de Emenda à Constituição (PEC) nº 45, de 2009 (tópico 2.2), que trata das funções, do órgão de natureza permanente e da carreira para o desempenho das atividades do Sistema de Controle Interno da Administração Pública, tramitando atualmente na Comissão de Assuntos Econômicos do Senado Federal (CAE-SF). Essa PEC remete para uma lei complementar a forma como o controle interno se estruturará a partir de seus delineamentos, criando a oportunidade e as condições favoráveis à edição de uma Lei Orgânica Nacional do Controle Interno.

Além da PEC, dois outros projetos legislativos em tramitação no Senado Federal representam condições favoráveis e oportunidades que, se bem aproveitadas, podem ter grande impacto na reestruturação do Sistema de Controle Interno.

O primeiro deles, já pautado na CAE-SF, é o Projeto de Lei do Senado (PLS) nº 229/2009 – Complementar, que será a nova Lei Nacional de Finanças Públicas (revoga a Lei nº 4.320, de 1964), estabelecendo normas gerais para a União, os estados, o Distrito Federal e os municípios sobre planejamento, orçamento, controle e contabilidade pública, voltadas para a responsabilidade no processo orçamentário e na gestão financeira e patrimonial.

O escopo desse projeto de lei é centrado nos processos e procedimentos relacionados ao ciclo de gestão das finanças públicas, portanto convém que o desenho do Sistema de Controle Interno que integra o projeto seja feito em termos de objetivos, procedimentos, responsabilidades e atividades, ou seja, em termos de como o processo de controle interno integra os processos de gestão orçamentária, financeira, patrimonial e operacional no ciclo orçamentário. Assim, será o processo de controle interno que irá demandar as funções e estruturas necessárias ao seu adequado funcionamento, deixando tais funções e estruturas para ser tratadas em mais detalhe na lei complementar exigida pela PEC nº 45/2009, ou seja, numa Lei Orgânica Nacional do Controle Interno.

Nesse sentido, o TCU sugeriu à Consultoria Legislativa do Senado que proponha ao senador que relata o PLS nº 229/2009 a disciplina do processo de controle interno nos seguintes termos:

Art. 79. Os órgãos e entidades da Administração Pública, direta e indireta, de qualquer dos Poderes da União, dos Estados, do Distrito Federal e dos Municípios manterão sistemas de controle interno observado o disposto neste artigo.

§1º O processo de controle interno é efetuado pela estrutura de governança, administração e demais pessoas dos órgãos e entidades da Administração Pública, integrado ao processo de gestão em todas as áreas e todos os níveis, desenvolvido para enfrentar riscos e fornecer segurança razoável para o alcance dos objetivos de:

I - alinhar os objetivos estratégicos e as ações do órgão ou da entidade às diretrizes, aos objetivos e às metas estabelecidos nas leis que compõem o ciclo orçamentário;

II - obter eficiência, eficácia e efetividade operacional, mediante execução ordenada, ética e econômica da gestão orçamentária, financeira, patrimonial e operacional nos órgãos e entidades, incluindo a salvaguarda de bens, ativos e recursos públicos contra desperdício, perda, mau uso, dano, utilização não autorizada ou apropriação indevida;

III - assegurar confiabilidade e integridade das informações da gestão orçamentária, financeira, patrimonial e operacional e sua disponibilidade e oportunidade para a tomada de decisões e para o cumprimento das obrigações de transparência e prestação de contas;

IV - garantir conformidade com leis e regulamentos aplicáveis.

§2º A responsabilidade por estabelecer, monitorar e aperfeiçoar o Sistema de Controle Interno cabe à administração do órgão ou da entidade, com supervisão da estrutura de governança, sem prejuízo das responsabilidades, em seus respectivos âmbitos de atuação, dos gestores de processos, de projetos e programas de governo, o qual será composto por:

I - ambiente interno de controle caracterizado por: compromisso com integridade e valores éticos; independência entre governança e gestão; supervisão adequada da gestão pela estrutura de governança; delegação de responsabilidades e atribuição de autoridade com segregação de funções nas tarefas de autorização, execução, registro e controle de transações, prevenindo arranjos que impliquem conflitos de interesse; comprometimento com a competência e práticas apropriadas de gestão de pessoas; e manutenção das responsabilidades individuais vinculadas aos objetivos do controle interno;

II - objetivos para todas as áreas e todos os níveis do órgão ou da entidade definidos com clareza suficiente para permitir a identificação e avaliação dos riscos a eles associados;

III - identificação e avaliação dos riscos à realização dos objetivos em todas as áreas e todos os níveis da gestão, como base para determinar a forma de gerenciamento dos riscos, considerando, inclusive, o potencial de fraude e corrupção;

IV - definição de resposta aos riscos avaliados de acordo com o apetite e as tolerâncias a risco definidos pela estrutura de governança e a administração, à luz da missão institucional, da legislação aplicável e da adequada relação entre benefícios e custos;

V - atividades de controle estabelecidas por meio de políticas e procedimentos que assegurem a efetiva e apropriada resposta aos riscos;

VI - comunicação eficaz de informações relevantes, interna e externamente, para apoiar o adequado funcionamento do Sistema de Controle Interno no apoio ao processo decisório e cumprimento de objetivos e responsabilidades;

VII - monitoramento do sistema por meio de atividades gerenciais e de supervisão, de avaliações pela própria gestão e pela função de auditoria, interna ou externa, ou uma combinação dessas formas, para permitir a correção das deficiências identificadas tempestivamente e o aperfeiçoamento do Sistema de Controle Interno.

§3º A auditoria interna integra o Sistema de Controle Interno como atividade independente e objetiva para auxiliar os órgãos e as entidades da Administração Pública a realizar seus objetivos mediante uma abordagem sistemática e disciplinada de avaliação, asseguração e consultoria, visando a melhoria dos processos de gerenciamento de riscos, controle interno e governança.

§4º A função de auditoria interna reportar-se-á ao mais alto nível hierárquico do respectivo órgão, entidade ou Poder, com vistas a assegurar sua independência.

Art. 80. Compete a cada Poder, ao Ministério Público e à Defensoria Pública e a outros órgãos ou entidades estatais autônomos do ente da Federação definir a estrutura e os arranjos organizacionais necessários para permitir o funcionamento integrado do sistema previsto no art. 78 e o cumprimento das finalidades nele estabelecidas.

Observe-se que a proposta do TCU ao Senado contempla processo de controle interno e a gestão de riscos, de responsabilidade dos gestores, e as atividades da auditoria interna, como partes integrantes do Sistema de Controle Interno, cabendo à auditoria interna as funções de avaliação, asseguração e consultoria, independentes da gestão, para melhoria dos processos de controle interno, gerenciamento de riscos e governança.

Portanto, a sugestão do TCU, em consonância com o escopo do projeto de lei, que é centrado nos processos e procedimentos relacionados ao ciclo de gestão das finanças públicas, trata do controle interno na perspectiva de dois pilares dos três pilares do modelo europeu: o da gestão e o da auditoria interna independente.

O terceiro pilar, que envolve a unidade de harmonização central, órgãos e carreiras específicas para desempenhar as demais atividades do Sistema de Controle Interno, ou seja, a perspectiva de estruturação institucional, é mais apropriado que seja tratado na Lei Orgânica Nacional do Controle Interno, a lei complementar que a PEC nº 45/2009 exige que seja editada.

O terceiro projeto legislativo que envolve condições favoráveis para reestruturação do Sistema de Controle Interno é o PLS nº 141/2014 – Complementar, já aprovado no Senado Federal e enviado para votação na Câmara dos Deputados, que altera o art. 67 da Lei de Responsabilidade Fiscal, para criar as condições de instalação e funcionamento do Conselho de Gestão Fiscal.

Caberá a este Conselho a harmonização de práticas fiscais e contábeis dos entes da Federação, propondo medidas para o constante aprimoramento dessas práticas, inclusive mediante o assessoramento técnico à União, aos estados, ao Distrito Federal e aos municípios; a disseminação de práticas que resultem em maior eficiência na alocação e execução do gasto público, na arrecadação de receitas, no controle do endividamento e na transparência da gestão fiscal; entre outras competências relevantes que estão sendo atribuídas a esse importante Conselho, que terá autoridade nacional, sobre todos os entes federativos. Sem dúvida, um espaço bastante apropriado para acomodar as funções de harmonização central relacionadas ao controle interno público, em âmbito nacional.

3.3.3 O exemplo do Conselho Nacional de Justiça (CNJ)

O Conselho Nacional de Justiça tem como missão constitucional modernizar a gestão no Poder Judiciário, sendo, portanto, o órgão de governança superior do Judiciário brasileiro, abrangendo a Justiça federal e estadual.

Até 2009, muitos tribunais brasileiros tinham procedimentos de controle *ad hoc* e muitos também não tinham uma unidade organizacional com a função de auditoria interna. O CNJ aprovou então a

Resolução CNJ nº 70/2009, sobre o planejamento e a gestão estratégica no Poder Judiciário e, logo a seguir, no 2º Encontro Nacional do Judiciário, dez metas que o Judiciário deveria atingir em 2009.

Entre elas, a Meta nº 9 teve por objetivo implantar núcleos ou unidades de controle interno nos tribunais e conselhos, o que ocorreu por meio da Resolução CNJ nº 86/2009. Esta resolução estabeleceu prazo e regulamentou a organização e o funcionamento de unidades ou núcleos de controle interno, vinculando-os diretamente à presidência dos tribunais e conselhos. Hoje, todos os tribunais brasileiros dispõem de unidade com a função de auditoria interna.

Entretanto, para assegurar a atuação das unidades ou núcleos de controle interno nas atividades de auditoria, inspeção administrativa, fiscalização e controle, foi necessária a promoção de ações para permitir a uniformização e padronização de procedimentos no Poder Judiciário. Uma meta, denominada Meta nº 16, foi estabelecida para nortear a atuação e os limites da responsabilidade de gestores e auditores internos. Os resultados no alcance da meta foram monitorados pelo CNJ durante todo o período de seu cumprimento e um programa de capacitação envolvendo todos os mais de 90 tribunais brasileiros foi estabelecido, mediante acordo de cooperação com o TCU, e conduzido ao longo de 4 anos.

Os resultados obtidos são promissores. No Poder Judiciário hoje existe uma clara noção de quais responsabilidades cabem aos auditores internos, que integram as unidades ou núcleos de controle interno, e aos gestores em relação ao processo e ao Sistema de Controle Interno dos tribunais. O primeiro encontro técnico nacional dos auditores do Sistema de Controle Interno do Poder Judiciário ocorreu em Cuiabá/MT, no segundo semestre de 2016, no qual foram trocadas experiências e realizadas apresentações de abordagens que comprovaram o acerto da estratégia do CNJ, funcionando como unidade de harmonização central, no fomento à evolução técnica e institucional do controle interno do Judiciário.

3.4 Impacto sobre a gestão financeiro-orçamentária

A evolução do modelo de gestão e controle financeiro interno no Brasil, em direção aos padrões internacionais, consubstanciados no modelo adotado pela União Europeia, impõe alguns desafios para o Brasil. O mais evidente consiste na necessária separação entre as funções de auditoria interna e inspeção financeira, abordada em seção específica, com reflexos imediatos sobre o relacionamento com as administrações orçamentárias e financeiras.

A função de inspeção financeira precisa incorporar maior proximidade e articulação com a Administração financeira, de modo a reforçar/assegurar a implementação dos parâmetros de gestão fiscal por estes definidos. Trata-se de não apenas verificar a conformidade legal, mas também aferir e assegurar o cumprimento pelas unidades setoriais das diretrizes de gestão fiscal emanadas da Administração financeira central. É desejável a instituição de mecanismos que assegurem o alinhamento de iniciativas em ambas as áreas.

De outro lado, o estabelecimento e fortalecimento da auditoria interna requer uma maior articulação com um sistema de planejamento estratégico a ser fortalecido, haja vista que, no Brasil, o mecanismo mais próximo de um plano estratégico, o plano plurianual – PPA, não exerce um efeito significativo sobre a efetiva gestão dos órgãos públicos. Mostram-se especialmente relevantes uma adequada coordenação e articulação, que seriam favorecidas por uma maior aproximação, ou mesmo a unificação, dos órgãos responsáveis pelo planejamento, alocação orçamentária, gestão e controle financeiro interno.

Outro ponto a ser considerado é a necessidade de reforçar os sistemas, relatórios e questionários a serem preenchidos pelos gestores das unidades setoriais, os quais constituem requisito necessário de um bom Sistema de Controle Interno. Porém, tal iniciativa deve ser tomada com o cuidado de privilegiar uma lógica gerencial, evitando tornar-se mais uma atividade meramente burocrática da Administração Pública.

Para tanto, porém, pode ser necessário revisar a alocação de colaboradores em alguns órgãos públicos do país, haja vista que a insuficiência de pessoal em alguns deles pode comprometer a adequada absorção de novas tarefas e atribuições, enquanto noutros há excesso de quadros e certa ociosidade.

Adicionalmente, mostra-se especialmente relevante promover a *accountability* do gestor público, o que requer um amplo esforço de treinamento e capacitação, que possibilite a assimilação pelo gestor público de uma cultura de planejamento estratégico, estabelecimento de metas de resultados, avaliação de efetividade das políticas públicas e análise de riscos a elas inerentes, dimensões atualmente negligenciadas em nossa Administração Pública.

Neste sentido, cabe destacar que o país não dispõe em sua estrutura administrativa de um órgão responsável pela promoção de tão importante processo. Primeiramente, vale lembrar a fragmentação das atividades de planejamento, elaboração orçamentária, melhoria dos processos administrativos, e ainda de gestão financeira e contábil, que não contam com um órgão central de harmonização, o que fragiliza sobremaneira o seu desenvolvimento.

A Lei de Responsabilidade Fiscal, em seu art. 67, previu a instituição do Conselho de Gestão Fiscal – CGF, a quem caberia um papel de harmonização da gestão fiscal no país. Embora o seu propósito inicial estivesse mais restrito à perspectiva fiscal, insuficiente, portanto, se instituído, constituiria um importante avanço. Seria, no entanto, desejável ampliar as suas atribuições, de modo que ele pudesse alcançar as macrofunções de planejamento estratégico, gestão orçamentária, avaliação de políticas públicas e gestão de riscos. Estaria sob sua competência, por conseguinte, a instituição dos necessários relatórios de gestão, questionários e mapas de riscos.

Na sua ausência, a harmonização fiscal tem sido exercida pela Secretaria do Tesouro Nacional – STN, com o apoio dos organismos representativos das administrações financeiras dos estados (Gefin) e dos municípios, dentro de suas limitações atuais.

Este ponto parece fundamental para que se possa induzir um intenso processo de aperfeiçoamento da gestão pública no Brasil, direcionado para maiores *managerial accountability* e efetividade.

CAPÍTULO 4

PROCESSO DE TRANSIÇÃO PARA O NOVO MODELO

Considerando as características da Administração Pública brasileira, o processo de transição para o novo modelo de controle interno público deve observar as peculiaridades de cada esfera governamental, quais sejam, a União, os estados, o Distrito Federal e os municípios.

4.1 Transição na União

O Sistema de Controle Interno da Administração Pública no Brasil está estabelecido na Constituição Federal de 1988, especificamente no art. 74:

> Art. 74. Os Poderes Legislativo, Executivo e Judiciário manterão, de forma integrada, Sistema de Controle Interno com a finalidade de:
>
> I - avaliar o cumprimento das metas previstas no plano plurianual, a execução dos programas de governo e dos orçamentos da União;
>
> II - comprovar a legalidade e avaliar os resultados, quanto à eficácia e eficiência, da gestão orçamentária, financeira e patrimonial nos órgãos e entidades da administração federal, bem como da aplicação de recursos públicos por entidades de direito privado;
>
> III - exercer o controle das operações de crédito, avais e garantias, bem como dos direitos e haveres da União;
>
> IV - apoiar o controle externo no exercício de sua missão institucional.
>
> §1º Os responsáveis pelo controle interno, ao tomarem conhecimento de qualquer irregularidade ou ilegalidade, dela darão ciência ao Tribunal de Contas da União, sob pena de responsabilidade solidária.

A estrutura administrativa do Poder Executivo Federal, contemplando gestão financeira, controle e auditoria interna, está definida na Lei Federal nº 10.180, de 6.2.2001, que organiza e disciplina os sistemas de Planejamento e de Orçamento Federal, de Administração Financeira Federal, de Contabilidade Federal e de Controle Interno do Poder Executivo Federal.

Além disso, a Lei Federal nº 4.320, de 17.3.1964, estabelece normas gerais de direito financeiro para elaboração e controle dos orçamentos e balanços da União, dos estados, dos municípios e do Distrito Federal, assim como a Lei Complementar Federal nº 101, de 4.5.2000, Lei de Responsabilidade Fiscal, estabelece normas gerais de finanças públicas voltadas para a responsabilidade na gestão fiscal e de transparência na Administração Pública. Devem ser consideradas ainda as normas de licitação, contratos administrativos, convênios e instrumentos congêneres.

Portanto, no que tange à operacionalização das atividades de gestão orçamentária, controle financeiro e auditoria interna, o Poder Executivo Federal define as diretrizes no âmbito de três ministérios: Ministério do Planejamento, Orçamento e Gestão (MPOG); Ministério da Fazenda (Minfaz); e Ministério da Transparência, Fiscalização e Controladoria-Geral da União (CGU).

Assim, a transição para o novo modelo no âmbito da União exige a coordenação de ações em etapas específicas de diagnóstico, harmonização, realização de projeto-piloto e ajuste da base legal, certificação e capacitação:

1ª etapa – Diagnóstico
- avaliação do Sistema de Controle Interno atual ante as normas internacionais;
- elaboração da nova política para o Sistema de Controle Interno (*accountability* dos gestores; auditoria interna; unidade de harmonização central), com suporte de consultoria e discussão com os *stakeholders*, alinhando as ações da CGU, do Minfaz e do MPOG, para definição dos modelos de atuação, as competências e as atribuições, contemplando as dimensões do PIC europeu;
- elaboração do plano de ação.

2ª etapa – Atividades de harmonização
- estruturação da unidade de harmonização central (UHC) de gestão e controle financeiro e de auditoria interna;
- realização de seminários e *workshops* para divulgação e sensibilização.

3ª etapa – Realização de projeto-piloto
- capacitação dos analistas e auditores de controle interno sobre os conceitos da atuação da auditoria interna e da inspeção financeira;
- estruturação da unidade auditoria interna nos órgãos de alto risco, sob orientação da UHC;
- realização de atividades de auditoria interna com base nas normas internacionais e na nova política definida.

4ª etapa – Ajuste da base legal, certificação e capacitação
- realização de ajuste da legislação, adequando competências e atribuições;
- elaboração de manuais e procedimentos de trabalho;
- certificação dos analistas e auditores de controle interno com base nos padrões internacionais;
- capacitação dos gestores financeiros sobre gestão de riscos, controle interno, informações e monitoramento.

4.2 Transição nos estados e no Distrito Federal

De acordo com pesquisa realizada pelo Conaci,[36] o Sistema de Controle Interno do Poder Executivo dos estados e do Distrito Federal possui uma gama variada de modelos e estruturas.

Em termos de previsão constitucional, por simetria, predomina a replicação da disposição normativa estabelecida na Constituição Federal de 1988,[37] sendo comum a existência de órgãos com *status* de secretaria de estado e mais frequente a organização em moldes análogos aos da federal CGU.

A mudança do modelo de gestão e controle financeiro nos estados e no Distrito Federal pode ser decorrente da transição do modelo da União, uma vez que a mudança na legislação federal de *accountability* afeta todos os entes.

No entanto, cada ente pode estabelecer um plano de ação para a transição, considerando a estrutura do PIC europeu, seguindo o roteiro estabelecido para a União:

---

[36] Diagnóstico da organização e do funcionamento dos órgãos de controle interno associados ao Conaci (2013).

[37] A título de exemplo, em 2012 o estado do Ceará alterou a sua Constituição, com a Emenda Constitucional nº 75/2012, incluindo as macrofunções de ouvidoria, controladoria, auditoria governamental e correição como essenciais ao funcionamento das atividades de controle da Administração Pública Estadual, bem como a inclusão do capítulo que trata do controle interno da Administração Pública Estadual.

1ª etapa — Diagnóstico
- avaliação do Sistema de Controle Interno atual ante as normas internacionais;
- elaboração da nova política para o Sistema de Controle Interno (*accountability* dos gestores; auditoria interna; unidade de harmonização central) com suporte de consultoria e discussão com os *stakeholders*, alinhando as ações de auditoria interna, controle interno, gestão financeira e orçamentária, para definição dos modelos de atuação, das competências e atribuições, contemplando as dimensões do PIC europeu;
- elaboração do plano de ação.

2ª etapa — Atividades de harmonização:
- estruturação da unidade de harmonização central (UHC) de gestão e controle financeiro e de auditoria interna;
- realização de seminários e *workshops* para divulgação e sensibilização.

3ª etapa — Realização de projeto-piloto:
- capacitação dos analistas e auditores de controle interno sobre os conceitos da atuação da auditoria interna e da inspeção financeira;
- estruturação das atividades de auditoria interna, sob orientação da UHC, de acordo com o modelo adotado pelo ente (centralizado, descentralizado ou misto);
- realização de atividades de auditoria interna com base nas normas internacionais.

4ª etapa — Ajuste da base legal, certificação e capacitação:
- realização de ajuste da legislação, adequando competências e atribuições;
- elaboração de manuais e procedimentos de trabalho;
- certificação dos analistas e auditores de controle interno com base nos padrões internacionais;
- capacitação dos gestores financeiros sobre gestão de riscos, controle interno, informações e monitoramento.

4.3 Transição nos municípios

O Brasil possui aproximadamente 5.570 municípios. A diferença de estruturação do Sistema de Controle Interno do Poder Executivo dos municípios brasileiros varia de níveis de excelência, em algumas capitais, para níveis de extrema fragilidade. Os municípios de pequeno porte carecem de recursos humanos, normativos e técnicos, afetando a qualidade da gestão financeira e do controle, não existindo, em muitos casos, uma estrutura de auditoria interna.

A transição para o modelo PIC europeu está longe de ser uma realidade para a maioria dos municípios brasileiros, sendo adequado replicar a estrutura proposta para os estados e o Distrito Federal no caso das capitais:

1ª etapa – Diagnóstico:
- formalização de parcerias com a União e estados para compartilhar experiências e práticas de adequação do Sistema de Controle Interno;
- avaliação do Sistema de Controle Interno atual ante as normas internacionais;
- elaboração da nova política para o Sistema de Controle Interno (*accountability* dos gestores; auditoria interna; unidade de harmonização central), com suporte de consultoria ou parceria técnica e discussão com os *stakeholders*, alinhando as ações de auditoria interna, controle interno, gestão financeira e orçamentária, para definição dos modelos de atuação, das competências e atribuições, contemplando as dimensões do PIC europeu;
- elaboração do plano de ação.

2ª etapa – Atividades de harmonização:
- estruturação da unidade de harmonização central (UHC) de gestão e controle financeiro e de auditoria interna;
- realização de seminários e *workshops* para divulgação e sensibilização.

3ª etapa – Realização de projeto-piloto:
- formalização de parcerias para a capacitação dos analistas e auditores de controle interno sobre os conceitos da atuação da auditoria interna e da inspeção financeira;
- estruturação das atividades de auditoria interna, sob orientação da UHC, de acordo com o modelo adotado pelo ente (centralizado, descentralizado ou misto);
- realização de atividades de auditoria interna com base nas normas internacionais.

4ª etapa – Ajuste da base legal, certificação e capacitação:
- realização de ajuste da legislação, adequando competências e atribuições;
- elaboração de manuais e procedimentos de trabalho;

- formalização de parcerias para a certificação dos analistas e auditores de controle interno com base nos padrões internacionais;
- formalização de parcerias para a capacitação dos gestores financeiros sobre gestão de riscos, controle interno, informações e monitoramento.

As mudanças nos modelos de sistemas de controle interno da União, dos estados, do Distrito Federal e dos municípios possuem forte correlação, no entanto, é possível que sejam realizadas ações no âmbito de cada ente, desde que sejam seguidas as mesmas diretrizes com base nas normas internacionais, conforme adotado no modelo *Public Internal Control* (PIC) europeu.

CAPÍTULO 5

QUESTÕES CENTRAIS PARA AVALIAÇÃO E DISCUSSÃO

5.1 Desenvolvimento da legislação

A modelagem normativa vigente, a disciplinar o controle interno no Brasil, é bastante aberta em sua previsão constitucional, conforme antes mencionado, pois as disposições dos arts. 70 e 74 da Constituição da República de 1988, em especial, apenas determinam a existência de Sistema de Controle Interno em cada poder, sem detalhar modelo organizacional nem definir todas as funções compreendidas, somente apontando as finalidades almejadas nos 4 incisos do art. 74. Daí a pertinente discussão pública, nos últimos anos, em torno da PEC nº 45.

A legislação infraconstitucional, a seu turno, revela que o Brasil possui arcabouço legal que define o modelo orçamentário em função de programas governamentais com propósitos, prazos, metas e gestores (Lei nº 4.320/1964), estipula a responsabilidade administrativa (Lei nº 8.429/92) e fiscal dos gestores públicos em todos os níveis de governo (Lei Complementar nº 101/2000), e aponta os imperativos de transparência pública (Lei Complementar nº 131/2009 e Lei nº 12.527/2011), entre outras normas vigentes que guardam sintonia com experiências internacionais de vanguarda.

Há espaço legislativo, sem necessidade de reforma constitucional nem de alteração das leis em vigor, para a inserção, de modo complementar, da previsão de parâmetros comuns a todo o território nacional quanto ao balizamento geral das atividades de auditoria interna, com adoção de terminologia e procedimentos conforme conceitos internacionalmente aceitos e já consolidados em práticas exitosas.

Para tanto, como consequência relevante dos trabalhos desenvolvidos a partir da parceria institucional do Conaci com o Banco Mundial, poderá ser ofertada sugestão, ao Congresso Nacional, de projeto de lei, de alcance nacional, com parâmetros técnicos de auditoria interna do setor público, de modo a garantir a aplicação dos princípios constitucionais (legalidade, impessoalidade, moralidade, publicidade e eficiência) e disposições legais vigentes (economicidade, responsabilidade fiscal, transparência, acesso a informações, integridade etc.) no cotidiano da gestão pública.

Assim como já acontece em diversos temas relevantes da vida nacional, a lei federal estabelece os parâmetros gerais e diretrizes que devem ser observados em todo o país, conferindo maior segurança jurídica e certa padronização voltada ao interesse público, sem impedir detalhamentos e desdobramentos específicos a cargo de cada estado e município, por lei ou decreto em seu respectivo âmbito, conforme a autonomia própria do modelo federativo brasileiro.

Além de elaboração, propositura e eventual aprovação de nova lei, parece possível definir, com impulso do Conaci e participação da Atricon, manual técnico com as disposições fundamentais que consubstanciariam a nova norma, a qual poderia ser implementada por iniciativa concertada entre seus próprios integrantes, antes mesmo de haver obrigação jurídica nacionalmente definida por lei federal.

Perante a questão "quais aspectos da legislação nacional ainda precisam ser desenvolvidos ou adaptados para termos um Sistema de Controle Interno em todos os níveis de governo, convergente com os padrões internacionais?", foram apontados os seguintes elementos que necessitam ser discutidos e decididos:

- Aprovação da PEC nº 45/2009
  - órgão e carreira permanentes;
  - inclusão do princípio da efetividade;
  - ouvidoria e correição não e controle interno.
- Lei complementar
  - lei orgânica do controle interno;
  - regularmente/equalize arts. 70/74 CF, estabelecendo a direção-geral aos entes (estados/municípios) para que a regulem em suas leis próprias, seguindo o padrão definido na LO;
  - atribuições claras de auditoria/inspeção controle/sistema (clarear conceitos).
- Diretrizes claras para estados e municípios

- instituir modelo referencial nacional para controles internos administrativos, a exemplo do México e da PIC UE;
- definir claramente o dever de prestar contas e reformar sistema de finanças públicas voltado para resultados (redação anterior do PLS nº 229).
- Definição de quem é quem
- Falta de articulação federativa e efetividade das normas existentes
- Decreto-Lei nº 200
- IN CGU/NIT nº 6
- Maior *accountability* dos dirigentes públicos por metas e resultados
- Moldura normativa
  - arts. 70 a 74 da CF/88;
  - Lei nº 4.320/64;
  - Lei Complementar nº 101/2000 – LRF;
  - Lei Complementar nº 131/2009;
  - Decreto-Lei nº 200/67;
  - IN nº 1/16 MPOG/CGU;
  - art. 165 da CF/88 – lacuna no sistema de planejamento (PPA – como avaliar a compatibilidade da LDO e da LOA).
- PEC nº 45/Lei PIC
  - Falta de padrão de indicadores, além dos contábeis, para eficiência e eficácia, monitoramento.
- Lei
  - Definição de conceitos e responsabilidades;
  - Explicitação das linhas de defesa;
  - Clareza terminológica;
  - Assimilação de parâmetros internacionais.
- Manual técnico
  - Valorização da experiência prática exitosa para a padronização.
- Reformulação do sistema de finanças públicas voltado para resultado (*inputs*, *outputs*, *outcomes*, indicadores, metas, responsáveis, redação anterior do PLS nº 229/2009).
- Precisa-se de uma lei complementar federal que regulamente e/ou equalize o dispositivo dos arts. 70 a 74 da CF/88, estabelecendo a direção-geral aos entes federados (estados, municípios) para que regulem suas leis infraconstitucionais seguindo o padrão internacional escolhido, no caso, o PIC da UE.

- Conceitos CF confusos
  – controle interno?
  – auditoria interna?
  – sistema?
- "Muitos controles, poucas responsabilidades"
- *Accountability*
- Interpretação inadequada do dever de prestar contas
- Lei complementar regulando art. 74 com as diretrizes para todas as UF
- Lei orgânica nacional de controle interno
- Atribuições claras de auditoria e inspeção
- Análise de riscos
- Estabelecimento dos papéis do controle interno e seus limites
- Instituição de um conselho CF para definir os padrões de controle, que funcionaria com UHC.

5.2 Unidades de harmonização central

A implantação do Sistema de Controle Interno no setor público traz consigo, entre outros, o seguinte desafio – como garantir a aplicação homogênea nas diferentes organizações e em todos os níveis de governo?

Por sua complexidade e abrangência, o alcance de abordagens semelhantes em níveis de qualidade desejados na implantação do Sistema de Controle Interno no setor público requer algum tipo de coordenação central. No entanto, a solução para essa questão parece não ser única.

Na Europa, estabelecida como um dos requisitos para adesão à UE após 2004, para os países candidatos, a função de coordenação da implantação e do desenvolvimento do PIC deve ser executada de maneira centralizada por uma estrutura administrativa, geralmente vinculada ao Ministério das Finanças, conhecida como unidade de harmonização central (UHC). Contudo, no restante dos Estados-Membros, apesar de existir harmonização, os papéis de coordenação nem sempre estão contidos em uma única unidade estrutural.

Definida como o terceiro pilar do modelo de controle interno do setor público (PIC), adotado pelos países integrantes da União Europeia, a criação da UHC é considerada uma condição fundamental para a introdução e o desenvolvimento bem-sucedido do modelo PIC.

A unidade é responsável por desenvolver e promover metodologias de controle e de auditoria interna com base em normas internacionalmente aceitas e nas melhores práticas internacionais e pela coordenação da implementação do sistema de gestão e controle financeiro e do sistema de auditoria interna no setor público.

Ambos os países visitados possuem uma entidade que desempenha o papel de UHC, apoiando o ministro das finanças nas questões relacionadas ao Sistema de Controle Interno – gestão e controle financeiro e auditoria interna – em todas as organizações e níveis de governo do setor público de seus países.

No caso do Brasil, a despeito da previsão legal de implantação do Sistema de Controle Interno no setor público nos diversos níveis de governo, não existe uma estrutura administrativa central que, no sentido de garantir abordagens homogêneas e nível mínimo de qualidade, seja responsável pela coordenação da implantação e do desenvolvimento do sistema no país.

Nesse contexto, com o propósito de contribuir para o debate em torno do assunto, serão apresentados a seguir alguns questionamentos e reflexões sobre alternativas de abordagens relacionadas à função de harmonização central no setor público do Brasil.

Inicialmente, é importante registrar que o Sistema de Controle Interno no setor público brasileiro está estruturado de maneira distinta dos países-membros da UE. Dessa forma, os elementos apresentados a seguir referem-se à função de harmonização central nos aspectos relacionados à auditoria interna e ao controle e gerenciamento financeiro no âmbito do Poder Executivo do governo.

Assim, o primeiro questionamento que se apresenta é o seguinte – coordenação e harmonização são essenciais para que o Sistema de Controle Interno no setor público brasileiro seja efetivo?

A República Federativa do Brasil é composta pelos seguintes níveis de governo: o federal, o estadual (27 estados) e o municipal (5.570 municípios). Os referidos entes federativos são autônomos e apresentam estrutura de governo própria. A Constituição brasileira prevê a criação, nos três níveis de governo, de entidades de controle interno como elemento de apoio às administrações públicas.

No nível federal, o Ministério da Transparência, Fiscalização e Controladoria-Geral da União (CGU) é o órgão do governo responsável por assistir direta e imediatamente o presidente da República no desempenho de suas atribuições quanto aos assuntos e providências que, no âmbito do Poder Executivo, sejam atinentes à defesa do patrimônio público, ao controle interno, à auditoria pública, à correição, à prevenção e ao combate à corrupção, às atividades de ouvidoria e ao incremento da transparência da gestão no âmbito da Administração Pública federal.

No nível estadual e em alguns municípios, tendo como referência a CGU, foram estabelecidos órgãos de controle interno, com papéis e modos de funcionamento diferentes. Falta de uniformidade nos procedimentos e metodologias; falta de manuais de procedimentos de auditoria interna; planejamento estratégico limitado; e ausência de mecanismos eficazes para monitorar a implementação das recomendações são alguns dos desafios enfrentados por esses órgãos no desempenho de suas responsabilidades.

Esse contexto explicita um ambiente caracterizado pela diversidade das abordagens adotadas entre os níveis de governo e pela ausência de uma estrutura referencial, contemplando o conjunto de princípios de controle interno, para a implementação homogênea e o aprimoramento do Sistema de Controle Interno no setor público, em especial nas questões relacionadas à atividade de auditoria interna.

Assim, o aprimoramento e o enfrentamento dos desafios existentes passam pela integração entre os órgãos de controle interno, em que a função de coordenação e harmonização seria responsável pelo desenvolvimento e atualização dos princípios de controle interno e das ferramentas e orientações para auditoria interna, bem como pela aplicação homogênea desses nas diferentes organizações e em todos os níveis de governo.

A partir do entendimento de que a coordenação e harmonização são essenciais para o aprimoramento do Sistema de Controle Interno no setor público brasileiro, outro questionamento se apresenta – quem poderia desempenhar a função de harmonização central?

Como tratado nos itens próprios deste relatório, a CGU é a instituição no nível federal responsável por prevenir e combater a corrupção e pela melhoria da gestão pública, por meio, entre outros, do fortalecimento dos mecanismos de controle interno e da auditoria interna.

No que se refere à gestão financeira e controle interno no Poder Executivo do Governo Federal a CGU, o Ministério da Fazenda e o Ministério do Planejamento, Orçamento e Gestão são os agentes envolvidos no estabelecimento e monitoramento do Sistema de Controle Interno.

Destaque-se, ainda, a Comissão de Coordenação de Controle Interno (CCCI), órgão colegiado de função consultiva do Sistema de

Controle Interno do Poder Executivo Federal. Presidida pelo ministro-chefe da CGU, a CCCI tem a finalidade de efetuar análises, formular propostas e sugerir procedimentos para avaliação e aperfeiçoamento do controle interno no âmbito do Governo Federal. Segundo o art. 10 do Decreto nº 3.591/2000, compete à CCCI:

I. efetuar estudos e propor medidas visando promover a integração operacional do Sistema de Controle Interno do Poder Executivo Federal;
II. homogeneizar as interpretações sobre procedimentos relativos às atividades a cargo do Sistema de Controle Interno do Poder Executivo Federal;
III. sugerir procedimentos para promover a integração do Sistema de Controle Interno do Poder Executivo Federal com outros sistemas da Administração Pública Federal;
IV. formular propostas de metodologias para avaliação e aperfeiçoamento das atividades do Sistema de Controle Interno do Poder Executivo Federal; e
V. efetuar análise e estudo de casos propostos pelo ministro de Estado do Controle e da Transparência, com vistas à solução de problemas relacionados com o controle interno do Poder Executivo Federal.

Atualmente, a CGU, como órgão central de controle interno do Poder Executivo Federal, estabelece políticas e normas de controle interno e de auditoria interna para a Administração Pública Federal direta e indireta.

Nesse sentido, registrem-se as iniciativas que vêm sendo conduzidas pela CGU objetivando adaptar as normas sobre auditoria interna às melhores práticas nacionais e internacionais de auditoria; identificar lacunas normativas existentes; elaborar um instrumento legal mais principiológico; e buscar o aprimoramento e maior integração entre as unidades de auditoria interna da Administração Pública Federal (direta e indireta).

Ainda, reforçando a posição da CGU como órgão de apoio à gestão pública, o Programa Capacita, instituído em 2010, é uma iniciativa que objetiva prover os gestores de orientação e capacitação em um fluxo contínuo sobre temas relacionados ao aprimoramento dos controles internos e auditoria interna em busca de uma gestão pública federal eficiente e eficaz. Nos últimos cinco anos, por meio de cursos a distância, seminários, palestras e oficinas, foram capacitados mais de 50 mil servidores, com destaque para a área de controles internos administrativos e auditoria interna.

Destaquem-se, também, os acordos de cooperação técnica firmados entre a CGU e diversas entidades de controle interno no nível estadual com o objetivo de implementação de ferramentas de aprimoramento do controle interno e do apoio à gestão pública.

Assim, resguardadas as diferenças em relação aos modelos implementados nos países visitados, amplamente apresentados neste documento, a CGU, de alguma forma, é a instituição que coordena o aprimoramento do controle interno no Poder Executivo do Governo Federal, desempenhando, nesse nível de governo, papéis relacionados à atividade de UHC.

Dessa forma, em resposta à questão levantada, se considerarmos que a criação da UHC é essencial para o aprimoramento do Sistema de Controle Interno no setor público brasileiro, a CGU apresenta-se como a alternativa mais viável para exercer o papel de UHC, no nível federal. Adicionalmente, pelo papel que desempenha diante das auditorias internas da Administração Pública Federal e por ser percebida pelos órgãos de controle interno dos estados e municípios como uma instituição de referência em relação ao Sistema de Controle Interno no setor público, caberia também à CGU um papel de impulsionadora das demais UHC criadas no âmbito dos outros entes, disponibilizando materiais produzidos para os seus próprios auditores, como treinamentos, manuais, instruções etc.; convidando as demais UHC para o debate de proposições e até de normativos que contribuam para a sua integração com as demais. Assim, cada entidade de controle/CGE seria/teria uma UHC e teria o seu escopo definido no âmbito de suas atribuições e realidade local, mas comporiam uma espécie de fórum, que poderia ser liderado, inicialmente, pela CGU.

Nesse contexto, é indispensável explicitar o papel e a importância da atuação de outro agente em relação ao controle interno público no Brasil: o Conselho Nacional dos Órgãos de Controle Interno (Conaci). O Conaci é uma associação, sem fins lucrativos, composto pelos membros titulares representantes da CGU e dos órgãos centrais de controle interno do Poder Executivo dos estados e municípios, com a finalidade de fomentar a integração e o desenvolvimento dos órgãos governamentais de controle interno, além de fortalecer e aprimorar o desempenho das funções do controle em prol da eficiência e transparência da gestão pública brasileira.

Assim, o Conaci pode ser o agente indutor de uma abordagem minimamente uniforme e integrada na implementação do Sistema de Controle Interno no setor público brasileiro, desempenhando, dessa forma, não o papel de UHC, mas de difusor das boas práticas, como uma rede de troca de conhecimentos e discussão de temas emergentes e como motivador para a uniformização de procedimentos e práticas dos vários estados e municípios.

Em complemento às alternativas apresentadas, no sentido de que o Sistema de Controle Interno no setor público dos estados e municípios seja efetivo, verifica-se, ainda, a necessidade de garantir uma abordagem homogênea nas diferentes organizações públicas dos entes federativos. Assim, é indispensável a estruturação da função de harmonização, no sentido de estabelecer algum mecanismo de coordenação no desempenho da referida função.

Naturalmente, em um ambiente caracterizado pela diversidade do setor público entre os entes federativos, a função de harmonização em cada ente também poderá ser significativamente distinta. A definição da estrutura necessária e do papel a ser desempenhado no âmbito da citada função está diretamente relacionada ao nível de maturidade do Sistema de Controle Interno do setor público do estado ou do município.

Existem casos em que se faz necessária a revisão profunda da estrutura de controle interno adotada; há casos em que o foco é o desenvolvimento e a atualização dos princípios de controle interno, das ferramentas e orientações sobre a atividade de auditoria interna e em outros os esforços da atividade estão concentrados no alinhamento com as normas e padrões nacionais e internacionais. Assim, cada ente federativo, no sentido de estabelecer a estrutura necessária para suportar adequadamente a função de harmonização, deve identificar no conjunto de atividades possíveis as que são indispensáveis, as que são relevantes e as que são meramente complementares. Sem a pretensão de ser exaustiva e completa, a lista das atividades típicas da função de harmonização central,[38] de maneira geral, relacionada ao controle interno e à auditoria interna, é a seguinte:

1. legislação sobre o controle interno no setor público;
2. orientação sobre o controle interno no setor público;
3. avaliação do Sistema de Controle Interno no setor público;
4. legislação sobre auditoria interna;

---

[38] The Central Harmonization Unit – Discussion Paper n. 6 – Ref. 2015-3.

5. padrões de auditoria interna;
6. certificação de auditores internos;
7. guias de auditoria interna;
8. treinamentos;
9. coordenação e integração.

Conforme se verifica, a solução de estruturação e estabelecimento do papel a ser desempenhado no âmbito da citada função não é única e deve levar em conta a realidade e as necessidades presentes em cada esfera de governo.

5.3 Planejamento estratégico

Uma deficiência histórica da Administração Pública no Brasil tem sido certamente a ausência de uma perspectiva estratégica de planejamento governamental, que possibilite a adequada formulação de políticas públicas, norteadas por uma visão de longo prazo, a definição de indicadores de desempenho e efetividade para elas, o mapeamento dos respectivos fatores de risco e o delineamento dos mecanismos e instrumentos de controle.

Tal deficiência apresenta reflexos óbvios na consecução das atividades governamentais, à medida que se faz acompanhar por um ambiente de controle que deixa de privilegiar as variáveis estratégicas. Assim, a evolução e o aperfeiçoamento do controle interno no país somente galgarão os níveis esperados se acompanhados por um amplo repensar do modelo de planejamento governamental adotado no país, em suas várias instâncias, federal, estadual e municipal.

Esta reformulação do modelo de planejamento do país precisa espelhar as metodologias internacionalmente consagradas, e apontar caminhos claros para o alcance de substanciais ganhos de efetividade das políticas governamentais, alcançando planos setoriais, questionários de autoavaliação, análises de cenários e riscos, e orientações de delegação de autoridade com vistas a favorecer uma maior *managerial accountability*.

5.4 Gestão de riscos

O objetivo deste item é ressaltar a importância da gestão de riscos no contexto em que se busca fortalecer o Sistema de Controle Interno e melhorar a gestão pública e mostrar como a auditoria interna, em seu papel de apoio à gestão, pode auxiliar na capacitação do gestor para que ele consiga mapear os riscos da sua organização e implementar a gestão de riscos.

De acordo com o Instituto Brasileiro de Governança Corporativa – IBGC, os benefícios da gestão de riscos corporativa para a organização são: preservar e aumentar o valor da organização, mediante a redução da probabilidade e/ou impacto de eventos de perda, combinada com a diminuição de custos de capital; promover maior transparência; melhorar os padrões de governança; conhecer e desenhar os processos; aprimorar ferramentas de controles internos; melhorar a comunicação; identificar as competências.

A aplicabilidade da gestão de riscos é para qualquer segmento, público ou privado, e para os vários níveis de planejamento; de diferentes funções; para atividades de governança; projetos específicos entre outros.

É importante que se realize uma avaliação da maturidade da gestão de riscos e estabelecimento do contexto. A maturidade da gestão de riscos é o grau que a organização se encontra em relação à adoção e aplicação da abordagem de gestão de riscos. O grau pode ser ingênuo – nenhuma abordagem formal desenvolvida para a gestão de riscos; consciente – abordagem para a gestão de riscos dispersa em alguns setores; definido – estratégia e políticas implementadas e comunicadas. Apetite por riscos definido; gerenciado – abordagem corporativa para a gestão de riscos desenvolvida e comunicada; e habilitado – gestão de riscos e controles internos totalmente incorporados às operações.

O estabelecimento do contexto é a definição dos parâmetros externos (ambiente empresarial, social, regulamentar, cultural, competitivo, financeiro e político; oportunidades e ameaças; percepções e valores das partes externas envolvidas) e internos (cultura, política, estrutura e recursos; objetivos, metas, estratégias e programas; pontos fortes e pontos fracos; partes internas) a serem levados em consideração ao gerenciar riscos e ao estabelecer o escopo e os critérios de risco. O correto estabelecimento do contexto permite uma melhor identificação dos riscos.

Técnicas de diagnóstico, como por exemplo, as análises SWOT, podem ser utilizadas para identificar variáveis do ambiente interno e externo da entidade, ou seja, as forças e fraquezas, bem como as oportunidades e ameaças que terão impacto no estabelecimento do contexto para a gestão de riscos. A sigla é um acrônimo formado pelas palavras inglesas:

- *strengths* – forças;
- *weaknesses* – fraquezas;
- *opportunities* – oportunidades;
- *threats* – ameaças.

A capacitação para o gestor deve contemplar: visão geral do projeto; estabelecimento do mandato e compromisso; avaliação de maturidade de riscos; estabelecimento do contexto.

Em relação à visão do projeto, as referências técnicas são: ISO 31000:2009; ISO 31010:2009; ISO 19011:2012; Coso – Controle Interno – Estrutura Integrada (2013).

Para o estabelecimento do mandato e compromisso é necessário o alto comprometimento da administração da organização, para garantia de contínua eficácia, bem como um planejamento rigoroso e estratégico para obter-se esse comprometimento em todos os níveis.

Para tanto, a administração deve: definir e aprovar sua política de gestão de riscos; assegurar que a cultura organizacional e a política de gestão de riscos estejam alinhadas; definir indicadores de desempenho para a gestão de riscos que estejam alinhados com os indicadores de desempenho da organização; alinhar os objetivos da gestão de riscos com os objetivos e estratégias da organização; assegurar a conformidade legal e regulamentar; atribuir responsabilidades nos níveis apropriados dentro da organização; assegurar que os recursos necessários sejam alocados para a gestão de riscos; comunicar os benefícios da gestão de riscos a todas as partes interessadas; assegurar que a estrutura para gerenciar riscos continue a ser apropriada.

A política de gestão de riscos deve ser comunicada apropriadamente e conter: objetivo, princípios, diretrizes, responsabilidades, processo de gestão de riscos.

A definição dos critérios de risco serve para avaliar a significância do risco, considerando natureza e tipos de causas de riscos; consequências que podem ocorrer e como serão medidas; como a probabilidade será definida; evolução no tempo da probabilidade e/ou consequência; como o nível de risco será determinado; pontos de vista das partes interessadas; definição do nível em que o risco se torna aceitável; como e quais combinações de riscos serão consideradas.

Para detalhar o risco devem ser considerados: histórico de ocorrências do risco; fatores de contribuição para a ocorrência do risco; impacto/probabilidade; controles mitigadores; eficiência/eficácia dos controles; indicadores de performance; avaliação da gerência; plano de ação; prazo e responsável pela implementação.

Para mais informação recomendam-se as seguintes leituras:
- Instituto Brasileiro de Governança Corporativa: *Guia de orientação para gerenciamento de riscos corporativos*;
- Fundação Nacional da Qualidade: *Gestão de risco*;
- Tribunal de Contas da União: *Passos para a boa governança*.

Quando questionados sobre *como implementar um modelo de gestão descentralizada no Brasil*, os participantes da conferência "O sistema de Controle Interno no Brasil: Desafios e Oportunidades de Melhoria", que ocorreu em Brasília de 18 a 20.5.2016, responderam que existem alguns desafios/problemas e para isso é necessário adotar um conjunto de medidas. No que respeita aos desafios/problemas, apresentaram os seguintes como os mais críticos:
- inexistência da 1ª linha de CI;
- *accountability* sobre entidade;
- falta de conhecimento do gestor;
- falta de gestor de qualidade (critério político);
- falta de consciência da necessidade de *accountability*;
- falta de vontade de aprender;
- falta de sanção para o não cumprimento do planejado;
- terminologia confusa;
- cultura avessa à gestão de riscos;
- desalinhamento do planejamento estratégico com o PPA e com a LOA;
- orçamento é feito antes do planejamento;
- planejamento é falho e não regulamentado;

Algumas das soluções apresentadas para melhorar a situação:
- individualizar metas e objetivos por gestor;
- trabalhar o planejamento com indicação de metas e indicadores com vistas ao resultado;
- primeiro planejar para depois orçar. Para isso, regulamentar o planejamento e incluir a necessidade de monitorar o planejamento;
- criar índices e indicadores de governança. Fazer política de Estado para assegurar bons índices e exigir mobilização da alta gestão;
- criar comitês de administração que decidam responsabilidades, punições;
- criar lei federal que penalize o mal resultado (mudança de cultura para cumprir meta);

Torna-se ainda importante tomar as seguintes iniciativas/ações no curto/médio prazo:
- conscientização de todos acerca dos benefícios do modelo descentralizado;
- adequação do grau de descentralização à realidade do Brasil;
- instituição/escolha da unidade de harmonização no Brasil;
- incorporação da perspectiva estratégica à gestão pública;
- repensar e aproximar planejamento, orçamento e finança;
- definição de metas e indicadores por área de atuação;
- compatibilização do orçamento e demais recursos às metas definidas;
- adequação de planos de governo e de longo prazo;
- preparação e capacitação de gestores (capacitação);
- fortalecimento da avaliação;
- planejamento da implantação, inclusive matriz de responsabilidades;
- incentivo ao controle social;
- elevação da distribuição de recursos para entes federados;
- adequação da legislação ao novo modelo de gestão.

5.5 Segregação entre inspeção financeira e auditoria interna

Embora auditoria interna e inspeção financeira consistam em instrumentos de controle das instituições, a distinção entre ambas, no modelo europeu, é bastante clara: enquanto a primeira visa a avaliar todo o sistema de controles internos, com a finalidade de aperfeiçoar os processos, por intermédio de recomendações, a segunda tem como finalidade averiguar a conformidade das operações realizadas, descobrir eventuais descumprimentos da lei e impor sanções. A auditoria interna verifica e avalia os mecanismos de controle para melhorar o futuro e prevenir situações indesejáveis, ao passo que a inspeção verifica o que já passou para descobrir desvios, corrupção e, dessa forma, preservar a disciplina orçamentária e financeira dos gestores.

Não é incomum que a auditoria interna descubra práticas negativas. Quando isso ocorre, buscam-se as razões de tais práticas e a correção do processo que possibilitou que tal fato ocorresse. Para tanto, o objetivo do processo deve ser observado, daí decorre a importância de os auditores conhecerem bem os objetivos e os riscos da instituição, pois é seu papel verificar se os procedimentos de controle são adequados aos possíveis riscos a que a instituição possa estar submetida. A auditoria, portanto, fornece informações aos órgãos sobre como funcionam os mecanismos de controle.

Como demonstra o quadro seguinte, a atuação da auditoria interna é principalmente preventiva e, portanto, para que se dê de maneira efetiva, requer uma relação de parceria com o gestor, tendo em vista que ambos têm a mesma finalidade: aperfeiçoar a atuação da instituição e aproximá-la dos resultados que se quer alcançar. A atuação da inspeção é eminentemente punitiva e, por motivos óbvios, requer certo grau de distanciamento.

Quadro 2

Auditoria Interna	Inspeção
Objetiva avaliar sistemas e fazer recomendações para a melhoria	Objetiva descobrir violações dos regulamentos e determinar medidas penais
Provedora de serviços	Atividade de investigação
Analisa cenários e dá apoio à gestão para evitar problemas e encontrar soluções	Investiga o passado para identificar violações específicas dos regulamentos
Avalia os sistemas e fornece conselhos	Avalia conformidade
Concentra-se em sistemas	Concentra-se em transações e indivíduos
Visa a prevenir falhas	Visa a punir os culpados

No Brasil, essas duas atividades, via de regra, se confundem, o que gera ao menos quatro importantes disfunções:
   a) os auditores não se especializam em nenhuma das duas áreas de atuação e, portanto, executam seu trabalho com qualidade menor do que poderiam;
   b) desmotivação dos auditores que, embora trabalhem arduamente, não veem seus objetivos alcançados, ou seja, nem se sentem contribuindo efetivamente para o aperfeiçoamento da gestão, nem para a punição dos fraudadores;
   c) falta de credibilidade dos órgãos que, buscando atender às duas funções (auditoria interna e inspeção) frustram as expectativas tanto dos que gostariam que o órgão combatesse a corrupção de maneira ostensiva tanto dos que acreditam que o seu papel é orientar o gestor, função que, aliás, por ser mal

compreendida é confundida por muitos, dentro e fora dos órgãos de controle, com conivência.

d) os gestores não têm clareza se o auditor está atuando para contribuir para o aperfeiçoamento da sua gestão ou para puni-lo, o que acarreta prejuízos à relação entre auditor e gestor, principalmente no que diz respeito à confiança que deveria existir no trabalho de auditoria interna.

Diante dessa realidade, questiona-se:

(i) Não seria vantajoso se essas atribuições estivessem claramente definidas no interior das instituições responsáveis pelo controle também no Brasil, a exemplo do que fazem as instituições visitadas e outras aqui no Brasil, como o Banco Central?

(ii) Essa divisão, ao possibilitar maior especialização dos "auditores" e "inspetores", não seria útil no sentido de permitir que os servidores atuassem de acordo com a sua vocação e que a auditoria interna contribuísse efetivamente para o aperfeiçoamento dos controles internos e, portanto, cumprisse de maneira mais efetiva o seu papel?

(iii) Qual a origem da resistência que parece existir entre vários atores a respeito da distinção clara de papéis? Desconhecimento? Receio de perda de poder? Insegurança ante mudanças?

(iv) Como vencer essa resistência? Por meio de capacitação? Da elaboração de normas?

(v) Seria viável, no âmbito dos órgãos de controle, a exemplo da CGU, iniciar essa divisão pelos tipos de trabalho que são realizados? Por exemplo: "auditoria anual de contas" e "avaliação da execução de programas de governo" ficariam a cargo de um grupo mais voltado para a orientação, e outros trabalhos, como "operações especiais", a cargo de equipes especializadas em detecção de fraudes?

A experiência dos países visitados e de outras instituições aqui mesmo no Brasil demonstram que essas e outras reflexões devem ser feitas por todos os interessados em aperfeiçoar o Sistema de Controle Interno brasileiro.

Quando questionados sobre *quais os principais obstáculos e desafios à separação entre as áreas/funções de auditoria interna e inspeção financeira no Brasil*, os participantes da conferência "O sistema de Controle Interno no Brasil: Desafios e Oportunidades de Melhoria", que ocorreu em Brasília, de 18 a 20.5.2016, apresentaram as seguintes respostas:

- dificuldade de compreensão conceitual da diferença entre auditoria interna e inspeção financeira: falta de conhecimento quanto aos conceitos à assimetria de informação;
- barreiras culturais – auditores e gestores;
- falta de conexão entre os instrumentos de planejamento;
- falta de maturidade do gestor;
- gestão: necessária a busca de resultados por meio de objetivos definidos (indicadores);
- desafio: criação de uma unidade de harmonização nacional;
- conscientização do gestor como responsável pela definição dos objetivos;
- AI *vs.* IF – seriam os modelos ideais?;
- inspeção financeira ou inspeção de conformidade?;
- separação entre inspeção e AI;
- capacitação e formação;
- falta de ambiente de controle/falta de um sistema de controle adequado no nível da entidade;
- confusão entre as linhas de defesa;
- falta de clareza quanto à natureza das funções;
- falta de definição/clareza quanto ao valor/importância relativa das funções;
- sistema orçamentário/de planejamento orientado a *inputs* e não a resultados (*outputs* e *outcomes*);
- falta de mapeamento de processos;
- necessidade de se discutir bastante o tema (diagnóstico, conveniência, oportunidade, importância etc.);
- incompatibilidade entre sistema centralizado de gestão e sistema descentralizado de auditoria interna;
- deficiência em termos de definição clara de *accountability*, responsabilidade e autoridade no que se refere ao alcance dos resultados da gestão.

5.6 Treinamento e certificação profissional para a Administração Pública

A certificação profissional, tão utilizada em outros países, no Brasil praticamente inexiste no setor público. Esta lacuna em nosso modelo de gestão de pessoas sugere um possível limitador da capacidade funcional do corpo de funcionários públicos, que deve ser reavaliado.

Muitos consideram que os rigorosos concursos públicos adotados no Brasil, indiretamente, cumprem função similar, assegurando um bom nível técnico aos novos funcionários admitidos nas diferentes carreiras. No entanto, há que se considerar que o conteúdo cobrado nos concursos é muito genérico (direito administrativo, constitucional etc.). Além disso, não são cobradas as normas internacionais, por exemplo. Ademais, com o passar do tempo, as pessoas vão esquecendo aquilo que estudaram e muitos se acomodam, o que requer um treinamento contínuo, com oportunidades de reciclagem, atualização etc.

Não obstante, mostra-se oportuno avaliar a oportunidade de melhor formatação dos programas de capacitação e avaliação de funcionários das administrações financeiras, em especial aqueles empreendidos pelas escolas fazendárias e de Administração Pública governamental, como parte integrante de um esforço de melhoria do Sistema de Controle Interno no país.

As normas relativas ao sistema de Controle Interno no Brasil não preveem a obrigatoriedade da certificação e, embora em nível federal, a IN/SFC nº 1 de 6.4.2001 estabeleça que o servidor do Sistema de Controle Interno do Poder Executivo Federal "deve possuir um conjunto de conhecimentos técnicos, experiência e capacidade para as tarefas que executa, conhecimentos contábeis, econômicos, financeiros e de outras disciplinas para o adequado cumprimento do objetivo do trabalho", ainda não há um programa de capacitação previamente estabelecido que direcione e apoie o servidor no processo de aquisição desses conhecimentos necessários para executar suas funções.

De todas as propostas a serem discutidas no âmbito deste projeto, no entanto, a de treinamento e certificação profissional para a auditoria interna parece ser a mais bem aceita, afinal todos parecem concordar com a necessidade de aperfeiçoamento e capacitação dos auditores. O consenso, entretanto, termina quando começa a reflexão a respeito dos moldes em que esse treinamento e essa certificação se dariam. Qual seria o público-alvo dessa certificação? Ela seria obrigatória? Para quem? Qual seria o conteúdo abordado? O conteúdo deveria focar somente normas e práticas internacionais, gestão de riscos, mapeamento de processos ou deveria também contribuir para a superação de outras eventuais falhas na formação dos auditores? Seria feito um levantamento de conteúdos necessários entre os próprios interessados ou somente entre os gerentes dos órgãos? Quem seriam os conteudistas? Como seria e quem faria o treinamento dos conteudistas? Os cursos seriam a distância ou presenciais? Deveríamos buscar parcerias com instituições nacionais e/ou internacionais? Quais seriam essas instituições?

Quem financiaria o projeto? Que instituição seria responsável pela sua implementação? Seria profícuo o estabelecimento de um acordo entre o TCU/CGU/Atricon/Conaci? Quais seriam os termos desse acordo?

Seria viável que houvesse treinamentos conjuntos com tribunais de contas? Se a resposta for sim, poderia haver duas fases, uma primeira comum a todos os auditores sobre auditoria governamental e depois uma segunda fase com especialização em auditoria interna (IPPF) e auditoria externa (Issai)?

Com base na experiência dos dois países visitados, é possível identificar alguns critérios e medidas a serem adotados com a finalidade de vencer os desafios identificados, porém o primeiro passo a ser dado talvez deva ser a união de esforços das quatro instituições de controle interessadas no processo: TCU, CGU, Atricon e Conaci.

Perante a questão *como podemos estruturar um processo de certificação no Brasil?* foram apontados os seguintes elementos que necessitam ser discutidos e decididos:

- criação de um conselho nacional de controle (harmonização) TCU, TCE, Atricon, Conaci;
- necessidade de política de incentivo;
- parcerias:
  - financiadores
  - certificadores reconhecidos nacional e internacionalmente
  - capacitadores
- definição de objetivo e escopo;
- certificação aberta a outros profissionais;
- estabelecimento de plano de ação à prazo, insumo, responsável;
- normatização de diretrizes;
- uniformização/padronização;
- critérios para certificação (gerais, específicos);
- carreira para os estados e municípios.

CAPÍTULO 6

ATIVIDADES DE HARMONIZAÇÃO (ATRICON, CONACI, GEFIN, TCU, CGU, CGE, STN)

Este capítulo foca as grandes linhas de iniciativas a serem discutidas e acordadas.

6.1 Legislação (Lei PIC, Constituição, terminologia comum)

A reforma da auditoria interna no Brasil, para assimilação das boas práticas e dos vigentes parâmetros internacionais de auditoria do setor público, pode ser favorecida com a ação conjunta das instituições brasileiras que se fizeram representar na missão internacional ocorrida, em especial por meio da interação entre Conaci, Atricon e Gefin, com vistas à consecução de algumas providências essenciais:

- Definição de terminologia comum em âmbito nacional, para clarificar conceitos fundamentais e permitir compreensão uniforme do alcance, finalidade, procedimentos e demais aspectos principais das atividades de auditoria governamental em todo o território nacional.
- Capacitação compartilhada, com a formação de multiplicadores dos métodos estabelecidos, valendo-se não apenas de aulas presenciais, preferencialmente na capital federal, mas também de módulos de treinamento *on-line*, para facilitar a participação de interessados da União, dos 27 estados e do Distrito Federal e dos mais de 5.500 municípios brasileiros.

- Possibilidade de viabilizar certificação de validade nacional para os responsáveis pelas atividades de auditoria interna, a ser discutida e regulada especialmente pelo Conaci e Atricon, que já iniciaram tratativas com esse propósito.
- Elaboração de minuta de Lei Nacional de Auditoria Interna, aproveitando-se os marcos normativos internacionais em vigor (*Public Internal Control's Law*) e considerando-se que parte da reforma legislativa recentemente ocorrida nos países do Leste europeu foi há mais tempo realizada em nosso país, como exemplo, a Lei do Orçamento-Programa (Lei nº 4.320/64), a Lei de Improbidade Administrativa (Lei nº 8.429/92), a Lei de Responsabilidade Fiscal (Lei Complementar nº 101/2000), a Lei da Transparência (Lei Complementar nº 131/2009) e a Lei de Acesso à Informação (Lei nº 12.527/2011), entre outras normas inseridas na moldura normativa definida pela Constituição Federal de 1988, que determina a gestão dos recursos públicos por meio de planos plurianuais (PPA), Lei de Diretrizes Orçamentárias (LDO) e Lei do Orçamento Anual (LOA), alocados em programas governamentais bem definidos e descritos em suas características básicas, finalidades, metas e resultados, cada qual possuindo ao menos um gestor responsável.

Assim, revela-se oportuna a construção, com o apoio do Banco Mundial, de um projeto de lei da nova auditoria interna brasileira, calcado nos parâmetros internacionais de excelência, com definição clara dos papéis da auditoria interna e a necessária harmonização dos procedimentos que a atividade envolve, distinguindo-os daqueles mais diretamente relacionados, mas que não devem com ela se confundir, como o controle da execução orçamentário-financeira e a inspeção financeira, principalmente.

6.2 Normas, manuais e métodos

Ante a proposta de elaboração de um modelo integrado de atuação, abrangendo a gestão e controle financeiro (GCF) e a auditoria interna (AI), torna-se essencial a definição de conceitos e padrões de trabalho, com o objetivo de harmonizar as funções de acordo com a base legal, com os requisitos de certificação e de capacitação.

Neste sentido, o processo de transição para o novo modelo, conforme apresentado no Capítulo 4, contempla as etapas de diagnóstico;

atividades de harmonização; realização de projeto-piloto; e ajuste da base legal, certificação e capacitação.

No entanto, considerando que cada esfera governamental, da União, dos estados, do Distrito Federal e dos municípios, possui uma característica específica, refletida nos modelos de gestão que definem as estruturas administrativas de cada ente, devem ser definidas as diretrizes e os requisitos normativos gerais, os padrões e os métodos básicos de trabalho, contemplando os novos modelos de gestão e controle financeiro (GCF) e de auditoria interna (AI).

6.3 Treinamento e certificação

Conforme exposto no item 5.6, de todas as propostas e iniciativas em discussão, a de treinamento e certificação profissional para a auditoria interna e para a gestão e controle financeiro parece ser a mais bem aceita. Afinal, é comumente aceita a necessidade de aperfeiçoamento da forma de atuação e capacidade dos auditores e gestores. Várias análises, discussões e acordos deverão ser desenvolvidos pelo grupo de trabalho criado para desenvolver esta área.

Algumas das sugestões de atividades e iniciativas a serem pensadas e que podem ser componentes de um projeto de desenvolvimento são:
- treinamento e certificação em auditoria governamental compostos por 2 módulos: primeiro módulo em auditoria governamental é uma base comum para todos os auditores (externos e internos) e o segundo módulo, a especialização AI *vs*. AE.
- treinamento para os gestores e para os AI sobre mapeamento de processos e identificação de riscos e controles;
- treinamento sobre gestão e controle financeiro, sobre os questionários e relatórios de GCF etc.

Dadas as especifidades da matéria sujeita a treinamento e certificação, e uma vez que se pretende o desenvolvimento de algo que se adapte à lei e que satisfaça as necessidades do Brasil, este grupo deverá atuar proximamente dos outros grupos de trabalho, principalmente dos grupos que estão a desenvolver as temáticas sobre a legislação e sobre normas, manuais e métodos.

6.4 Conscientização

Nesse processo de fortalecimento e evolução do controle interno, é importante a conscientização de todas as partes interessadas tendo em vista que há necessidade de se estudar cenários, ambientes, habilidades, atitudes e comportamentos para tal processo.

Para isso são necessárias ações gerenciais organizadas em uma verdadeira gestão de mudança que envolva todos os atores no desenvolvimento de uma cultura positiva capaz de agir proativamente e superar possíveis resistências, visando à maximização dos benefícios esperados.

Há desafios que, se não considerados, podem se impor como elementos prejudiciais à implementação de projetos. Nesse contexto, a resistência a mudanças, de partes ligadas diretamente ou indiretamente ao projeto podem comprometer sua operacionalização.

A questão é gerir o processo de mudança. Schein (1982) afirma que, para as organizações estarem preparadas para mudanças, é necessário desenvolver flexibilidade e capacidade de enfrentar uma série de novos desafios. Kotter e Schlesinger (1979) citam como razões típicas para as pessoas resistirem à mudança o desejo de não perder algo considerado valioso, a incompreensão sobre as razões da mudança e suas implicações, a crença de que a mudança não faz sentido para a organização e a baixa tolerância à mudança.

Atividades que dão suporte à mudança de cultura incluem: garantia do apoio da alta direção; histórias de sucesso que devem ser apresentadas; indicação de pessoas responsáveis pelo projeto; desenvolvimento de uma filosofia alinhada ao projeto, inclusive de treinamentos.

Nessa linha, capacitação e treinamento devem estar programados no processo, contribuindo com maior nível de qualificação dos empregados.

Políticas de comunicação também são necessárias e devem ser desenhadas com objetivo de se construir um ambiente de grande interação, incluindo um canal de comunicação acessível a todos.

Importante também realizar avaliações e discussões internas periódicas durante todo o processo para alinhar expectativas e ações.

Esses incentivos à participação, à capacitação e à abertura e à valorização de opiniões dos envolvidos, por meio de treinamentos internos e reuniões, proporcionam mais segurança para discutir os resultados alcançados e estimular a participação deles.

A formação de grupo de trabalho responsável pela gestão das mudanças durante todo o processo fará com que as pessoas fiquem mais engajadas e o processo seja mais participativo e integrado buscando oferecer um tratamento homogêneo às partes interessadas, independentemente de sua atuação no projeto.

Eventos como seminários, conferências, *workshops* e treinamentos conjuntos devem ser planejados e organizados para consciencializar os gestores sobre a importância de terem sistemas de controle interno robustos em suas organizações. Uma hipótese a ser analisada e aprofundada pelo grupo de trabalho é o desenvolvimento de modelos-padrão de eventos que seriam depois replicados em cada estado onde os organizadores/palestrantes/instrutores seriam representantes da CGE, CGU regional, TCE, Sefaz, Gefin etc.

6.5 Iniciativas em análise e discussão pelo TCU

Apresentam-se, aqui, algumas inciativas que fazem parte da carteira estratégica de produtos do TCU, ainda em fase de desenho, análise de viabilidade e consulta com partes interessadas, no âmbito da Secretaria de Métodos e Suporte ao Controle Externo (Semec) e da Secretaria de Controle Externo da Administração do Estado (SecexAdmin).

Tratam-se de iniciativas estratégicas fundamentais para fomentar a profissionalização dos órgãos de controle interno e das unidades de auditoria interna do setor público brasileiro que, apesar de serem trabalhadas e analisadas pelos departamentos acima referidos, não representam ainda qualquer decisão da parte da administração do TCU ou compromisso com a sua implementação. O compartilhamento dessas ideias no âmbito desse estudo do Banco Mundial tem o objetivo de ampliar a discussão, fomentar estudos e buscar consensos e cooperação para eventuais acordos de cooperação institucional e com vistas à implementação após o devido amadurecimento e aprovação.

6.5.1 As duas iniciativas estratégicas fundamentais

A *primeira* iniciativa estratégica fundamental é estabelecer *arcabouço normativo técnico comum*, que proporcione mais integração e sinergia na atuação dos órgãos de controle governamental, externo e interno, versando inclusive sobre a cooperação e colaboração prevista nas normas Intosai GOV e do apoio previsto no art. 74, IV, da CF/88, incluindo:
- Normas Brasileiras de Auditoria do Setor Público (NBASP) consistentes com as Issai e IIA para uso comum do controle externo e controle interno, no nível técnico e profissional;

- orientações para planejamento anual das atividades de auditoria interna baseado em risco e para o correspondente relatório sobre a sua execução (ver anotações para esse ponto nos 10 passos estratégicos indicados no item 6.5.2);
- orientações sobre Sistema de Controle Interno (p. ex., Coso/ *Green Book*).

A *segunda* iniciativa é envolver órgãos de governança superior, de controle e associativos (tribunais de contas de estados, CGU, CNJ, CNMP, TST, TSE, CJF, Atricon, IRB, Conaci etc.) em um *programa de desenvolvimento profissional visando à certificação de auditores* de controle interno/externo e de auditoria interna governamental nas competências necessárias para executar bem as auditorias do setor público. As certificações propostas são as seguintes:
- *CPASP = Certificação Profissional em Auditoria do Setor Público*
  – Certificação básica, baseada nos Princípios Fundamentais de Auditoria do Setor Público (PFASP/Intosai/Issai 100/200/300/400) e nos métodos e técnicas gerais que hoje são abordados no AudGov (atualizados conforme os PFASP/ Intosai e as IPPF/IIA).
- *CPAF = Certificação Profissional em Auditoria Financeira*
  – Baseada nas Issai 100/200/2000-2999.
  – Algo como um CGAP customizado para o contexto do setor público brasileiro, abrangendo especificidades como a Lei nº 4.320, a LRF e o Siafi.
- *CPAO = Certificação Profissional em Auditoria Operacional*
  – Baseada nas Issai 100/300/3000-3999.
- *CPAC = Certificação Profissional em Auditoria de Conformidade*
  – Baseada nas Issai 100/400/4000-4999 (integrada ou não com as anteriores).
- *CPGG = Certificação Profissional em Governança e Gestão*
  – CGP I – Estrutura, princípios e diretrizes de governança pública.
  – CGP II – Gestão estratégica, de processos e projetos (BSC, Cadeia de Valor, PMBOK).
  – GP III – Gestão de riscos e controles internos (Intosai GOV 9100, 9130, Coso, ISO 31000:2009).
- *CPPJ = Certificação Profissional em Processo Judicante*[39]

---

[39] Aplicável a auditores de controle externo dos tribunais de contas.

- *Accountability* (separada das auditorias, mas com elas conectadas).
- Instrução processual (unidades técnicas, gabinetes de relatores e do MP).
- TCE (tomada de contas especial).
- Recursos.

6.5.2 Os 10 passos estratégicos para a profissionalização do controle interno e da auditoria interna do setor público brasileiro

1. Os órgãos de controle interno e as unidades de auditoria interna devem seguir os *padrões internacionais de auditoria* para poder cumprir a disposição constitucional de apoiar o controle externo (art. 74, IV).
   - considerar a expedição de normas para que esse dispositivo constitucional e as normas da Intosai (arcabouço normativo) sejam observados;
   - estabelecer cooperação técnica/normativa com os órgãos de governança superior.
2. *Adotar um modelo institucional de organismo nacional emissor para as Normas de Auditoria do Setor Público (NBASP)*, aplicáveis tanto ao controle externo como interno, conforme proposta ilustrada e justificada no item 6.5.3.
3. Apreciar proposta para que a *estrutura das NBASP* seja composta de 4 níveis (ver também item 10):
   - nível 1 – institucional dos tribunais de contas – já concluída;
   - nível 2 – institucional do controle interno;
   - nível 3 – princípios fundamentais de auditoria do setor público (adotar os da Intosai) – discussões iniciadas entre TCU, Atricon-IRB e CGU;
   - nível 4 – normas baseadas nos níveis 3 e 4 da Intosai (*as NBASP propriamente ditas*).
4. Emitir manuais e orientações sobre:
   - gestão de riscos e controle interno (*Green Book* e outros);
   - auditoria e demais assuntos incluídos no programa de certificação proposto a seguir.
5. Programa de certificação de auditores envolvendo assuntos como:

- normas de auditoria governamental e papel da auditoria interna/controle interno;
- planejamento baseado em risco (anual, ciclo e de cada trabalho);
- processo de auditoria e relatórios (de cada trabalho e anual de auditoria de gestão);
- promoção e avaliação da gestão de riscos e do controle interno da gestão.

6. *Plano anual de auditoria baseado em risco* – questões relevantes: como o plano é aprovado pelo dirigente máximo (ou pelo conselho), se este não for íntegro, pode cercear ou não aprovar trabalhos em áreas nas quais não tenha interesse que sejam examinadas, assim:
   - a auditoria interna ou o órgão de controle interno precisa de uma margem de discricionariedade para definir, com base na avaliação de riscos, as áreas em que trabalhos deverão ser realizados (como solucionar esse dilema? Pode ser uma comunicação aos órgãos de controle externo e OGS sobre a aceitação do risco por parte do dirigente/conselho, sob pena de solidariedade na materialização dos riscos?);
   - como os órgãos de controle externo e os OGS podem influenciar para fazer valer a avaliação de risco da auditoria interna ou do órgão de controle interno?

7. Sistema de TI para apoiar o planejamento e a execução de auditorias, incluindo:
   - planejamento baseado em risco (anual e de trabalhos individuais, integrado);
   - integração/comunicação com o controle externo (incluir banco de dados de achados);
   - monitoramento de determinações, recomendações e planos de ação;
   - fiscalizações (acompanhamentos) e outros instrumentos previstos (p. ex., na Res. nº 171-CNJ).

8. Trabalhar junto aos órgãos de governança superior (OGS = CNJ, TSE etc.) no sentido de ajustar normas inconsistentes com o modelo de controle interno (por exemplo, as que induzem à cogestão).

9. *Equalizar o conflito de competências entre corregedorias e controle interno*, ambas instâncias internas de asseguração, mas a última fica sem atuar na área finalística, quando deveria atuar sobre

todas as atividades da organização, para poder cumprir na plenitude o seu papel de apoiar o controle externo.

10. *Programa de capacitação para futuros dirigentes máximos e gestores do nível sênior* a respeito de suas responsabilidades em relação à governança, *accountability*, controle interno/externo.

6.5.3 Normas Brasileiras de Auditoria do Setor Público – NBASP

Figura 23 – Proposta de modelo institucional para o organismo emissor

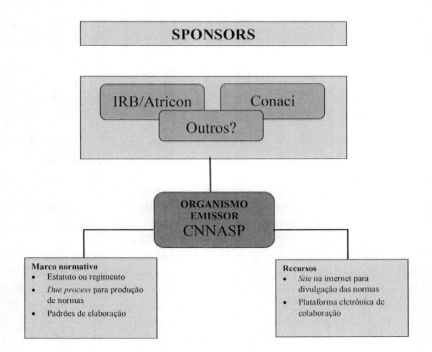

Sponsors (padrinhos ou patrocinadores):
• *IRB – Instituto Rui Barbosa e Atricon*

Na condição de instituições que reúnem e representam os membros dos tribunais de contas do Brasil, sendo o IRB o braço de conhecimento que tem por objetivo aprimorar as atividades exercidas nos tribunais de contas do país.

- *Conaci – Conselho Nacional de Controle Interno*

Na condição de instituição que reúne e representa os órgãos de controle interno da União, dos estados, dos municípios e órgãos estatais que gozam de autonomia, como os tribunais do Poder Judiciário, o Ministério Público, entre outros.

- *CNNASP – Conselho Nacional de Normas de Auditoria do Setor Público*

Organização constituída pelas duas organizações patrocinadoras, com o objetivo de funcionar como um conselho nacional de normas composto por profissionais de alto nível da área de auditoria, representando o controle externo e interno, bem como a academia e organizações profissionais, como o CFC, além de representantes dos usuários, com a função de traduzir e adaptar as normas internacionais e desenvolver e publicar as Normas Brasileiras de Auditoria do Setor Público (NBASP).

6.5.4 Justificativas para ter um Conselho Nacional de Normas Auditoria do Setor Público

A principal justificativa para se ter um Conselho Nacional de Normas Auditoria do Setor Público é tornar as normas emitidas legítimas aos seus destinatários, considerando tanto o devido processo de elaboração como a autoridade do organismo emissor.

Normas de auditoria são consideradas legítimas se há consenso profissional quanto à legitimidade do organismo emissor, à qualidade dos profissionais envolvidos no processo de elaboração, bem como se esse processo tem a participação de membros dos grupos que são destinatários das normas. Daí que se propõe a composição do conselho por profissionais de alto nível da área de auditoria, representando o controle externo e interno, bem como a academia e organizações profissionais, como o CFC.

Até o momento, o IRB emitiu as NBASP do nível 1 – Institucional dos Tribunais de Contas, o que não traz qualquer prejuízo ao modelo proposto, já que tais normas abrangem apenas os tribunais e não as demais instituições que realizam auditoria no setor público. Contudo, a partir dos níveis 3 e 4 da estrutura de normas profissionais da Intosai, a emissão pelo IRB não é apropriada, pois os padrões não são mais restritos ou exclusivos aos tribunais de contas, mas aplicam-se a todos que realizam auditoria no setor público, incluindo os órgãos de controle interno e as unidades de auditoria interna governamental.

Assim, é preciso pensar em um organismo emissor e em um devido processo de elaboração que seja inclusivo em relação a todos os envolvidos com o controle e a auditoria no setor público, de modo a proporcionar legitimidade às normas e contribuir para a sua credibilidade, viabilizando assim o alcance de um padrão técnico único que, entre outras *vantagens*, permitirá:
- estabelecer um padrão técnico e uma linguagem comum;
- aumentar a qualidade dos trabalhos dos órgãos de controle, interno ou externo;
- gerar sinergias ao permitir o compartilhamento de experiências, metodologias, técnicas e práticas entre os órgãos de controle governamental (atualmente cada órgão de controle interno tem seu próprio manual de auditoria, quando o tem);
- criar as condições para a revisão por pares (*peer-reviews*);
- diminuir custos de aprendizagem e facilitar a educação profissional continuada, pois o padrão-base para o desenvolvimento das competências passa a ser comum, abrangendo todos os profissionais de auditoria do setor público;
- facilitar a integração controle interno/externo, prevista no art. 74, IV, da CF/88 (também *Intosai GOV 9150 – Coordination and Cooperation between SAIs and Internal Auditors in the Public Sector*).

CAPÍTULO 7

POSSÍVEIS REDESENHOS DOS SCI DO BRASIL À LUZ DO MODELO PIC EUROPEU

7.1 Introdução

É escassa a literatura sobre controle interno e auditoria interna nos níveis subnacionais, fato já identificado por diversos autores (Badara; Saidin, 2013; Baltaci; Yilmaz, 2006). Este fato dificulta a definição de um *framework* que abarque todas as possíveis variações de uma estrutura de controle e auditoria interna nas entidades subnacionais.

A complexidade da República Federativa do Brasil contribui para aumentar a dificuldade. Com três níveis de governo, federal, estadual e municipal, e extrema diversidade até no mesmo nível governamental (comparar, por exemplo, o município de São Paulo com municípios do interior do Brasil é impossível!), o Brasil precisa de uma estrutura básica, em que existam componentes indispensáveis e que, ao mesmo tempo, seja flexível e adaptável o suficiente para ser aplicada por todos os governos subnacionais.

Embora conhecendo os sistemas internacionais, em especial o PIC adotado na União Europeia, e reconhecendo sua aplicabilidade aos países a que se destinam, a realidade brasileira, estrutural e inclusive cultural, impõe que seja buscado o sistema mais adequado à sua realidade. Não há como simplesmente replicar sistemas de controle existentes ou adicionar elementos ou características específicas de outros sistemas de controle. Para um redesenho de um sistema, temos de primeiro fazer um estudo aprofundado do que existe na realidade em análise e debater o que se pretende alcançar.

O Instituto Internacional dos Auditores (IIA), em documento intitulado *Supplemental guidance: optimizing public sector audit activities*, argumenta que a decisão da estrutura a se utilizar em cada deve ser tomada olhando a situação da organização, que é única, para decidir o que é melhor. Diz ainda:

> Qualquer organização que considere uma mudança em sua estrutura organizacional atual no que diz respeito ao gerenciamento da atividade de Auditoria Interna deveria considerar as vantagens e desvantagens de cada opção e determinar o que é mais adequado ao estágio de maturidade atual da organização.
>
> Como regra geral, qualquer organização que não tenha processos de trabalho robustos e controles devidamente colocados entre suas unidades de auditoria pode ser melhor gerenciada de forma centralizada. A organização que está madura em seu gerenciamento e buscando eficiências, padronização e consistência por seu portfolio pode também se beneficiar com a centralização.
>
> Reciprocamente, uma organização que providencie serviços diferenciados a necessidades únicas, seja focada em auditorias específicas, e esteja confiante em sua administração e gerenciamento dos recursos de auditoria pode ser melhor gerenciada de maneira descentralizada.[40]

A estrutura do controle interno no Brasil é diferente de outros países. Por diversos motivos, legais, culturais entre outros, a estrutura aplicada no Governo Federal, na Controladoria-Geral da União, abarca quatro chamadas "macrofunções", conforme Figura 24 a seguir.

Figura 24

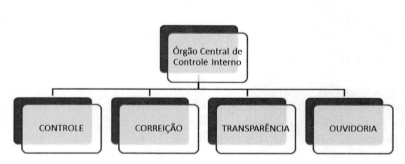

---

[40] Tradução livre sempre que citadas passagens do documento IIA. *Supplemental guidance: optimizing public sector audit activities*. Lake Mary: IIA, 2012.

As funções, por sua vez, não são estanques. Ao contrário, suportam umas às outras. Podemos exemplificar com diversas ligações e relacionamentos entre as funções, exemplos não exaustivos, por óbvio. As denúncias e reclamações encaminhadas à ouvidoria devem ser objeto de inspeções e servir de insumo para o trabalho de auditorias, no sentido de apoio ao aperfeiçoamento dos sistemas de controle interno, já que o controle social é poderosa ferramenta a ser utilizada pelo controle interno; o controle social é permitido e potencializado pela transparência pública; a partir da ouvidoria podem ser geradas demandas à correição. A comunicação efetiva entre as áreas é condição de bom funcionamento.

Pensamos, portanto, que as funções de transparência, correição, ouvidoria e auditoria interna devem ser parte da controladoria de todos os níveis governamentais, replicando o que ocorre na União. O tamanho das estruturas deve variar para o atendimento da população e das necessidades de cada estado/município.

Trataremos neste trabalho apenas dos aspectos relativos à auditoria interna e ao controle e gerenciamento financeiro. Descentralizações de correição, ouvidoria e transparência também devem ser estudadas quando aplicável.

7.2 Condições e pressupostos

A sugestão dos modelos apresentados a seguir incluiu diversas variáveis. Para fins deste trabalho justificamos cada escolha com as explanações que julgamos pertinentes, em busca, como preconizado pelo IIA, da melhor estrutura para a realidade única da organização.

As sugestões construídas têm alguns pressupostos e/ou limitações, expostas a seguir.

7.2.1 *Accountability* gerencial

Como preconizado no PIFC europeu, os gestores de todos os níveis são responsáveis não apenas por suas atividades operacionais, mas também pelo gerenciamento financeiro e políticas de controle. O primeiro dos três níveis de controle é responsabilidade do gestor. Cada gestor é responsável por estabelecer e manter sistemas de gerenciamento e controles adequados.

O gerenciamento de risco é uma ferramenta que deve ser utilizada como parte do sistema de controle para identificar riscos ou áreas de risco. Estes devem ser avaliados e gerenciados/tratados por meio das políticas organizacionais. A avaliação de risco é feita pelos gestores, não pelos auditores internos. Em órgãos de baixa maturidade institucional, no entanto, os auditores internos podem ajudar no mapeamento e na avaliação dos riscos (mesmo porque, ainda que o órgão não faça essa análise, os riscos devem fazer parte do planejamento anual da auditoria interna). Os auditores, ressalte-se, não podem decidir o apetite a risco e quais riscos serão mitigados, podem, no máximo recomendar.

7.2.2 Dos custos de controle

Buscou-se ao máximo não aumentar os custos fixos de controle. Com isso evitou-se, na medida do possível, a criação de novas estruturas organizacionais.

O custo do controle não pode, por óbvio, superar os seus benefícios. Ao preocupar-nos em não aumentar os custos estamos buscando a eficiência dos sistemas de controle.

7.2.3 Realidade mutável da estrutura política

A estrutura organizacional do governo central e dos estados é mutável. Dependendo da orientação política do governo de turno a estrutura pode ser aumentada ou diminuída. Podem ser citadas como exemplos, no caso do Espírito Santo, a Secretaria de Educação e a Secretaria de Cultura, hoje duas estruturas separadas que já foram uma só (Secretaria de Educação e Cultura) e podem voltar a sê-lo, dependendo do Governo e das suas necessidades.

Tendo em vista a mutabilidade da estrutura governamental deve ser buscada uma estrutura de controle que seja correspondentemente mutável, adaptando as descentralizações de auditoria interna a diferentes necessidades.

7.2.4 Necessidade de metodologias harmonizadas e padronizadas

De acordo com o *PIC Framework*, o controle interno moderno é focado em transparência, tanto em termos de linhas claras de responsabilidade quanto em harmonização de metodologias e padrões. Para a harmonização das metodologias e dos padrões e seu alinhamento com as melhores práticas organizacionais, devem ser desenhadas unidades de harmonização.

7.3 Modelo Governo Federal

7.3.1 Modelo atual do Governo Federal

A Constituição Federal de 1988 é o documento principal que estabelece a estrutura e mandato das várias entidades de controle no Brasil.

No que diz respeito ao controle interno, a Controladoria-Geral da União (CGU) é responsável pela luta contra os atos de corrupção e por aumentar a transparência no âmbito da Administração Pública Federal. Ela está localizada dentro do Gabinete do Presidente da República e tem quatro funções principais: transparência; ouvidoria; correição e auditoria interna. A auditoria interna na Administração Pública Federal direta do Brasil está centralizada na Secretaria Federal de Controle Interno da CGU. Cada organização da Administração Pública Federal direta é apoiada por uma "divisão de auditoria interna" dentro da Secretaria de Controle Interno Federal. Além disso, em cada ministério, há um assessor especial de controle interno, que usualmente (não obrigatoriamente) faz parte da carreira da CGU. Esse servidor é nomeado pelo gestor do ministério (ministro) e reporta-se a ele. Sua função é exercer o papel da segunda linha de defesa no ministério.

Algumas entidades da Administração Pública direta têm as suas próprias unidades de auditoria interna (CISET). Estas incluem o Gabinete do Presidente da República e os Ministérios dos Negócios Estrangeiros e da Defesa e do Sistema Único de Saúde. A CGU tem 26 escritórios regionais, um em cada estado.

A CGU também fornece orientação funcional e apoio às organizações da Administração Pública indireta. A Lei Federal nº 10.180/2001, que trata sobre a organização dos sistemas de planejamento, orçamento, gestão financeira, contábil e controles internos da Administração Pública Federal, exige que todas as organizações da Administração Pública indireta estabeleçam as suas próprias unidades de auditoria interna. Esse requisito foi introduzido em 2001 como parte da reestruturação da função de auditoria interna da Administração Pública Federal.

7.3.1.1 Modelo proposto

Um possível desenho para o Sistema de Controle Interno da União, à luz dos pilares do PIC da Europa, seria o mostrado a seguir.

Figura 25

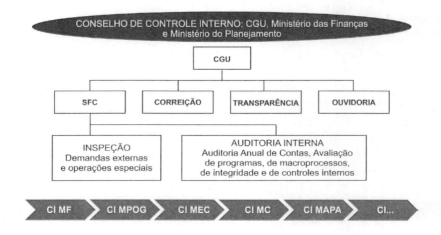

7.4 Modelo para Ceará
7.4.1 Modelo atual do estado do Ceará
7.4.1.1 Histórico

O estado do Ceará constituiu, por meio da Lei nº 13.297/2003, a Secretaria da Controladoria (Secon), órgão central do Sistema de Controle Interno do Poder Executivo, competente para realizar atividades de auditoria, racionalização de recursos e acompanhamento da gestão dos limites fiscais. Com a Lei nº 13.875/2007, a competência da Secon foi ampliada, abrangendo as ações dos sistemas governamentais de ouvidoria e de transparência, passando a ser denominada Secretaria da Controladoria e Ouvidoria-Geral. A mudança contemplou ainda uma nova política governamental para a área de auditoria interna, voltada para a realização de auditorias preventivas com foco na mitigação de riscos.

Com o advento da Lei nº 14.306/2009, o órgão central de controle interno passou a integrar a estrutura administrativa da Governadoria, de apoio direto ao governador do estado, passando a denominar-se Controladoria e Ouvidoria-Geral do Estado (CGE/CE). Com a mudança, assumiu também as atividades do sistema de ética e de resposta às consultas formuladas pelos gestores estaduais acerca de questões afetas à Administração Pública.

A atuação da CGE/CE foi aperfeiçoada com ações inovadoras, como a implantação do controle interno preventivo, a realização de auditorias em processos, programas de governo e em áreas especializadas, além da consolidação da gestão democrática participativa.

O controle interno preventivo consiste numa moderna metodologia de controle baseada no gerenciamento dos riscos identificados nos processos organizacionais, com vistas à eficiência e regularidade da gestão, visando proporcionar uma maior segurança administrativa na tomada de decisão pelos gestores estaduais, na medida em que deve reduzir a ocorrência de desvios que venham a comprometer a eficiência no uso de recursos, a eficácia na disponibilização de bens e serviços e a conformidade legal dos atos administrativos.

A partir de 2013, a CGE/CE instituiu a função de articulador de controle interno, exercida por técnicos selecionados entre servidores públicos efetivos, com atuação descentralizada nos órgãos e entidades do Poder Executivo, exercendo o monitoramento dos controles internos e o apoio ao gerenciamento de riscos, dando suporte às atividades do controle interno preventivo.

O monitoramento dos controles internos visa garantir que a execução das atividades desempenhadas pelos diversos órgãos e entidades integrantes da Administração Pública estadual ocorra em conformidade com os padrões estabelecidos, de maneira que os processos coorporativos implantados ocorram conforme o planejado e apresentem os resultados esperados. Tais atividades compreendem as ações de implementação e monitoramento dos procedimentos de controle interno estabelecidos pela área de gestão de riscos, bem como o fomento à formulação dos controles preventivos, contribuindo assim para a melhoria contínua dos processos.

A área de gerenciamento de riscos é responsável por definir e modelar atividades preventivas de controle interno, inclusive no que se refere à identificação e tratamento de processos críticos, bem como disseminar a cultura de gestão de riscos e implementar metodologias e padrões de gerenciamento de riscos, acompanhando os resultados das ações do controle interno.

Destaque-se também a alteração da Constituição do Estado do Ceará, com a Emenda Constitucional nº 75/2012, que incluiu as macrofunções de ouvidoria, controladoria, auditoria governamental e correição como essenciais ao funcionamento das atividades de controle da Administração Pública Estadual, bem como a inclusão do capítulo que trata do controle interno da Administração Pública Estadual, dispondo sobre suas finalidades, organização e responsabilidades.

Art. 1º Fica acrescido ao art. 154 da Constituição Estadual o inciso XXVII, com a seguinte redação:

"Art. 154....

XXVII – *as atividades de controle da Administração Pública Estadual, essenciais ao seu funcionamento, contemplarão, em especial, as funções de ouvidoria, controladoria, auditoria governamental e correição.*" (NR).

Art. 2º Fica acrescido ao Título VI da Constituição Estadual o Capítulo VI e os arts. 190-A, 190-B e 190-C, com a seguinte redação:

"TÍTULO VI

CAPÍTULO VI

DO CONTROLE INTERNO DA ADMINISTRAÇÃO PÚBLICA ESTADUAL

Art. 190-A. Os Poderes Legislativo, Executivo e Judiciário manterão, de forma integrada, Sistema de Controle Interno com a finalidade de:

I - avaliar o cumprimento das metas previstas no plano plurianual, a execução dos programas de governo e dos orçamentos do Estado;

II - comprovar a legalidade e avaliar os resultados, quanto à eficácia e à eficiência da gestão orçamentária, financeira e patrimonial nos órgãos e entidades da administração estadual, bem como da aplicação de recursos públicos por entidades de direito privado;

III - realizar o acompanhamento da execução da receita e da despesa e a fiscalização da execução física das ações governamentais;

IV - criar condições para o exercício do controle social sobre os programas contemplados com recursos do orçamento do Estado;

V - exercer o controle das operações de crédito, avais e garantias, bem como dos direitos e deveres do Estado, na forma da lei;

VI - apoiar o controle externo no exercício de sua missão institucional, respeitada a legislação de organização e funcionamento do Sistema de Controle Interno de cada Poder, de iniciativa exclusiva do respectivo Poder.

§1º As atividades de controle interno serão desempenhadas por *órgãos de natureza permanente e exercidas por servidores organizados em carreiras específicas*, na forma de lei complementar.

§2º *O controle interno poderá ser exercido de forma descentralizada, sob a coordenação do órgão central do Sistema de Controle Interno de cada Poder, na forma de lei complementar.*

§3º Os responsáveis pelo Sistema de Controle Interno de cada Poder, ao tomarem conhecimento de qualquer irregularidade ou ilegalidade, dela darão ciência ao Tribunal de Contas do Estado, sob pena de responsabilidade solidária, na forma de lei complementar.

Art. 190-B. Os entes e entidades públicas, as pessoas jurídicas do setor privado e as pessoas físicas que recebam recursos para execução de projetos em parceria com a Administração Pública Estadual, mediante convênios e quaisquer instrumentos congêneres, deverão comprovar a boa e regular aplicação, na forma de lei complementar.

Parágrafo único. A inobservância do disposto no caput implicará a proibição de celebrar novos convênios e instrumentos congêneres, inclusive termos aditivos de valor, na forma de lei complementar.

Art. 190-C. Lei Complementar disporá sobre regras para transferências de recursos por meio de convênios e instrumentos congêneres, no âmbito do Poder Executivo Estadual".

A missão institucional da CGE/CE, estabelecida em seu Planejamento Estratégico 2015-2022, é "Assegurar a adequada aplicação dos recursos públicos, contribuindo para uma gestão ética e transparente e para oferta dos serviços públicos com qualidade". No que concerne aos seus valores, a CGE/CE busca cooperação; ética; excelência; transparência; compromisso; confiabilidade; imparcialidade; e responsabilidade socioambiental. Já a proposição de valor aos clientes consiste na qualidade; confiabilidade; objetividade; tempestividade; utilidade; acessibilidade; e sustentabilidade. A visão de futuro da CGE/CE é "Ser reconhecida pela sociedade cearense como instituição que assegura a adequada aplicação dos recursos e contribui para a entrega dos serviços públicos com qualidade".

7.4.1.2 A estrutura do sistema de CI do Ceará à luz das 3 linhas de defesa

A estrutura do Sistema de Controle Interno deve contemplar as três linhas de defesa, visando manter o equilíbrio do sistema (*vide* Capítulo 8).

Considerando a organização do Poder Executivo do Estado do Ceará, não há atuação direta da CGE/CE na primeira linha de defesa. Na segunda linha de defesa, a CGE/CE atua por meio de ações de controladoria no âmbito da Coordenadoria de Controle Interno Preventivo, com os articuladores de controle interno que monitoram as ações e interferem para a correção de rumos dos processos críticos, além da emissão de orientações e treinamentos.

Na terceira linha de defesa, a CGE/CE realiza atividades de auditoria interna[41] de modo centralizado, com reporte à alta administração, diretamente ao governador do estado, e ao gestor do órgão ou entidade auditado. Embora algumas entidades da Administração indireta (autarquias, fundações e empresas) possuam uma unidade de auditoria interna, estas não possuem qualquer vinculação técnica ou administrativa à CGE/CE, atuando de maneira independente com reporte ao gestor da entidade.

A CGE/CE desenvolve suas atividades com base na sua competência legal, institucional e regulamentar, estando estruturada nas áreas finalísticas de ações estratégicas, controle interno preventivo, fomento ao controle social e auditoria interna, conforme a Figura 26.

Figura 26 – Organograma da CGE/CE

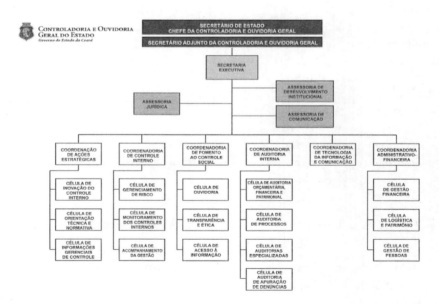

---

[41] O conceito de auditoria interna está alinhado com a atuação da Coordenadoria de Auditoria Interna da CGE/CE, que possui a competência para a realizar as atividades de auditorias especializadas, de processos, de apuração de denúncias e nos sistemas orçamentário, financeiro e patrimonial. Em comparação com o modelo do PIC, algumas dessas atividades podem ser consideradas semelhantes à inspeção financeira.

- *Ações estratégicas*

A Coordenadoria de Ações Estratégicas (Caest) possui atribuições para realizar ações de orientação técnica e normativa aos órgãos e entidades do Poder Executivo Estadual; gerenciar atividades de concepção, validação e implementação de novos modelos e instrumentos de controle interno; coordenar as atividades que exijam ações de inteligência; elaborar estratégia de disseminação de informações gerenciais de controle interno; propor estratégias de aperfeiçoamento do Sistema de Controle Interno; propor medidas que visem à consolidação dos controles internos, a partir do desenvolvimento de métodos e técnicas voltadas para a observância dos princípios da Administração Pública e a excelência operacional; e propor a padronização, a sistematização e a normatização de procedimentos operacionais para os órgãos e entidades do Sistema de Controle Interno.

- *Controle interno preventivo*

A Coordenadoria de Controle Interno Preventivo (Coinp) é responsável por coordenar as ações preventivas e de gerenciamento de riscos no âmbito de atuação do controle interno preventivo; articular as ações de monitoramento dos processos contemplados pelo controle interno preventivo; assessorar o Comitê de Gestão por Resultados e Gestão Fiscal (Cogerf); e coordenar as ações de acompanhamento da execução orçamentária, da gestão fiscal e dos programas de governo.

- *Fomento ao controle social*

Compete à Coordenadoria de Fomento ao Controle Social (CFOCS) a atribuição de coordenar os sistemas de ouvidoria, transparência e ética e de acesso à informação; assegurar a disponibilização de instrumentos de ouvidoria, transparência e ética e de acesso à informação, para participação do cidadão e da sociedade civil organizada; desenvolver ações para o aperfeiçoamento de instrumentos de ouvidoria, transparência e ética e de acesso à informação; desenvolver ações de consolidação e fortalecimento da rede de ouvidorias setoriais; promover a gestão transparente da informação, propiciando amplo acesso e divulgação; coordenar as ações de educação social, abrangendo atividades de ouvidoria, transparência e ética e acesso à informação, compreendendo elaboração, implantação e avaliação de planos, programas e projetos; promover ações de articulação com sociedade civil organizada, setor privado e setor público, visando à realização de ações em ouvidoria, transparência e ética e acesso à informação; contribuir para que as políticas públicas reflitam os anseios da sociedade, a partir das demandas apresentadas por meio dos instrumentos de controle social; e propor ações de disseminação da cultura de participação e controle social.

• *Auditoria interna*

A Coordenadoria de Auditoria Interna (Caint) realiza as atividades de auditorias especializadas, de processos, de apuração de denúncias e nos sistemas orçamentário, financeiro e patrimonial; encaminha ao secretário de estado chefe da Controladoria e Ouvidoria-Geral proposta de comunicação à autoridade administrativa competente dos órgãos e entidades estaduais para que instaure tomada de contas especial, sempre que tiver conhecimento de qualquer das ocorrências referidas no *caput* do art. 8º da Lei nº 12.509, de 6.12.1995; emite certificados de auditoria sobre as prestações de contas anuais e tomadas de contas especiais; e retroalimenta as atividades de controle interno preventivo e de fomento ao controle social com informações referentes a fragilidades identificadas nas atividades de auditoria.

7.4.1.3 Estrutura e recursos humanos

As atividades desenvolvidas pela CGE estão estruturadas para contemplar três das macrofunções de controle interno estabelecidas na Constituição Estadual, quais sejam a controladoria, a ouvidoria e auditoria governamental, conforme a Figura 27.

Figura 27 – Estrutura atual da CGE/CE

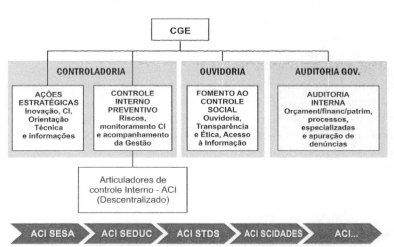

A macrofunção de correição, prevista no art. 154, inc. XXVII, da Constituição Estadual, não está sob a competência da CGE/CE. A Procuradoria-Geral do Estado (PGE) possui uma área responsável pelo julgamento de processo administrativo-disciplinar (PAD), decorrente de sindicâncias administrativas realizadas pelos órgãos e entidades, enquanto a Controladoria-Geral de Disciplina dos Órgãos de Segurança Pública e Sistema Penitenciário do Estado do Ceará (CGD) é responsável pela correição na área de segurança pública.

Em relação aos recursos humanos, a CGE/CE possui 60 (sessenta) auditores de controle interno, servidores efetivos de carreira, 39 (trinta e nove) funções comissionadas de articulador de controle interno, além de colaboradores terceirizados. Além disso, a CGE/CE, por meio da Coordenadoria de Fomento ao Controle Social (CFOCS), coordena as redes de ouvidores setoriais e de acesso à informação, compostas por servidores vinculados administrativamente aos órgãos e entidades do Poder Executivo. Assim, para a realização das atividades sob sua competência, a CGE/CE adota um modelo misto, com algumas atividades centralizadas e outras descentralizadas, conforme o Quadro 3.

Quadro 3 – Atividades da CGE/CE por área finalística

Área Finalística	CAEST	COINP	CFOCS	CAINT
Atuação	Centralizada	Descentralizada	Descentralizada	Centralizada
Atividades	Orientação Técnica e Normativa; Inovação do Controle Interno; Informações Gerenciais de Controle	Gerenciamento de Riscos; Monitoramento dos Controles Internos; e Acompanhamento da Gestão	Ouvidoria; Transparência e Ética; e Acesso à Informação	Auditoria Orçamentária, Financeira e Patrimonial; Auditoria de Processos; Auditorias de Tecnologia da Informação e de Obras de Engenharia; Auditoria de Apuração de Denúncias

7.4.2 Atividades desenvolvidas e comparativo com o modelo PIC europeu

Desde 2007, as atividades do órgão central de controle interno do Poder Executivo do Estado do Ceará têm sido direcionadas para o fortalecimento da gestão e para a prevenção. Neste sentido, o Decreto nº 29.388/2008 instituiu a Auditoria Preventiva com Foco em Riscos, estabelecendo a obrigatoriedade de atuação de acordo com os riscos e buscando reduzir as fragilidades, com a instituição pelos gestores do Plano de Ação para Sanar Fragilidades (PASF).

Na comparação do modelo adotado pela CGE/CE com o modelo PIC europeu, especificamente aqueles adotados pela Croácia e Bulgária, verificamos atividades comuns, conforme o Quadro 4.

Quadro 4 – Modelo CGE/CE x modelo PIC europeu

#	ATIVIDADES	MACROFUNÇÃO	TIPO	PIC	TIPO
1	Fórum Permanente de Controle Interno	Controladoria	Centralizado	UCH	Centralizado
2	Encontro Estadual de Controle Interno	Controladoria	Centralizado	UCH	Centralizado
3	Orientações Técnicas e Normativas	Controladoria	Centralizado	Auditoria Interna	Descentralizado
4	Projetos de inovação do controle interno	Controladoria	Centralizado	UCH	Centralizado
5	Disponibilização de informações gerenciais de controle	Controladoria	Centralizado	Auditoria Interna	Descentralizado
6	Capacitação em controle interno, gestão de risco e auditoria	Controladoria	Centralizado	UCH	Centralizado
7	Suporte à melhoria de processos	Controladoria	Centralizado	Auditoria Interna	Descentralizado
8	Plano de Ação para Sanar Fragilidades	Controladoria	Descentralizado	Auditoria Interna	Descentralizado
9	Gerenciamento de riscos	Controladoria	Descentralizado	Auditoria Interna	Descentralizado
10	Acompanhamento da Gestão	Controladoria	Centralizado	Ministério das Finanças	Centralizado
11	Monitoramento dos Controles Internos	Controladoria	Descentralizado	Auditoria Interna	Descentralizado
12	Auditoria de contas de gestão	Auditoria Governamental	Centralizado	Inspeção Financeira	Centralizado
13	Auditoria orçamentária, financeira e patrimonial	Auditoria Governamental	Centralizado	Inspeção Financeira	Centralizado
14	Auditoria Especializadas	Auditoria Governamental	Centralizado	Auditoria Interna	Descentralizado
15	Auditoria de Processos	Auditoria Governamental	Centralizado	Auditoria Interna	Descentralizado
16	Auditoria de Apuração de Denúncias	Auditoria Governamental	Centralizado	Inspeção Financeira	Centralizado
17	Auditoria de Desempenho de Programas	Auditoria Governamental	Centralizado	Auditoria Interna	Descentralizado
18	Atendimento de Ouvidoria	Ouvidoria	Descentralizado	Ombudsman	Centralizado
19	Transparência e Ética	Ouvidoria	Centralizado	Ministério das Finanças	Centralizado
20	Acesso à Informação	Ouvidoria	Descentralizado	Cada órgão	Descentralizado

7.4.2.1 Diferenças entre o modelo CGE/CE x PIC europeu

Em comparação com o modelo adotado no *Public Internal Control* (PIC) europeu, a macrofunção controladoria apresenta diferenças no tipo de atuação, centralizada ou descentralizada, no que tange às consultorias (orientações técnicas e normativas), disponibilização de informações gerenciais de controle e no suporte à melhoria de processos, todas realizadas pela auditoria interna descentralizada no modelo PIC europeu.

Em relação à macrofunção auditoria governamental, as atividades desenvolvidas pela CGE/CE são centralizadas, enquanto no modelo PIC europeu as atividades de auditoria interna, na estrutura do Governo central, são descentralizadas, especialmente as auditorias especializadas, de processos e de desempenho de programas. No entanto, as auditorias nos municípios, a exemplo de Sófia, capital da Bulgária, são centralizadas, atuando de acordo com os princípios e definições do modelo PIC europeu.

Já as atividades de auditoria orçamentária, financeira e patrimonial, de contas de gestão e auditorias de apuração de denúncias, realizadas pela CGE/CE, também são centralizadas no modelo PIC europeu, sendo denominadas inspeção financeira.

A macrofunção ouvidoria no modelo da CGE/CE é descentralizada no atendimento, no entanto, o modelo PIC europeu não contempla esta função, sendo exercida pela figura do *ombudsman*, escolhido pelo Parlamento. As demais atividades desenvolvidas pela CGE/CE, de acompanhamento da gestão, de transparência e ética, de acesso à informação também estão fora do modelo PIC europeu.

7.4.2.2 Semelhanças entre o modelo CGE/CE x PIC europeu

Apesar das diferenças culturais, estruturais e históricas, algumas ações implementadas no atual modelo da CGE/CE apresentam semelhanças com o modelo PIC europeu. As atividades do Fórum Permanente de Auditoria Preventiva, idealizado para discutir os temas relativos ao aperfeiçoamento dos controles internos da gestão pública, e o Encontro Estadual de Controle Interno, realizado anualmente com foco no aperfeiçoamento e na modernização dos controles na Administração Pública, são equivalentes às atividades de padronização e disseminação de informações da unidade de harmonização central (UHC), tanto na Croácia quanto na Bulgária.

Do mesmo modo, os projetos de inovação do controle interno, de capacitação em controle interno, gestão de risco e auditoria, coordenados pela CGE/CE de maneira centralizada, são realizados pela unidade de harmonização central (UHC).

As orientações técnicas e normativas, elaboradas a partir de consultas encaminhadas pelos órgãos e entidades do Poder Executivo, constituem uma oportunidade de disponibilizar aos gestores informações que possam contribuir para a tomada de decisão. No modelo PIC europeu, as atividades de auditoria de consultoria são realizadas pela auditoria interna.

7.4.3 Atividades específicas do modelo CGE/CE

Com a implantação do controle interno preventivo, em 2013, foram criados 39 (trinta e nove) cargos comissionados, para preenchimento por servidores públicos efetivos, selecionados por meio de avaliação simplificada. Estes servidores estão sob a responsabilidade da Coordenadoria de Controle Interno Preventivo, atuando parte descentralizada, nos órgãos de maior risco, parte centralizada, dando suporte aos demais órgãos e entidades. Todos os articuladores de controle interno são subordinados administrativa e tecnicamente à CGE/CE, e exercem o monitoramento dos controles internos e o apoio ao gerenciamento de riscos dos órgãos, além das atividades do Plano de Ação para Sanar Fragilidades (PASF).

7.4.4 Modelo proposto

7.4.4.1 Desenho

Considerando o modelo atual do Sistema de Controle Interno do Poder Executivo do Estado do Ceará, apresentamos proposta alternativa visando aperfeiçoar a estrutura de governança e do Sistema de Controle Interno do estado, conforme a Figura 28.

Figura 28 – Modelo proposto – Estado do Ceará

O modelo proposto contempla a criação de uma instância denominada Comitê de Governança Pública do Poder Executivo do Estado do Ceará. Prevê ainda a criação da unidade de harmonização central (UHC), da unidade de auditoria interna governamental (AIG) e da unidade de correição (UC) no âmbito da CGE/CE. Para tanto, é necessário redefinir as atividades das áreas de ações estratégicas, controle interno preventivo e auditoria interna.

7.4.4.2 Responsabilidades e funções das entidades desenhadas

O *Comitê de Governança Pública* do Poder Executivo do Estado do Ceará, sob a coordenação da CGE/CE, com a participação de representantes do Gabinete do Governador, da Casa Civil, da Procuradoria-Geral do Estado, da Secretaria da Fazenda e da Secretaria do Planejamento e Gestão, visa suprir uma lacuna na estrutura de governança e tem como funções:
- aprovar o orçamento anual das atividades do Sistema de Controle Interno;
- definir as diretrizes de atuação do Sistema de Controle Interno;
- definir os objetivos estratégicos prioritários para o governo;
- aprovar o plano anual de auditoria interna;
- aprovar o plano de capacitação dos profissionais do Sistema de Controle Interno;
- avaliar os resultados das atividades do Sistema de Controle Interno.

A *unidade de harmonização central* contempla as atividades relacionadas à responsabilidade do gestor, informações gerenciais de controle e inovação do controle interno, contemplando atividades da macrofunção controladoria, sendo responsável por:
- coordenar as ações de acompanhamento da execução orçamentária, da gestão fiscal e dos programas de governo;
- assessorar o Comitê de Governança Pública do Poder Executivo do Estado do Ceará (CGPCE);
- assessorar o Comitê de Gestão por Resultados e Gestão Fiscal (Cogerf);
- articular com órgãos e entidades externos em assuntos para o fortalecimento do Sistema de Controle Interno do Poder Executivo do Estado do Ceará;

- elaborar a estratégia de disseminação de informações gerenciais de controle interno;
- gerenciar as atividades de concepção, validação e implementação de novos modelos, instrumentos e programação de eventos de controle interno;
- propor medidas que visem à consolidação dos controles internos, a partir do desenvolvimento de métodos e técnicas voltadas para a observância dos princípios da Administração Pública e a excelência operacional;
- propor padronização, sistematização e normatização de procedimentos operacionais de gestão e controle financeiro para os órgãos e entidades do Sistema de Controle Interno;
- realizar a avaliação de qualidade das atividades de gestão e controle financeiro e de auditoria interna;
- coordenar as atividades de inteligência;
- planejar a capacitação e a certificação dos auditores internos;
- planejar a capacitação e a certificação dos articuladores de controle interno;
- planejar a capacitação dos gestores financeiros.

A *auditoria interna* governamental avalia o controle dos riscos e dos processos, desenvolvida com foco no alcance dos objetivos estratégicos do Governo do Estado do Ceará, tendo como funções:
- realizar atividades de auditorias internas com foco em riscos aos objetivos estratégicos;
- realizar auditorias especializadas e de processos;
- emitir recomendações de auditoria;
- realizar orientação técnica e normativa aos órgãos e entidades do Poder Executivo Estadual;
- coordenar a atuação dos articuladores de controle interno nos órgãos e entidades do Poder Executivo;
- monitorar as ações implementadas pelos órgãos e entidades nos Planos de Ação para Sanar Fragilidades (PASF);
- gerenciar os riscos no âmbito de atuação do controle interno preventivo;
- monitorar os processos críticos para o alcance de objetivos estratégicos do Poder Executivo.

A *correição*, nova macrofunção de controle interno, é responsável por atividades de investigação quanto ao descumprimento da legislação e dos regulamentos, atuando com base em relatórios, solicitações e reclamações, tendo como funções:

- apurar denúncias de fraudes nos sistemas orçamentário, financeiro e patrimonial;
- avaliar os processos de tomada de contas especial;
- emitir certificados de inspeção sobre as prestações de contas anuais e tomadas de contas especiais;
- realizar o acompanhamento da evolução patrimonial dos servidores públicos;
- realizar acordos de leniência;
- responsabilizar e sancionar os indivíduos causadores dos danos à Administração Pública do Poder Executivo do Estado do Ceará.

7.4.5 Fases de implementação

A mudança do modelo atual para o modelo proposto exige ajustes na estrutura organizacional do Poder Executivo do Estado do Ceará e da CGE/CE, medidas relativamente simples, considerando que a proposta visa fortalecer o Sistema de Controle Interno.

Por outro lado, são necessárias medidas para a mudança nos paradigmas de atuação, principalmente no estabelecimento da diferença entre as atividades de auditoria interna e de inspeção financeira.

No entanto, conforme exposto inicialmente, a atuação da CGE/CE, órgão central do Sistema de Controle Interno do Poder Executivo do Estado do Ceará, tem se pautado pela construção de um Sistema de Controle Interno com foco na prevenção, com a visão de riscos e de processos.

Neste sentido, as mudanças necessárias à implementação do novo modelo exigiriam a adoção de ações coordenadas em quatro etapas específicas de diagnóstico, harmonização, realização de projeto-piloto e ajuste da base legal, certificação e capacitação:

1ª *etapa – Diagnóstico*:
- avaliação do Sistema de Controle Interno atual ante as normas internacionais;
- elaboração da nova Política do Sistema de Controle Interno do Poder Executivo do Estado do Ceará (*accountability* dos gestores; auditoria interna; unidade de harmonização central), com suporte de consultoria e discussão com os *stakeholders*, alinhando as ações de auditoria interna, controle interno, gestão financeira e orçamentária, para definição dos modelos

de atuação, das competências e atribuições, contemplando as dimensões do PIC europeu;
- elaboração do plano de ação.

2ª etapa – Atividades de harmonização:
- estruturação da unidade de harmonização central (UHC) de gestão e controle financeiro e de auditoria interna;
  - realização de seminários e *workshops* para divulgação e sensibilização do novo modelo.

3ª etapa – Realização de projeto-piloto:
- capacitação dos auditores de controle interno sobre os conceitos da atuação da auditoria interna e da inspeção financeira;
- estruturação da unidade controle interno em um órgão de alto risco, sob orientação da UHC e com atuação dos articuladores de controle interno;
- realização de atividades de auditoria interna com base nas normas internacionais.

4ª etapa – Ajuste da base legal e regulamentar:
- criação do Comitê de Governança Pública do Poder Executivo do Estado do Ceará (decreto estadual);
- adequação da estrutura administrativa da CGE/CE, estabelecendo as responsabilidades e funções da unidade de harmonização central (UHC), da auditoria interna governamental e da correição (decreto estadual);
- revisão dos marcos legais e regulamentares;
- elaboração de manuais e procedimentos de trabalho;
- certificação dos auditores de controle interno com base nos padrões internacionais;
- capacitação dos gestores financeiros sobre gestão de riscos, controle interno, informações e monitoramento.

7.4.6 Conclusão

Com a implantação do modelo proposto, busca-se fortalecer o Sistema de Controle Interno, fomentando a ação proativa dos gestores, com foco no gerenciamento dos riscos que influenciem o alcance dos objetivos estratégicos do governo.

Muitas das ações propostas já vêm sendo realizadas pelo estado do Ceará desde 2007, como a perspectiva de atuação com foco em riscos e processos e o controle interno preventivo. Além disso, o modelo proposto está alinhado com as macrofunções de controle interno estabelecidas na Constituição do Estado do Ceará, desde 2012, e com o texto em discussão na PEC nº 45/2009 do Senado Federal, abrangendo controladoria, auditoria governamental, ouvidoria e correição.

7.5 Modelo para Distrito Federal

7.5.1 Modelo/desenho de PIC atualmente existente no estado do Distrito Federal

7.5.1.1 Da Controladoria-Geral do Estado do Distrito Federal (CGDF)

A Controladoria-Geral do Distrito Federal, com *status* equivalente à de secretaria de estado, teve sua estrutura criada por meio do Decreto nº 36.236, de 1º.1.2015 com as seguintes competências:
- supervisão, tratamento e orientação dos dados e das informações disponibilizáveis no Portal da Transparência;
- supervisão e coordenação do Sistema de Controle Interno; correição e auditoria administrativa;
- supervisão e coordenação dos serviços das ouvidorias públicas do Distrito Federal;
- defesa do patrimônio público e da transparência;
- prevenção da corrupção;
- verificação dos princípios constitucionais nos atos da Administração Pública;
- apuração de indícios de irregularidades administrativas.

O organograma da CGDF está apresentado a seguir.

Figura 29

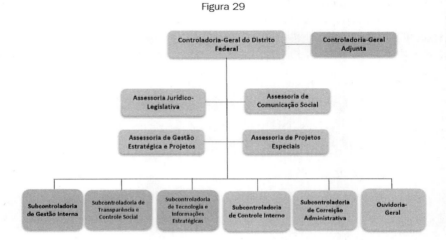

7.5.1.2 Da Subcontroladoria de Controle Interno (SUBCI)

A Subcontroladoria de Controle Interno tem a responsabilidade de realizar as ações de controle interno no âmbito do Poder Executivo do Distrito Federal, por meio de auditorias e inspeções que resultam na análise e fiscalização de ações e programas de governo.

Em observância à Lei nº 4.448/2009, art. 18, a realização de ações de controle é prerrogativa exclusiva dos membros da carreira de auditoria de controle interno do Distrito Federal, a qual é legalmente definida como carreira típica de Estado.

A Subcontroladoria também tem a competência para avaliar a execução dos programas de governo, inclusive ações descentralizadas, realizadas à conta de recursos oriundos dos orçamentos do Distrito Federal e recursos externos, quanto ao nível de execução das metas e dos objetivos estabelecidos e à qualidade do gerenciamento.

As ações de controle realizadas pela CGDF são: auditoria anual de contas, inspeção, auditoria de prestação de contas do governador e auditorias especiais.

As auditorias especiais podem ser: de regularidade, operacional ou de desempenho, de acompanhamento da gestão, de monitoramento das ações de controle, de pessoal, contábil, de suprimento de fundos de caráter sigiloso, integrada, de tomada de contas especial e baseada em riscos.

Atualmente a SUBCI tem em seu quadro 83 auditores e 18 inspetores de controle interno. Sendo que, dos 83 auditores, 28 têm cargo de diretoria, coordenação e assessoria.

Para realização de atividade-fim há um total de 73 auditores e inspetores.

Adicionalmente, nas unidades de controle interno da Administração direta (UCI) há 17 auditores e 1 inspetor de controle interno atuando como chefes das UCI.

Ressalta-se que a definição de auditoria interna e inspeção na SUBCI difere das definições da Estrutura Internacional de Práticas Profissionais – IPPF (International Professional Practices Framework).

As equipes que realizam inspeção na CGDF estão alocadas na Coordenação de Auditoria de Contas de Governo da Subcontroladoria de Controle Interno e na Coordenação de Tomada de Contas Especial da Subcontroladoria de Correição Administrativa.

Já as equipes que realizam auditoria interna estão alocadas nas coordenações da SUBCI, conforme organograma a seguir.

Figura 30

Em relação às competências, as coordenações da SUBCI estão organizadas de acordo com temas relevantes, como:
- licitações e contratos especializados;
- pessoal;
- contas do governador;
- monitoramento e gestão de riscos;
- licitações e contratos de aquisições e outros serviços;
- ajustes entre entes públicos e privados;
- modernização, gestão e unidades de controle interno;
- ativos patrimoniais, fundos e recursos externos;
- contas de governo;

A exceção na atuação e abordagem por temas está em duas coordenações:
- Coordenação de Auditoria de Contas de Governo, que tem competência estabelecida no Regimento Interno do Tribunal de Contas do Distrito Federal, para auditar as tomadas e prestações de contas no âmbito do Governo do Distrito Federal; e
- Coordenação de Auditoria da Prestação de Contas do Governador.

7.5.1.3 Das unidades de controle interno – UCI

As unidades de controle interno foram instituídas com base no Decreto nº 32.752, de 4.2.2011. As UCI subordinam-se normativa e tecnicamente à CGDF e administrativamente ao secretário da pasta a que pertencem. A atuação das UCI deverá observar as seguintes diretrizes: proteção ao patrimônio público; confiabilidade das informações contábeis, financeiras e operacionais; promoção da eficiência e eficácia operacional; estímulo à aderência às políticas da Administração; racionalização dos procedimentos e otimização da alocação dos recursos humanos, materiais e financeiros; supressão de controles e demais ritos administrativos que se evidenciem como meramente formais, como duplicação e superposição de esforços, ou ainda cujo custo exceda os benefícios alcançados; e mitigação dos riscos inerentes à gestão.

As competências da UCI são as seguintes:
(i) oferecer orientação preventiva aos gestores das secretarias de estado, contribuindo para identificação antecipada de riscos e para a adoção de medidas e estratégias da gestão voltadas à correção de falhas, ao aprimoramento de procedimentos e ao atendimento do interesse público;

(ii) apoiar o aperfeiçoamento das práticas administrativas da respectiva secretaria;
(iii) monitorar a execução do ciclo orçamentário e a utilização dos recursos públicos, dando ciência de eventuais anormalidades à CGDF e ao respectivo secretário de estado;
(iv) orientar gestores quanto à utilização e prestação de contas de recursos transferidos a entidades públicas e privadas, por meio de convênios, acordos, termos de parceria e instrumentos congêneres;
(v) acompanhar as recomendações da CGDF e as decisões do Tribunal de Contas do Distrito Federal concernentes às atividades do órgão, assessorando os gestores responsáveis e o respectivo secretário de estado a fim de dar cumprimento aos prazos devidos;
(vi) assessorar e orientar os gestores quanto ao cumprimento das normas de natureza contábil, financeira, orçamentária, operacional, patrimonial e referentes a aposentadorias e pensões;
(vii) dar ciência à CGDF dos atos ou fatos com indícios de ilegalidade ou irregularidade, praticados por agentes públicos ou privados, na utilização de recursos públicos, sem prejuízo da comunicação aos gestores responsáveis, com vistas à adoção das medidas necessárias à resolução do problema apontado;
(viii) informar ao secretário de estado ao qual está vinculado administrativamente, sem prejuízo do estabelecido no inc. VII, sobre o andamento e os resultados das ações e atividades realizadas na UCI, bem como de possíveis irregularidades encontradas no âmbito da gestão pública;
(ix) atender às demandas da CGDF inerentes às atividades de sua competência;
(x) apresentar, trimestralmente, até o décimo quinto dia útil do mês subsequente, relatório gerencial das atividades desenvolvidas no período e, ao término do exercício, relatório anual consolidado das atividades;
(xi) participar, quando convocada, dos programas de capacitação e das reuniões promovidos pela CGDF.

A CGDF tem envidado esforços para a assinatura de portarias conjuntas com secretarias do Governo do Distrito Federal com o objetivo de subordinar hierarquicamente, além de supervisionar técnica e normativamente os auditores e inspetores de controle interno, lotados na UCI. Nesse sentido, cabe à CGDF coordenar, orientar e supervisionar as atividades de controle desenvolvidas; aprovar o planejamento dos trabalhos e os produtos das ações de controle realizadas; aprovar e dar andamento às ações de controle produzidas que impliquem resposta ou participação dos gestores da secretaria; e alocar, em caráter temporário, auditores e inspetores de controle interno para aumento da força de trabalho quando necessário à realização de atividades extraordinárias nessas unidades.

A CGDF assinou as portarias conjuntas com os seguintes órgãos:
- Secretaria de Estado de Saúde;
- Secretaria de Estado de Trabalho, Desenvolvimento Social, Mulheres, Igualdade Racial e Direitos Humanos;
- Secretaria de Estado de Meio Ambiente;
- Secretaria de Educação do Distrito Federal;
- Secretaria de Estado da Casa Civil e Relações Institucionais e Sociais.

Em relação à Administração indireta, o Decreto nº 32.840/2011 dispôs sobre a supervisão técnica e a orientação normativa da CGDF sobre as unidades setoriais de auditoria integradas às estruturas organizacionais da Administração indireta do Distrito Federal. O decreto prevê que essas unidades devem atender ao que segue:

(i) encaminhar, para análise e aprovação, o planejamento anual de atividades de correição, auditoria e ouvidoria, até 31 de outubro do exercício anterior a que se referir;

(ii) encaminhar, até 30 (trinta) dias após a conclusão dos trabalhos, os resultados das atividades de correição, auditoria e ouvidoria;

(iii) observar normatização, sistematização e padronização dos procedimentos de correição, auditoria e ouvidoria;

(iv) observar, na composição das equipes das unidades setoriais de correição, auditoria e ouvidoria, a formação e o perfil técnico compatível com competências, atribuições e atividades exigidas para o desempenho das respectivas funções, bem como os requisitos contidos no art. 2º desse decreto; e

(v) realizar trabalhos de correição, auditoria e ouvidoria determinados pela CGDF.

Importante ressaltar que o decreto também dispõe que a nomeação ou designação de responsável por funções de corregedoria, auditoria ou ouvidoria nas entidades de que trata o art. 1º deverá ser apreciada e previamente aprovada pela CGDF.

7.5.1.4 Dos projetos estruturantes da CGDF

Recentemente, a Portaria CGDF nº 226/2015 estabeleceu uma atuação com base em auditoria fundamentada em riscos com estímulo à utilização de normas internacionalmente reconhecidas: ISO 31000:2009 – Gestão de Riscos, ISO 19011:2011 – diretrizes para auditoria de Sistemas de Gestão e Controle Interno – Estrutura Integrada – 2013 do Comitê de Organizações Patrocinadoras da Comissão Treadway (Coso). O objetivo é realizar auditoria interna efetiva no que diz respeito à agregação de valor à gestão pública, conforme previsto no Planejamento Estratégico Institucional 2016-2019.

A busca pela excelência na gestão pública e o fortalecimento da transparência e controle social formam os cenários em que estão inseridas as ações em desenvolvimento na CGDF, listadas a seguir, que consideram a internalização e a implantação de boas práticas de gestão:
- implantação do modelo IA-CM;
- entregas do acordo de resultados (2016);
- cumprimento do Plano Estratégico Institucional – PEI (2016-2019);
- instituição dos Planos Operacionais de Auditoria (2016);
- elaboração do Plano de Negócios da Auditoria Interna (2016);
- implantação da gestão de riscos (2016);
- avaliação da maturidade de controles internos do Distrito Federal (2016);
- aperfeiçoamento da atuação das UCI (2016);
- realização de Auditoria Baseada em Riscos – ABR (2017);
- análise, modelagem e otimização de processos organizacionais;
- reestruturação orgânica e atualização normativa com ênfase nas ações concomitantes e preventivas.

7.5.1.5 Da harmonização dos projetos estruturantes da CGDF

Não há na estrutura da CGDF uma unidade específica responsável pela harmonização das ações em curso dos projetos estruturantes, bem como das atividades de harmonização previstas no modelo PIFC. As atividades de internalização de práticas internacionais e a implantação de boas práticas de gestão/ modernização estão sendo coordenadas pelo Gabinete da CGDF com apoio de assessorias do gabinete e da SUBCI.

7.5.2 Desenho do Sistema de Controle Interno do DF à luz do modelo PIC europeu

Figura 31

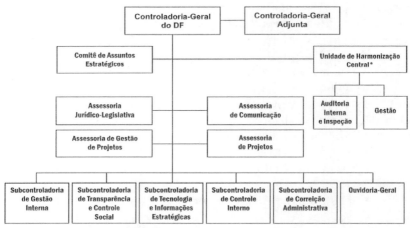

O Comitê de Harmonização, provisório, atuará no âmbito da Controladoria-Geral do Distrito Federal – CGDF com a seguinte composição:
(i) controlador-geral;
(ii) chefe da Assessoria de Gestão Estratégica e Projetos;
(iii) Assessoria Especial da Subcontroladoria de Controle Interno.

O controlador-geral presidirá o comitê e o assessor especial da Subcontroladoria de Controle Interno vai secretariar as reuniões.

O Comitê de Harmonização é um órgão colegiado de caráter deliberativo para questões relativas à harmonização de atividades da CGDF.

7.5.3 Ações integradas de implementação/adaptação do PIC na CGDF

7.5.3.1 Revisão e atualização da base legal

a) A atualização da Portaria CGDF nº 226, de 23.11.2015 está prevista para 2016. Tal normativo representou um marco para a realização das ações de controle no âmbito do GDF, tendo em vista que foi elaborado em linha com o atingimento do nível 2 da Avaliação IA-CM e contemplou a implantação/capacitação da gestão de riscos nas unidades do GDF, além de ter como fundamento os referenciais técnicos mais reconhecidos internacionalmente pelo meio acadêmico e agências de fomento, quais sejam:
- ISO 31000:2009 (Gestão de riscos – princípios e diretrizes);
- ISO 31010:2009 (Gestão de riscos – técnicas para ao processo de avaliação de riscos);
- ISO 19011:2012 (Diretrizes para auditoria de sistemas de gestão);
- Coso – Controle Interno – Estrutura Integrada (2013).

A revisão contemplará procedimentos incrementais relacionados também com revisão de qualidade, consultoria, unidade de harmonização e aprimoramento de documentação de auditoria interna.

b) Elaboração do decreto relativo à instituição de comissão de ética no âmbito do GDF, com previsão de publicação em maio de 2016.

c) Elaboração do decreto regulamentador da Lei de Combate à Corrupção com previsão de publicação em maio de 2016.

d) Elaboração do decreto relativo à internalização do Coso 2013, ISO 19001:2012, 31000:2009, 31010:2009 com previsão de publicação em maio de 2016.

e) Publicação das portarias nºs 18, 19 e 44/2016 – CGDF em fevereiro de 2016 para instituição do grupo de trabalho com vistas ao desenvolvimento, até 6.5.2016, de plano de trabalho para a implantação do Modelo IA-CM, que compreende a proficiência na institucionalização de aproximadamente 186 atividades.

f) Instituição do Comitê de Gestão de Riscos da Controladoria-Geral do Distrito Federal por meio da Portaria nº 26, de 23.2.2016. O Comitê, de caráter consultivo e permanente, deverá fomentar as práticas de gestão de riscos; acompanhar de maneira sistemática para garantir a sua eficácia e o cumprimento de seus objetivos; zelar pelo cumprimento e monitorar a execução da Política de Gestão de Riscos, além de estimular a cultura de gestão de riscos, entre outras.

g) Assinatura de portarias conjuntas com as demais secretarias com o objetivo de estabelecer subordinação hierárquica, além de supervisionar técnica e normativamente os auditores e inspetores de controle interno, lotados nas respectivas UCI.

h) Apoio e contribuição para o desenvolvimento e a capacitação de toda a equipe das unidades de controle interno.

7.5.3.2 Capacitação

(i) Em 2015, 120 (cento e vinte) servidores foram capacitados em gestão de riscos (ISO 31000:2009 e ISO 19011:2012) e no Coso 2013. Além disso, a CGDF é a instituição brasileira com o maior número de profissionais internacionalmente certificados em gestão de riscos (C31000 – Certified Risk Management Professional).

(ii) A CGDF iniciou um processo de treinamento de alguns dos gestores do GDF em gestão de riscos com vistas à institucionalização de um modelo de gestão de riscos com base nas boas práticas de governança corporativa, não apenas para utilização pelo órgão central de controle interno, mas para difundi-lo, como mecanismo de melhoria da gestão pública. O projeto encontra-se em curso tendo também como diferencial não apenas identificação, análise e avaliação dos riscos, mas as fases de avaliação e estabelecimento dos controles, com vistas a que as unidades consigam dar respostas mais efetivas aos riscos.

(iii) Em 2016, a CGDF incentivará estudos e pesquisas com objetivo de estruturação de unidade de harmonização central. A CGDF está estabelecendo rede de troca de informações, identificando *stakeholders* para selecionar especialistas e colaboradores para esse projeto.

(iv) Em 2016 a CGDF desenvolverá projeto juntamente com a Escola de Governo do Distrito Federal para estabelecer mecanismos de formação e certificação para gestores, auditores internos e servidores que compõem as unidades de controle interno.

(v) Em 2016 a CGDF tem se empenhado e atuado de maneira proativa para a disseminação de projetos e formação de multiplicadores. Essa prática está ocorrendo na Coordenação de Monitoramento e Avaliação de Risco, na integração com a Escola de Governo para treinamento dos ordenadores de despesas, bem como atuando como líder do grupo IA-CM no Conselho Nacional de Controle Interno – Conaci.

(vi) A CGDF estabeleceu parcerias com as instituições de ensino para desenvolvimento de cursos diferenciados para o controle interno.

7.5.3.3 Criação do comitê de harmonização, na CGDF

1ª fase:
- analisar as lacunas existentes entre os normativos internacionais e o Sistema de Controle Interno do GDF com ajuda de consultores especialistas;
- apresentar e discutir achados e possíveis recomendações de alinhamento de normativos com os diversos *stakeholders*;
- preparar um plano de ação para implementação da política PIFC;
- acompanhar a implementação do modelo IA-CM na CGDF;
- desenvolver relacionamento com consultores e pesquisadores.

2ª fase:
- avaliar a estrutura da UHC para atuar conforme definido no plano de ação;
- apoiar o processo de estabelecimento da auditoria interna independente, inclusive as unidades de controle interno;
- apoiar a atuação dos gestores na implementação da análise e gestão de risco;
- elevar a sensibilidade e profissionalismo dos auditores e gestores por meio de seminários, conferências, treinamento, introdução de programas-piloto, compartilhamento de boas práticas;
- proposição de normas e de alterações de normas alinhadas ao PIC.

3ª fase:
- estabelecer política de desenvolvimento do pessoal;

- harmonizar os sistemas de auditoria interna e da gestão financeira;
- criar ferramentas de gestão, padrões, guias, metodologia, ferramentas de autoavaliação, controle e performance etc.
- supervisionar/monitorar a implementação/adaptação do modelo de PIC;
- atender às necessidades de orientação, treinamento e monitoramento dos vários intervenientes nas áreas de auditoria interna e na gestão do GDF;
- harmonizar o sistema de gerenciamento financeiro dos gestores do Governo do Distrito Federal com base no princípio de *accountability* dos gestores;
- harmonizar as unidades de controle interno de auditoria interna em todo o governo;
- coordenar atividades necessárias à harmonização;
- desenvolver relacionamento com organismos internacionais e fontes de financiamentos;
- conduzir processo de avaliação de conformidade e qualidade.

7.6 Modelo para Espírito Santo

7.6.1 Modelo atual do Espírito Santo

Neste item apresentamos um breve histórico da Secretaria de Estado de Controle e Transparência, seguida de sua estrutura e considerações sobre a efetiva atuação.

7.6.1.1 Histórico

A Auditoria-Geral do Estado (AGE) foi criada pela Lei Complementar nº 3.932, em maio de 1987, e incluída na estrutura organizacional do Poder Executivo no primeiro nível hierárquico do Governo. Após 17 anos de criação da AGE, a Lei Complementar nº 295/04 reorganizou o controle interno redefinindo competências, finalidades e estrutura organizacional, de acordo com o dispositivo contido no art. 74, da Constituição Federal de 1988, que ampliou a competência do controle interno.

Em 2003 a AGE passou por uma grande reformulação. Por meio da Lei Complementar nº 478, publicada no dia 17.3.2009, no *Diário*

Oficial do Estado, a Auditoria-Geral do Estado passou a denominar-se Secretaria de Estado de Controle e Transparência (Secont), ampliando suas atribuições e estrutura organizacional para implementação de novos mecanismos de controle e transparência por meio do Portal da Transparência e de outras ações governamentais.

Entre as finalidades da Secont, além das ações de auditoria interna destacam-se a implementação de procedimentos de prevenção e de combate à corrupção, da política de transparência da gestão e a ampliação dos mecanismos de controle dos recursos públicos, mediante abertura de canais de comunicação direta com a sociedade, que expandam a capacidade do cidadão de fiscalizar e avaliar as ações governamentais.

A Secont tem como competências, além das definidas no art. 4º, da Lei Complementar nº 295/04: exercer a supervisão técnica dos órgãos que compõem o Sistema de Controle Interno, prestando orientação normativa; auxiliar a implementação de procedimentos de prevenção e combate à corrupção, bem como a política de transparência da gestão; determinar a instauração de tomada de contas, para apuração de fatos, identificação dos responsáveis e quantificação pecuniária do dano; e gerir o Portal de Transparência do Governo do Estado.

A Secretaria conta em sua estrutura com o Conselho de Controle e Transparência (Concect), instância consultiva que pode avaliar e/ou propor ao secretário alterações relativas à determinação de objetivos, políticas e campo de atuação da Secont; avaliar e/ou propor ao secretário a adoção ou alteração de normas e procedimentos pertinentes às atividades relativas à Secont; uniformizar a interpretação dos atos normativos e os procedimentos relativos às atividades a cargo da Secont; proceder à análise global da produtividade dos servidores integrantes da carreira de auditor do estado; entre outras atividades

O Espírito Santo conta ainda com um Conselho Estadual de Controle Interno, criado pela Lei nº 9.938/2012, composto pelos titulares do órgão central do Sistema de Controle Interno dos poderes Legislativo, Judiciário e Executivo, do Tribunal de Contas, do Ministério Público e da Defensoria Pública, com a função de promover a integração do Sistema de Controle Interno por meio do fomento ao diálogo interinstitucional e da recomendação de padronização de procedimentos, métodos e técnicas de atuação do controle interno. O Conselho Estadual de Controle Interno (Ceci) tem as seguintes competências (conforme contemplado no art. 4º da referida lei):

- promover a integração e articulação interinstitucional;
- promover acordos de cooperação técnica entre os poderes e órgãos participantes;
- sugerir a elaboração de atos normativos conjuntos sobre os procedimentos de controle, observadas as especificidades inerentes a cada poder e órgão;
- estimular o controle social e conscientizar a sociedade do necessário exercício permanente da cidadania;
- desenvolver ações de treinamento, visando à capacitação dos servidores dos órgãos centrais de controle interno de cada poder e órgão;
- definir indicadores e medir eficiência, eficácia e efetividade dos procedimentos de controle interno;
- realizar estudos e estabelecer estratégias que fundamentem propostas legislativas e administrativas que visem ao fortalecimento do Sistema de Controle Interno, por meio da transparência da gestão, prevenção e combate à corrupção;
- promover a divulgação de atos e ações de interesse do Ceci;
- aprovar e modificar o seu regimento interno e outros assuntos de interesse do Ceci, propostos em Assembleia.

7.6.1.2 Estrutura organizacional

A estrutura organizacional atual da Secont é a seguinte:

Figura 32

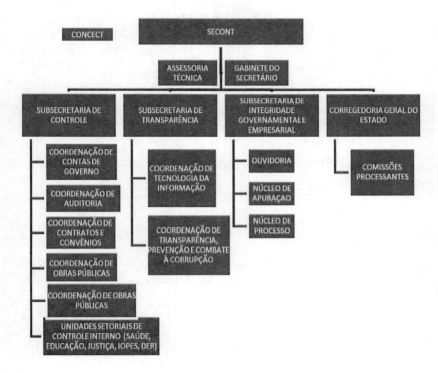

Destacando a estrutura organizacional da Subsecretaria de Controle:

Figura 33

As unidades setoriais de controle interno são descentralizadas geograficamente, ou seja, estão localizadas nas secretarias/órgãos indicados.

7.6.1.3 Atuação atual

A atuação da Secont tem sido focada em trabalhos *ex ante*, preventivos, por meio principalmente de análises de processos administrativos.

A análise dos processos administrativos é feita pela Secont antes do procedimento licitatório como etapa necessária, segundo a legislação local, para o lançamento e publicação do edital de licitação. Os limites para a necessidade de análise pela Secont são os seguintes:
- contratação de obras e serviços de engenharia, consultoria de projetos e gerenciamento de contratos de obras com valor global estimado superior a R$3.000.000,00 (três milhões de reais);
- aquisições de bens e serviços com valor anual estimado superior a R$1.300.000,00 (um milhão e trezentos mil reais);
- aquisição de bens e serviços de tecnologia da informação – TI com valor global estimado superior a R$650.000,00 (seiscentos e cinquenta mil de reais);
- aquisição de bens e serviços de qualquer natureza, incluindo obras de engenharia, por meio de dispensa e inexigibilidade de licitação com valor estimado igual ou superior a R$160.000,00 (cento e sessenta mil reais).

Os processos devem vir ainda acompanhados de *check list* instituído pela Secont por meio da Portaria nº 009-R de 2015.[42]

As tabelas a seguir mostram o grau de comprometimento dos recursos da secretaria em trabalhos *ex ante*. A fonte é o Relatório de Gestão da Secont de 2015.

Tabela 1 – Número de auditores no estado

	Total	Cedidos a outros órgãos	Em licença	Em atuação
Auditores do estado	79	6	2	71

Tabela 2 – Orçamento 2015

	Previsto	Executado	%
Total geral do orçamento – 2015	20.036.593,00	19.330.788,13	96,48

Tabela 3 – Atuação efetiva na área de controles

(i) Avaliação dos controles internos

Trabalhos desenvolvidos	Quantidade
Auditorias e diligências	30
Notas técnicas	5

(ii) Prevenção de erros e desvios

Trabalhos desenvolvidos	Quantidade
Análise e manifestação em processos	1304

(iii) Parceria na viabilização de ações/procedimentos de controle

Trabalhos desenvolvidos	Servidores participantes
Participação em comissões técnicas, conselhos e grupos de trabalho	40

Fonte: Relatório de Gestão 2015 – Secont

---

[42] BRASIL. SECONT. *Portaria Secont nº 009 - R/2015*. Disponível em: http://secont.es.gov.br/Media/secont/Legisla%C3%A7%C3%B5es/Normas%20e%20Orienta%C3%A7%C3%B5es%20Secont/portaria_009-r_%20check_list_analise_previa.doc.

É nossa opinião que há a necessidade de mudança do foco de atuação para o trabalho de auditoria interna, diminuindo o volume de trabalho desenvolvido em análise e manifestações em processos administrativos.

7.6.2 Atuação visualizada/pretendida

De acordo com o exposto anteriormente, a atuação presente da Secont é focada em controles *ex ante*, efetivamente exercendo funções que são próprias das duas primeiras linhas de defesa do modelo *As três linhas de defesa no gerenciamento eficaz de riscos e controles* do IIA (*vide* Capítulo 8 – Definições).

É nossa visão que a Secont deve focar sua atuação na terceira linha de defesa, ou seja, na auditoria interna. Para tanto é necessária a separação da área de auditoria da área de inspeção. As duas funções hoje são exercidas por meio das mesmas estruturas organizacionais.

As mudanças sugeridas passam ainda por um processo de normatização e padronização dos procedimentos de auditoria interna, alinhando-os com as melhores práticas internacionais. A mudança não pode perder de vista a necessidade de atendimento, pela Secont, das obrigações legais.

7.6.2.1 Unidades de harmonização central

A unidade de harmonização central (UHC) no modelo europeu é responsável por desenvolver e promover metodologias de controle interno e auditoria interna de acordo com padrões aceitos internacionalmente e melhores práticas. É responsável ainda por coordenar a implementação de nova legislação do sistema de controle financeiro e auditoria interna e pelo *networking* entre os atores envolvidos para o estabelecimento e coordenação de treinamentos.

Uma UHC pode cobrir tanto a área do sistema de gerenciamento e controle financeiro quanto a de auditoria interna. Segundo o *PIC Framework*, alternativamente, os países podem decidir estabelecer duas UHC, uma para cada função.

Considerando que a auditoria interna na Europa é descentralizada e o modelo que aqui se propõe é misto, entendemos que a melhor opção para a realidade do Espírito Santo é o estabelecimento de duas UHC separadas.

Nas seções a seguir estão as estruturas sugeridas.
- UHC-GCF: a Unidade de Harmonização do Gerenciamento e Controle Financeiro (UH-GCF) deve ficar, a nosso ver, ligada à Secretaria de Fazenda. Deve estabelecer os padrões e a estrutura organizacional básica necessária, coordenar o acompanhamento da execução orçamentária, assessorar a gestão fiscal, entre outras atividades pertinentes à sua área de atuação.
- UHC-AI: a Unidade de Harmonização de Auditoria Interna (UH-AI) deve ser localizada na Secont, ligada diretamente à Subsecretaria de Auditoria Interna. Deve, entre outras funções, estabelecer os padrões de auditoria interna conforme padrões internacionalmente aceitos, gerenciar a qualidade dos trabalhos de auditoria, prover treinamentos em auditoria interna, realizar orientações técnico-normativas e coordenar as atividades de inteligência em auditoria interna e processos de trabalho, coordenando ainda a disseminação do conhecimento adquirido nestas áreas.

7.6.2.2 Auditoria interna

O glossário de definições do *PIFC Framework* define auditoria interna como uma atividade independente, consultiva e de asseguração de objetivos desenhada para adicionar valor e melhorar as operações de uma organização. Ela ajuda a organização a atingir seus objetivos por meio de uma abordagem sistemática e disciplinada de avaliação e melhoria da efetividade do gerenciamento de riscos, controle e processo de governança (*vide* Capítulo 8 – Definições).

7.6.2.3 Inspeção

A inspeção é, a princípio, uma atividade investigativa para descobrir violações dos regulamentos e determinar medidas sobre as descobertas. As inspeções, em nosso modelo sugerido, são realizadas por uma estrutura própria, localizada na Subsecretaria de Integridade Governamental e Empresarial denominada unidade de apuração.

7.6.3 Modelo sugerido

Tendo conhecimento de todo o explanado, sugerimos as seguintes formas de descentralização da auditoria interna para o estado do Espírito Santo:

Figura 34

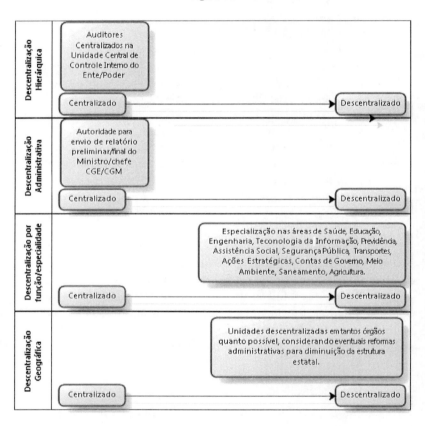

Esta descentralização leva à seguinte estrutura organizacional sugerida (com a inclusão, para efeitos ilustrativos, da UHC-GCF na Secretaria da Fazenda:

Figura 35

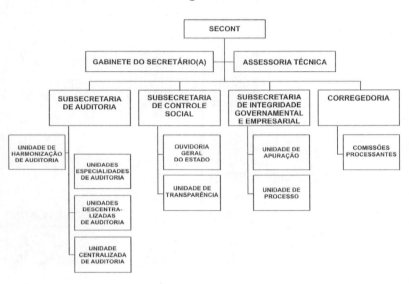

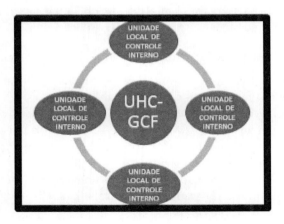

A Subaud, em mais detalhe, teria o seguinte desenho:

Figura 36

Sugerimos, assim, uma estrutura mista para auditoria interna em que, com a evolução da Secretaria de Estado de Controle e Transparência, possa haver a maior descentralização possível, com o aumento do número de unidades descentralizadas de auditoria.

7.6.4 Estratégia de implementação – Responsáveis e fases

Cabe destacar que as mudanças sugeridas implicam uma mudança também em paradigmas de atuação da Secont no âmbito do Poder Executivo do Espírito Santo. Tal mudança não ocorrerá sem o apoio do Governo do Estado, condição necessária para o sucesso. Delinearemos a seguir as fases de implementação da mudança, separada por responsável dentro da estrutura governamental.

As fases não são necessariamente lineares, não dependem da anterior para que se possam iniciar os trabalhos. Visualizamos como necessárias as seguintes etapas.

7.6.4.1 Secont

As seguintes ações são necessárias na Secont:
- *Diagnóstico e Gap Analysis*: avaliação do Sistema de Controle Interno do Espírito Santo para identificar lacunas existentes; avaliação da legislação estadual para identificar necessidades de atualização com sugestões de alterações legais, dentro da perspectiva de adequação às normas internacionais.
- *Revisão e realinhamento do planejamento estratégico da Secont*: dada a necessidade de mudança e eventual oportunidade de colocar em prática os passos necessários, o planejamento estratégico da Secont deve passar por revisão e realinhamento com a nova realidade.
- *Reestruturação organizacional da Secont*: em atendimento às avaliações realizadas e ao novo planejamento estratégico, alterar a estrutura organizacional da Secretaria de Estado de Controle e Transparência. A alteração deve incluir a criação da unidade de harmonização de auditoria interna articulando-a com a UH-GCF; e a separação entre a auditoria interna e a inspeção em diferentes setores organizacionais.
- *Desenvolvimento de instrumentos de harmonização*: código de ética de auditoria interna; atualização dos padrões técnicos de auditoria da Secont em consonância com padrões internacionais; revisão do plano anual de auditoria; entre outros. Fortalecimento, em ação integrada com a Secretaria de Gestão e a Sefaz, das unidades locais de controle interno no Poder Executivo Estadual, por meio de implantação de metodologia de controle interno baseada no Coso para a primeira e segunda linhas de defesa.
- *Capacitação*: realização de treinamento dos auditores internos na metodologia e nos padrões de auditoria interna desenvolvidos pela UH-AI; realização de seminários, *workshops* e cursos contratados externamente para atualização dos auditores do estado.
- *Aplicação das metodologias em auditorias*: colocar em prática as novas normas, procedimentos e padrões nas auditorias internas.

7.6.4.2 Secretaria de Planejamento

São funções da Secretaria de Planejamento *coordenar a ligação e o monitoramento* entre orçamento, programa e execução programática, por meio de articulação com a estrutura de governança superior do Governo do Estado; bem como *direcionar os objetivos e metas* dos programas para a perspectiva baseada em resultados e impactos.

7.6.4.3 Secretaria de Fazenda

São funções da Secretaria de Fazenda criação da UHC-GCF, em articulação com a UHC-AI; capacitação dos gestores financeiros sobre gestão de riscos, controles e monitoramento; apoio à Secont; fortalecimento, em ação integrada com a Secretaria de Gestão e a Secont, das unidades locais de controle interno no Poder Executivo Estadual, por meio de implantação de metodologia de controle interno baseada no Coso para a primeira e segunda linhas de defesa.

7.6.4.4 Secretaria de Gestão e Secretaria de Governo

São funções da Secretaria de Gestão e Secretaria de Governo o fortalecimento, em ação integrada com e a Secont e a Sefaz, das unidades locais de controle interno no Poder Executivo Estadual, por meio de implantação de metodologia de controle interno baseada no Coso para a primeira e segunda linhas de defesa; bem como o apoio às mudanças necessárias da legislação.

7.6.4.5 Secretarias de Estado

É função das Secretarias de Estado implantar, sob orientação da Secont, Sefaz e Seger, unidades locais de controle interno no Poder Executivo Estadual, obedecendo à metodologia de controle interno baseada no Coso para a correta estruturação e funcionamento da primeira e segunda linhas de defesa.

Caberá ao gestor ainda desenvolver, manter e supervisionar sistemas de controle e gestão financeira eficazes que garantam a minimização do risco quanto ao atingimento das metas e objetivos da sua responsabilidade.

7.6.4.6 Governo do Estado do Espírito Santo

Liderar, apoiar e exigir o processo de mudança da filosofia do Sistema de Controle Interno do estado do Espírito Santo.

O Governo é responsável pela adoção de uma política que exija das entidades do setor público a implementação do modelo e pelo estabelecimento do marco legal e da capacidade institucional para implementar a política de controle interno.

O Governo é também responsável por estabelecer a cadeia de responsabilidade entre os cidadãos e os gestores do setor público, o que inclui um sistema de *accountability* da Administração em que: (i) os gestores concordam formalmente em implementar o programa e cumprir seus objetivos mensuráveis; (ii) o desempenho dos gestores é medido e comparado com os objetivos acordados; e (iii) os gestores são responsabilizados individualmente pelo desempenho de suas organizações.

7.7 Modelo para Minas Gerais

7.7.1 O sistema atual de controle interno do Poder Executivo do Estado de Minas Gerais

7.7.1.1 Considerações gerais

De acordo com a Lei Delegada estadual nº 180/2011, o Sistema de Controle Interno do Poder Executivo de Minas Gerais, previsto no art. 74 da Constituição Federal, compõe-se dos seguintes órgãos diretamente subordinados ao governador:
• Controladoria-Geral do Estado;
• Ouvidoria-Geral do Estado;
• Advocacia-Geral do Estado; e
• Conselho de Ética Pública.

Além desses, integram também o sistema: Conselho de Corregedores dos Órgãos e Entidades do Poder Executivo; Colegiado de Corregedorias dos Órgãos de Defesa Social; órgãos setoriais e núcleos de auditoria interna; órgãos seccionais de auditoria interna; e as unidades de controle interno das empresas públicas e sociedades de economia mista.

Segundo a lei, compete aos órgãos do Sistema de Controle Interno do Poder Executivo, entre outras funções:

- avaliar o cumprimento das metas estabelecidas no Plano Plurianual de Ação Governamental (PPAG);
- fiscalizar e avaliar a execução dos programas de governo, inclusive das ações descentralizadas realizadas à conta de recursos oriundos dos orçamentos do estado e da União, quanto à execução das metas e dos objetivos estabelecidos e quanto à qualidade do gerenciamento; avaliar a execução dos orçamentos do estado;
- fornecer informações sobre a situação físico-financeira dos projetos e das atividades constantes dos orçamentos do estado;
- realizar auditoria sobre a gestão dos recursos públicos estaduais sob a responsabilidade de órgãos e entidades públicos e privados;
- apurar os atos ou fatos com indícios de ilegalidade ou irregularidade praticados por agentes públicos ou privados na utilização de recursos públicos e, quando for o caso, comunicar à unidade responsável pela contabilidade para as providências cabíveis;
- realizar auditorias nos sistemas contábil, financeiro, orçamentário, de pessoal, de compras e nos demais sistemas administrativos e operacionais; e
- avaliar o desempenho da auditoria interna das entidades da Administração indireta estadual.

Observa-se que a maior parte das competências se circunscreve no âmbito de atuação da Controladoria-Geral do Estado – CGE/MG, que é o órgão central do Sistema de Controle Interno.

7.7.1.2 A Controladoria-Geral do Estado de Minas Gerais: estrutura organizacional e macrofunções

A estrutura organizacional simplificada da CGE/MG é a seguinte:

Figura 37

A seguir, detalha-se a estrutura da Subcontroladoria de Auditoria e Controle da Gestão:

Figura 38

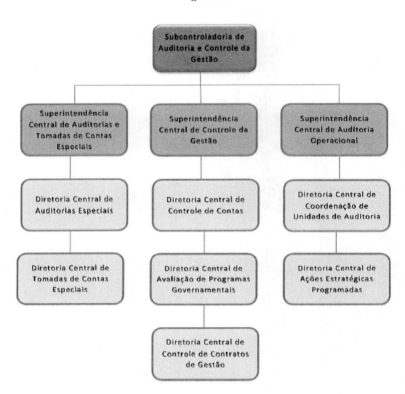

Por força de lei, a CGE/MG possui *status* de Secretaria e, portanto, está subordinada ao governador do estado, cumprindo assistir-lhe diretamente nos assuntos relacionados à defesa do patrimônio público, controle interno, auditoria pública, correição, prevenção e combate à corrupção e incremento da transparência da gestão no âmbito do Poder Executivo Estadual.

Para exercer essas atribuições, a CGE/MG está organizacionalmente dividida em três grandes áreas ou macrofunções: a) Subcontroladoria de Auditoria e Controle da Gestão; b) Subcontroladoria de Correição Administrativa; e c) Subcontroladoria da Informação Institucional e da Transparência.

Vale lembrar que, em razão do modelo legal brasileiro, da cultura vigente e das práticas adotadas pelos órgãos de controle, a natureza e o escopo das ações realizadas pela Subcontroladoria de Auditoria e Controle da Gestão são bem variados. A despeito dessa amplitude, prevalecem as atividades do tipo *ex post*, dando-se menos ênfase à avaliação dos controles internos – algo que, à luz do modelo europeu e dos *standards* internacionais, deveria ser o centro de atuação e a razão de ser da área de auditoria interna.

Atualmente a CGE/MG conta com 173 servidores, entre auditores de carreira, agentes e gestores governamentais, servidores da Secretaria de Estado de Fazenda, em exercício na Controladoria em virtude de convênio de cooperação técnica, além de servidores oriundos de outros órgãos e ocupantes de cargo comissionado.

O quadro de pessoal da Controladoria-Geral em 31.12.2015 era:

Quadro 5 - Composição do quadro de pessoal - Exercício de 2015

Composição	Quantidade Total	Auditores Internos
Gabinete	16	1
Superintendência de Planejamento, Gestão e Finanças	15	0
Subcontroladoria de Auditoria e Controle da Gestão	61	46
Subcontroladoria de Correição Administrativa	61	25
Subcontroladoria da Informação Institucional e da Transparência	20	13
Total	173	85

Fonte: CGE.
Notas: Não foram considerados os servidores terceirizados.

7.7.1.3 As unidades de auditoria setoriais e seccionais

O diagrama a seguir mostra o posicionamento organizacional das unidades setoriais e seccionais de controle interno.

Figura 39

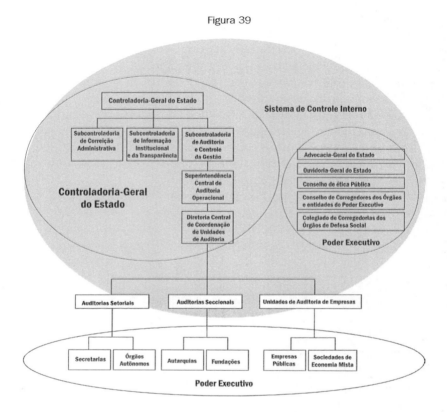

Como mencionado anteriormente, as unidades setoriais e seccionais de controle interno integram a estrutura organizacional dos órgãos da Administração direta e da Administração indireta (autarquias e fundações), respectivamente. Com funções de auditoria, correição administrativa e ações ligadas ao fomento à transparência e ao governo aberto, essas unidades subordinam-se administrativamente aos órgãos e entidades e respondem tecnicamente à CGE/MG.

Os responsáveis pelos órgãos setoriais e seccionais do Sistema de Controle Interno do Poder Executivo são escolhidos pelo controlador-geral do estado, porém o ato de nomeação deve ser submetido à aprovação do governador.

Existe na CGE/MG uma unidade administrativa – a Diretoria Central de Coordenação de Unidades de Auditoria – com a finalidade de orientar, coordenar, acompanhar e avaliar o desempenho das auditorias setoriais, seccionais e núcleos de auditoria interna integrantes do

Sistema de Controle Interno do Poder Executivo. Cumpre-lhe, entre outras atribuições, coordenar anualmente a elaboração do Plano Anual de Auditoria (PAA) executado por essas unidades, de modo a assegurar a adoção de procedimentos sistematizados e padronizados.

Essa diretoria possui, portanto, atribuições em parte semelhantes às desempenhadas pelas unidades de harmonização central, em decorrência do seu papel uniformizador e orientador das atividades de auditoria realizadas pelas unidades setoriais e seccionais.

Na elaboração do PAA as unidades de auditoria setoriais e seccionais devem incluir ações relativas aos projetos estruturadores do estado e programas mais representativos, atividades rotineiras estabelecidas em atos normativos, ações especiais e demandas dos dirigentes dos órgãos e entidades. O plano deve levar em consideração também a análise de riscos do trabalho de auditoria e os recursos necessários e disponíveis para realização das ações. O quadro seguinte apresenta o número de auditores nas unidades descentralizadas.

Quadro 6 – Unidades de auditoria nos órgãos/entidades da Administração Pública direta e indireta do Poder Executivo Estadual – Exercício de 2015

Modalidade	Unidade	Quantidade
Secretarias de Estado	Auditoria Setorial	20 [1]
Órgãos Autônomos	Auditoria Setorial	08 [2]
Autarquias	Auditoria Seccional	18
Fundações	Auditoria Seccional	15
Total		61

Fonte: CGE.
Obs.: Não foram consideradas as Empresas Públicas e as Sociedades de Economia Mista, conforme previsto no Decreto nº 45.795/2011 e Leis Delegadas nº 179/2011 e nº 180/2011.
Notas: [1] Na atual estrutura do Poder Executivo, as funções de auditoria na Secretaria de Estado de Desenvolvimento e Integração do Norte e Nordeste de Minas Gerais são executadas pelo auditor seccional do IDENE.
[2] Além dos 07 órgãos autônomos, existem ainda o Escritório de Representação do Governo do Estado de Minas Gerais em Brasília, cuja função de auditoria é executada pelo auditor setorial da SEGOV.

7.7.2 Modelo sugerido para Minas Gerais

7.7.2.1 Considerações gerais sobre o contexto de mudança

Por se tratar de processo complexo, e considerando que em Minas Gerais já existe um modelo integrado (ainda que imperfeito) que combina centralização (CGE) e descentralização (das unidades setoriais e seccionais de auditoria), é prudente que os primeiros passos das mudanças pretendidas possam começar por intervenções gerenciais internas, que estejam compreendidas no âmbito da discricionariedade dos gestores e não necessariamente pela via das alterações legislativas em sentido estrito, que dependem de discussão e aprovação parlamentar.

Quaisquer que sejam as iniciativas e propostas formuladas, é preciso fomentar a discussão interna, primeiro dentro da própria Controladoria e depois englobando os demais *stakeholders* da Administração Pública estadual. Nunca se abordou, de modo mais amplo, as deficiências do modelo vigente ou sua maior ou menor aderência aos *standards* internacionais. Distinções conceituais fundamentais à luz do modelo europeu precisam ser discutidas com cuidado, como as diferenças entre auditoria interna e inspeção financeira, o posicionamento dessas áreas na estrutura organizacional e os papéis e funções de cada uma.

É importante ressaltar também que o tema corrupção, onipresente no nosso ambiente político, administrativo, econômico e social, interfere no modo como se enxerga o papel dos órgãos de controle no Brasil. A sociedade em geral clama por mais rigor e combate à corrupção, pelo fim da impunidade e pela eficiência na apuração das irregularidades e aplicação das sanções. Os órgãos de controle interno têm sido chamados a contribuir nessa missão, o que significa que qualquer proposição de alteração do modelo institucional deve respeitar essa realidade. Em outras palavras, ainda que se fortaleçam as funções da auditoria interna, em prol da melhoria da gestão e da governança pública, essa medida não pode ser feita em detrimento da continuidade do trabalho de verificação, apuração e punição de fraudes e irregularidades no âmbito da própria Controladoria.

Como parte de um círculo virtuoso, a implantação do novo modelo, que busca justamente reforçar as primeiras linhas de defesa da organização (ainda muito fragilizadas), levará ao fortalecimento do controle interno, em geral, e da auditoria interna, em particular, contribuindo para a redução da sobrecarga de trabalho da área de combate à corrupção e concorrendo para que seus processos sejam mais eficientes e seus resultados mais efetivos.

7.7.2.2 Ações e etapas de mudança

A partir do contexto exposto anteriormente, propõem-se as seguintes ações, fases ou etapas de mudança:

(i) *Continuação da utilização do modelo IA-CM (The Internal Audit Capability Model)*

Em 2015, a CGE/MG participou do projeto-piloto do Banco Mundial e Conaci para utilização do modelo IA-CM como instrumento de avaliação da auditoria interna e tendo como fim último promover o aperfeiçoamento institucional da área de auditoria interna do Poder Executivo do Estado de Minas Gerais.

Como fruto deste trabalho, a CGE/MG iniciou ou aprofundou a implementação de algumas ações relacionadas a macroprocessos específicos contidos no modelo e esboçou um plano de ação para atingimento de alguns objetivos no médio e longo prazo.

Desde então, alguns objetivos e metas traçados já foram cumpridos ou estão bem avançados, destacando-se: a) reestruturação da carreira de auditor interno, com melhoria da remuneração; b) elaboração de um modelo de gestão de competências que auxiliará tanto a política de desenvolvimento de pessoal quanto o processo de avaliação de desempenho dos auditores; c) desenvolvimento de metodologia e utilização da auditoria baseada em riscos, para planejamento e execução das auditorias; d) elaboração de um Código de Ética específico para os servidores da CGE/MG; e) desenvolvimento de processo de certificação de auditores internos, como requisito para progressão na carreira, nos termos da Lei nº 21.726, de 20.7.2015.

A utilização do IA-CM como referência para fortalecimento da auditoria interna não somente contribui para a consolidação institucional da CGE/MG como se insere no processo de mudança em direção à adoção mais célere e organizada do modelo PIC em âmbito estadual.

(ii) *Criação da unidade de harmonização central da auditoria interna*

Um dos pontos mais enfatizados durante a visita de estudos, e que consta também dos trabalhos e relatórios técnicos a respeito da implantação do modelo PIC na Europa, diz respeito à importância de estabelecer algum mecanismo de coordenação entre os principais órgãos, gestores e auditores ao longo da cadeia de controle interno, o que, em diversos países europeus culminou com a criação de uma unidade administrativa especialmente voltada para este papel, denominada unidade de harmonização central (CHU, na sigla em inglês). Estas entidades, além de ajudar no processo de condução das reformas do Sistema de Controle Interno, têm a responsabilidade de propor alterações normativas, conciliar os *standards* associados aos elementos componentes do controle interno, monitorar o desempenho e o nível de qualidade dos trabalhos realizados e estabelecer e coordenar atividades de capacitação e treinamento.

No caso da CGE/MG, a existência de uma unidade organizacional – a Diretoria Central de Coordenação de Unidades de Auditoria – com experiência em coordenar, acompanhar e monitorar os trabalhos de auditoria realizados pelas unidades descentralizadas pode facilitar a mudança. De fato, essa diretoria poderia ser transformada na unidade de harmonização central de auditoria interna, com alguns ajustes de foco, aprofundamento de ações já executadas e incorporação de novas atribuições e responsabilidades. De todo modo, caber-lhe-ia primordialmente conduzir o processo de mudança na Administração Pública estadual.

Figura 40

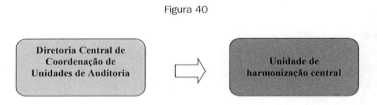

A unidade de harmonização central seria encarregada das seguintes funções:
1ª *fase (como agente de mudanças)*
- identificar os principais *stakeholders* em âmbito estadual e promover o debate e a troca de ideias e informações, com o fim de mostrar a importância de se fortalecer o Sistema de Controle Interno a partir da adoção de *standards* internacionais;
- fazer o diagnóstico e propor alterações normativas (tanto leis em sentido estrito quanto normas e regulamentos infralegais) que levem ao maior alinhamento do controle interno estadual com o modelo PIC e as melhores práticas internacionais. Isso requer a identificação de *gaps* e deficiências não somente do arcabouço legal, mas das práticas vigentes, pois é notório que no Brasil, por uma série de razões, muitas vezes as ações concretas e cotidianas empreendidas pela Administração Pública se desviam das previsões normativas;

- analisar o *status* atual do sistema e dos mecanismos de *accountability*. Nesta etapa do diagnóstico, especial atenção deve ser dada à *accountability* dos gestores pelo uso dos recursos públicos e atingimento dos objetivos dos programas e ações governamentais (*managerial accountability*), pois, à luz do PIC, é insuficiente o *accountability* legal atrelado tão somente ao cumprimento formal das regras e regulamentos;
- estudar e propor medidas para implementação da gestão de riscos na Administração Pública estadual, pois sem avanços nesta área restará comprometido o objetivo de fortalecer os mecanismos de controle interno. Deve-se ter em mente, no entanto, que este é um dos elementos mais complexos e desafiadores do modelo PIC, na medida em que há carência de expertise no assunto por parte dos agentes públicos envolvidos (auditores, gestores etc.) e, ao mesmo tempo, existem obstáculos de ordem estrutural, cultural e institucional;
- elaborar estudos técnicos, propor metodologias de trabalho, desenvolver modelos, manuais e guias orientadores da ação dos diversos envolvidos: CGE/MG, unidades descentralizadas de auditoria e órgãos e entidades da Administração direta e indireta.

2ª fase (consolidação do novo modelo e monitoramento das mudanças)
- monitorar o andamento das mudanças, avaliando a efetividade da aplicação dos novos conceitos, práticas e métodos de trabalho;
- promover avaliação de qualidade a respeito do atendimento de suas recomendações (*compliance*), reportando os achados ao controlador-geral do estado;
- participar ativamente na concepção e coordenação de programas e ações de capacitação e treinamento voltados ao fortalecimento do controle interno;
- desenvolver estratégias e ações que tenham como foco aumentar o grau de conhecimento dos gestores sobre os conceitos e arranjos necessários para tornar o Sistema de Controle Interno no setor público mais eficiente, eficaz e efetivo;
- engajar-se na formação de *networking* interno (dentro do Poder Executivo) e externo (com outras organizações e órgãos de controle), com a finalidade de fomentar o debate, discutir problemas comuns e promover a troca de experiências e conhecimentos.

Importante destacar que, na fase inicial, haveria apenas uma unidade de harmonização central, para tratar tanto dos assuntos relativos à auditoria interna quanto dos temas relativos ao controle e gestão financeira (FMC). A partir de determinado grau de institucionalização das mudanças, sugere-se que seja constituída uma unidade de harmonização central para gestão e controle financeiro, à semelhança do que existe na Bulgária, que seja vinculada à Secretaria Estadual da Fazenda, com repartição temática das funções e atribuições entre as duas unidades.

(iii) *Criação da unidade de inspeção financeira*

Como explicado, na Subcontroladoria de Auditoria e Controle da Gestão da CGE/MG não existe uma separação clara entre as atividades de inspeção e as de auditoria interna *stricto sensu*. Para alinhamento com os *standards* internacionais, é necessário, portanto, promover a separação tanto funcional quanto estrutural dessas áreas, o que faz surgir a pergunta: onde situar esta "nova" unidade?

Nos países visitados, a unidade de inspeção financeira está localizada dentro do Ministério da Fazenda, no entanto, esta não parece ser a alternativa mais adequada considerando o contexto brasileiro, em geral, e o de Minas Gerais, em particular. Como hoje a CGE/MG já realiza atividades de inspeção, voltada à identificação, análise e combate a fraudes e irregularidades, particularmente em relação às contratações públicas, propõe-se que a área de inspeção financeira permaneça vinculada à Controladoria-Geral do Estado.

Em relação ao posicionamento na estrutura organizacional da CGE/MG, vislumbram-se três alternativas: 1) manter a inspeção financeira dentro da Subcontroladoria de Auditoria e Controle da Gestão, no nível de superintendência, por exemplo; 2) transferir as atividades de inspeção para a Subcontroladoria de Correição Administrativa; ou 3) criar uma Subcontroladoria de Inspeção Financeira. O esquema seguinte mostra as alternativas:

Figura 41 – Alternativa 1

Vantagens	Desvantagens
Facilidade administrativa de se promover a mudança.	Falta de clareza quanto à mudança. Os gestores estaduais podem não perceber diferença quanto aos papéis da auditoria interna e da inspeção financeira.
Sinergia com a área de auditoria interna.	Inadequada posição hierárquica e administrativa na estrutura organizacional, em termos de autoridade, visibilidade e reconhecimento.

Figura 42 – Alternativa 2

Vantagens	Desvantagens
Facilidade administrativa de se promover a mudança.	Inadequada posição hierárquica e administrativa na estrutura organizacional, em termos de autoridade, visibilidade e reconhecimento.
Sinergia entre a atividade de identificação de fraudes e irregularidades e o processo de apuração de responsabilidades e aplicação de sanções.	

Figura 43 – Alternativa 3

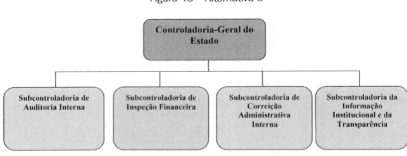

Vantagens	Desvantagens
Posicionamento hierárquico e administrativo elevado dentro da estrutura da CGE/MG, com autoridade e legitimidade apropriadas para realizar suas funções com mais independência.	Alteração administrativa mais difícil de ser promovida, em razão da necessidade de ajustes organizacionais (cargos, funções etc.).
Visibilidade institucional perante os gestores públicos internos e agentes externos, demarcando com maior clareza as diferenças entre as áreas de inspeção e auditoria interna, ainda que submetidas à mesma autoridade central (controlador-geral do estado).	

7.8 Modelo para Santa Catarina

O momento político pelo qual passa nosso país apenas ilustra a necessidade de transformar a realidade da Administração Pública nos entes federativos. Como este relatório busca demonstrar, o fortalecimento dos sistemas de controle interno no Brasil constitui-se em uma ferramenta capaz de contribuir para que a prestação de serviços públicos alcance os níveis de excelência desejados pelo cidadão.

Nesta seção além de uma breve explanação a respeito da composição atual do Sistema de Controle Interno do Poder Executivo estadual, apresentam-se algumas ideias com a finalidade de promover um redesenho do órgão central do sistema. Mais do que uma simples alteração no *design*, o que se almeja é uma verdadeira transformação na atuação desse órgão, com articulação mais intensa entre os diferentes atores que o integram e com maior foco em assuntos diretamente relacionados ao sistema administrativo. Por fim, comenta-se sobre as possíveis fases que constituirão o processo de implementação das mudanças aqui propostas.

Antes de passarmos à frente, cabe um esclarecimento acerca das intenções deste tópico. Como toda ideia em gestação, o protótipo em análise não pode ser considerado pronto, tampouco é essa a proposição dos autores. Longe de apresentar um modelo a ser seguido, nosso objetivo é fornecer uma nova maneira de visualizar as possibilidades relacionadas ao funcionamento de um Sistema de Controle Interno, de modo que este relatório possa ser um dos impulsionadores de um amplo debate entre os diversos setores de nossa sociedade com vistas à construção de uma nova realidade para o Brasil.

7.8.1 A organização atual do Sistema de Controle Interno em Santa Catarina

O art. 62 da Constituição do Estado de Santa Catarina estabelece que os poderes Executivo, Legislativo e Judiciário deverão manter, de maneira integrada, Sistema de Controle Interno com o propósito de:

(i) avaliar o cumprimento das metas previstas no plano plurianual, a execução dos programas de governo e dos orçamentos do estado;

(ii) comprovar a legalidade e avaliar os resultados quanto à eficácia e à eficiência da gestão orçamentária, financeira e patrimonial nos órgãos e entidades da Administração estadual, bem como da aplicação de recursos públicos por entidades de direito privado;

(iii) exercer o controle das operações de crédito, avais e outras garantias, bem como dos direitos e haveres do estado;

(iv) apoiar o controle externo no exercício de sua missão institucional.

Por seu turno, a Lei Complementar nº 381, de 7.5.2007, dispõe sobre o modelo de gestão e a estrutura organizacional da Administração Pública Estadual. Em seu art. 30, a lei menciona que as atividades relacionadas ao controle interno devem ser estruturadas, organizadas e operacionalizadas sob a forma de sistema administrativo.

Já o art. 31 reporta que os sistemas administrativos que dão vida ao modelo de gestão adotado pelo Estado são compostos por órgãos central, setoriais e seccionais. Enquanto ao primeiro atribui-se a responsabilidade pelas atividades de normatização, coordenação, supervisão, regulação, controle e fiscalização das competências sob sua área de atuação, dos demais exige-se a execução e operacionalização das competências delegadas pelos respectivos órgãos centrais, bem como pelas demais atividades afins previstas na legislação.

Figura 44 – Estrutura atual da Secretaria de Estado da Fazenda (SEF) – Limitada ao sistema administrativo de controle interno

Fonte: Elaborado pelo autor.

No que diz respeito ao sistema administrativo de controle interno, o art. 150 da referida lei indica como seu órgão central a Secretaria de Estado da Fazenda.[43] A Figura 44 ilustra a determinação como núcleos técnicos do sistema da Diretoria de Auditoria-Geral (Diag) e da Diretoria de Contabilidade-Geral (Dcog), estabelecida no mesmo texto legal. Por fim, o art. 150 sinaliza a necessidade de formulação de regulamento com a finalidade de difundir as boas práticas adotadas e disciplinar competências, procedimentos, técnicas e métodos inerentes ao sistema administrativo sob análise neste tópico.

A criação desse regulamento deu-se por meio do Decreto nº 2.056, de 20.1.2009, destinado a normatizar, coordenar, supervisionar, regular, controlar e fiscalizar a operacionalização dos controles internos no Poder Executivo estadual. Para tornar seu objetivo maior em realidade, destacaram-se as seguintes competências para a SEF, na condição de órgão central:[44]

(i) estabelecer diretrizes, normas e procedimentos de controle interno para operacionalizar as atividades e promover a integração entre os órgãos integrantes do sistema;

(ii) determinar a realização de auditorias a pedido do governador, secretários de estado ou dirigentes de entidades da Administração indireta;

---

[43] O Decreto nº 1.670, de 8.8.2013, estabelece o gabinete do titular ou dirigente máximo do órgão ou da entidade como a unidade administrativa responsável junto ao Sistema de Controle Interno.

[44] Decreto nº 2.056, art. 4º.

(iii) incentivar o treinamento e a especialização em matéria orçamentária, financeira, contábil, patrimonial e de controle interno;
(iv) articular-se com os poderes Legislativo e Judiciário e com o Ministério Público estadual, no sentido de uniformizar a interpretação das normas e procedimentos relacionados ao sistema;
(v) aprovar o Plano Anual de Atividades da Diretoria de Auditoria-Geral – PAA/Diag, da Secretaria de Estado da Fazenda – SEF; e
(vi) dar ciência ao controle externo sobre irregularidades constatadas, após adequadamente apuradas.

Assim, a partir dos argumentos apresentados, é possível concluir que os órgãos setoriais e seccionais que compõem o sistema administrativo de controle interno estão vinculados tecnicamente à Secretaria de Estado da Fazenda, órgão central do sistema, além de estarem subordinados administrativa e hierarquicamente ao titular do órgão ou entidade no qual desenvolvem suas atividades. Em outros termos, estão sujeitos às orientações normativas, ao controle técnico e à fiscalização específica por parte da SEF enquanto órgão central do sistema administrativo de controle interno, sob pena da aplicação de sanções administrativas.

Por fim, cabe ressaltar que atualmente as macrofunções ouvidoria e correição não estão sob a tutela do órgão central de controle interno em Santa Catarina. Ao passo que o sistema administrativo de ouvidoria tem como órgão central a Secretaria de Estado da Administração, inexiste uma unidade gestora da função corregedoria na Administração Pública estadual. Por fim, vale destacar a existência de corregedorias em órgãos como a Secretaria de Estado da Fazenda, Polícia Civil e Polícia Militar.

7.8.2 Linhas gerais para a nova organização administrativa do órgão central do Sistema de Controle Interno

Alinhada aos preceitos defendidos na Proposta de Emenda Constitucional nº 45/2009, a proposição apresentada na Figura 45 tem como grande objetivo dotar de maior robustez a atuação do órgão central do Sistema de Controle Interno do Estado de Santa Catarina. Tendo como aspecto mais visível o agrupamento em uma única estrutura das funções correlatas a um sistema de controle interno, sua implementação visa facilitar a comunicação entre os diferentes setores, de modo a aperfeiçoar a coordenação das atividades de todo o sistema, a formulação de estratégias e a execução dos planos de atuação, dotando-os de maior possibilidade de auferir ganhos de eficiência e eficácia.

Figura 45 – Modelo proposto para o órgão central do Sistema de Controle Interno no Estado de Santa Catarina

Fonte: Elaborado pelo autor.

O desenho propõe a constituição de uma unidade gestora independente, vinculada hierarquicamente ao gabinete do governador do estado e administrativamente à Secretaria de Estado da Fazenda. Essa formatação procura enriquecer a atuação do órgão mediante sua vinculação direta ao governador ao mesmo tempo que mitiga o impacto financeiro de sua implementação ao evitar a replicação de estruturas não finalísticas (como as responsáveis por licitações e gestão de pessoas) com a proposição de conexão administrativa com a Secretaria de Estado da Fazenda.

Em termos práticos, com essa estrutura propõe-se que a Diretoria de Auditoria-Geral seja transformada em Secretaria Executiva do Sistema de Controle Interno em razão de possuir as atribuições esperadas para órgãos dessa natureza. Como previsto no próprio regulamento do Sistema de Controle Interno vigente, a atividade de auditoria interna é caracterizada por atividades de avaliação, fiscalização e assessoramento da administração, voltada ao exame da adequação, eficiência e eficácia dos controles internos, da qualidade do desempenho das áreas em relação às suas atribuições, bem como da legalidade e legitimidade dos atos de gestão da Administração Pública estadual.⁴⁵ Contudo, dada sua atual formatação, com vistas ao bom funcionamento do novo sistema, faz-se necessário que à estrutura atual sejam agregados elementos que a capacitem a assumir as funções de ouvidoria e correição.

O organograma sob análise compõe-se de núcleos responsáveis pela normatização, supervisão e orientação das atividades de harmonização das ações de controles internos, auditoria governamental, ouvidoria e correição. A seguir está apresentada de maneira resumida a finalidade para cada um dos novos núcleos do órgão central de controle interno:

- Ouvidoria-Geral – sua principal atribuição permanece estabelecer-se como um canal de comunicação entre o cidadão e a Administração Pública. O ganho esperado com a alteração proposta está na nova localização do núcleo central do sistema administrativo de ouvidoria no organograma da Administração Pública estadual, com maior proximidade às demais funções do controle interno, de modo que a comunicação mais estreita com tais atores permita à Ouvidoria ampliar a relevância dos resultados apurados na efetivação das atividades sob sua tutela.
- Unidade de harmonização central dos controles internos – sua missão será normatizar, orientar e supervisionar a operacionalização dos controles internos nos órgãos e entidades do Executivo. A fim de garantir efetividade em suas ações, prevê-se vinculação técnica do órgão com a unidade administrativa responsável pela gestão de ações relacionadas aos controles internos nas organizações.⁴⁶ Sua atuação terá como propósito facilitar o processo de tomada de decisões na instituição e assim proporcionar maior eficiência nos serviços prestados à população.
- Auditoria-Geral – as decisões administrativas relativas à atividade de auditoria interna estão centradas no órgão central, em que pese sua atuação abarcar todos os órgãos do Poder Executivo. Sua atribuição precípua será avaliar os controles

---

⁴⁵ Conforme caracterizado no art. 10 do Decreto nº 2.056/2009.
⁴⁶ Cabe salientar que a vinculação técnica mencionada é similar à existente entre UHC e órgãos e entidades no modelo PIC, ou seja, caberá à unidade de harmonização central de controle interno normatizar, orientar e supervisionar os trabalhos realizados pelos órgãos e entidades no que diz respeito às ações de controle interno.

internos dos órgãos e entidades. Executando suas atividades por meio de avaliações objetivas e independentes relativas à qualidade de governança, gestão de riscos e controle existentes, seu objetivo principal estará no aperfeiçoamento das operações e consequente incremento de valor em uma organização.
- Corregedoria-Geral – responsável por prevenir e apurar indícios de atos ilegítimos praticados no âmbito de instituições sob sua jurisdição. Sua atuação ocorrerá a partir do recebimento de denúncias e representações ou em razão de trabalhos de auditoria que apontem a provável existência da ocorrência de irregularidades na esfera administrativa da Administração direta, indireta, autárquica e fundacional do estado de Santa Catarina.

Neste momento, faz-se necessário chamar a atenção para um aspecto de capital importância para o bom funcionamento do modelo em destaque: a distinção entre as atividades de auditoria interna e inspeção. Ordinariamente realizada por auditores internos em nosso país, a atividade de inspeção caracteriza-se por investigar irregularidades com o objetivo de apuração das responsabilidades dos motivadores de sua concretização, ao passo que a atividade de auditoria interna visa fundamentalmente avaliar o trabalho conduzido com a finalidade de propor recomendações que gerem incremento de valor pelas instituições.

De acordo com o regulamento de boa parte das controladorias estaduais existentes em nosso país, tais organizações estão responsáveis por fiscalizar o cumprimento dos princípios e normas que estabelecem os limites de atuação do gestor público. Para que seja sinalizado de maneira clara aos agentes e servidores o papel de cada sistema administrativo cuja supervisão e orientação faça parte das responsabilidades do órgão central de controle interno, é preciso que o braço que aconselha seja diferente daquele que aponta responsabilidades por fatos pretéritos. É natural que inicie uma investigação aquele que está responsável pela verificação pontual da existência de ilícitos, bem como pelo processo com vistas ao estabelecimento de punição aos causadores de tais problemas. Sob esse prisma, entende-se que a atividade de inspeção deve estar inserida entre as atribuições da Corregedoria-Geral.

7.8.3 Fases de implementação

É preciso dar o primeiro passo em direção ao objetivo proposto, e é com esse espírito, sem a pretensão de esgotar todas as etapas que necessariamente precisarão ser estudadas tempestivamente que, em linhas gerais, estão sugeridas as fases de implementação detalhadas a seguir:

(i) A apresentação da ideia para os *stakeholders* – é sabido que a transformação de hábitos e costumes por parte de seres humanos insere-se entre os grandes desafios para os proponentes de mudanças. Desse modo, é prudente que a implementação de iniciativa deste porte seja precedida por amplo debate com a finalidade de popularizar os conceitos e objetivos principais, bem como absorver os apontamentos que porventura tenham o condão de aperfeiçoar o modelo inicialmente proposto.

(ii) O levantamento dos possíveis percalços – há dificuldades alheias às ideias defendidas no modelo que necessitam ser enfrentadas, como a sempre destacada falta de pessoal habilitado para tocar as reformas, a consequente necessidade de capacitação e o complexo processo de promover alterações nos normativos que regem a atividade em análise.

(iii) A construção do plano para implementação da nova organização – análise das necessidades quanto à infraestrutura, pessoal e ajustes da legislação vigente para adequação aos padrões internacionalmente vigentes, especialmente no que diz respeito ao aprimoramento da *accountability* de todos os gestores pelas ações empreendidas, à garantia de uma auditoria interna independente e à concretização dos objetivos relacionados ao desenvolvimento e posterior manutenção do nível de desempenho adquirido pelas atividades de controle interno.

(iv) A implementação de fato – a colocação em prática das medidas consideradas necessárias na etapa anterior, observado o cronograma para a efetivação do plano de instituição do novo modelo e a realização das capacitações julgadas necessárias, preferencialmente com a prática de testes em unidades setoriais previamente selecionadas para verificação da qualidade das ações empreendidas, bem como a contratação de consultorias com vistas à mitigação de falhas identificadas no plano de construção.

(v) O monitoramento da execução do plano de implementação – análise por parte da equipe responsável pela efetivação das iniciativas propostas com a finalidade de atestar a conclusão das etapas que constituem o plano, além de promover as correções necessárias para esse fim.

No caso específico de Santa Catarina, há importantes ações em curso com capacidade para dotar de maior tangibilidade o sonho de converter as ideias centrais deste modelo em realidade. No âmbito da Diretoria de Auditoria-Geral, está em formação o embrião do modelo PIC a partir de importantes iniciativas relacionadas às funções controladoria e auditoria governamental.

No que tange à macrofunção controladoria e assumindo o jargão relacionado ao modelo europeu, está em curso a criação de uma unidade responsável por harmonizar a atuação das unidades administrativas de controle interno nos órgãos e entidades. O objetivo, a exemplo da respectiva unidade proposta no modelo em análise, é propiciar melhores condições para que os gestores tomem suas decisões e com isso agregar valor aos serviços prestados à população.

Por sua vez, a auditoria governamental está contemplada pelo estabelecimento de grupos setoriais de atuação, responsáveis por auditar os processos de trabalho realizados nos órgãos e entidades nos quais se desenvolvem as grandes missões da Administração Pública (até o momento, têm-se os grupos atuantes nas funções saúde e educação). Com a especialização promovida por esses grupos, espera-se que o aprimoramento dos conhecimentos relativos ao seu campo de atuação desenvolva em seus membros uma melhor compreensão do espectro que abrange a atividade em análise de modo que obtenham melhor entendimento da complexidade que a permeia e assim produzam maior eficiência em suas ações.

7.9 Visão de São Paulo

A nova auditoria interna brasileira, como demonstra o elevado interesse já expresso pelos estados que ativamente vêm participando do projeto conjunto Conaci/Banco Mundial, poderá contribuir para melhorar o aproveitamento dos recursos disponíveis e majorar a qualidade da gestão pública, oferecendo as condições institucionais para a concretização dos postulados constitucionais da legalidade, moralidade, eficiência e economicidade.

Desde que não se pretenda impor estrutura organizacional uniforme para todo o Sistema de Controle Interno no Brasil (anote-se que, mesmo a Proposta de Emenda Constitucional – PEC nº 45/2009, ao estabelecer que o controle interno é atividade essencial da Administração Pública e deve compreender 4 macrofunções – auditoria, correição, ouvidoria e controladoria –, não pretende obrigar os entes a implantar o modelo da Controladoria-Geral da União – CGU ou outro predeterminado modo organizacional da estrutura estatal de cada ente, pois tal hipótese colidiria com a natureza da organização política do Estado brasileiro como República Federativa, composta por União, estados, Distrito Federal e municípios, cada qual dotado de autonomia e independência para organizar-se de modo a bem desempenhar as missões constitucionais assinaladas pelo ordenamento jurídico) e, sim, definir e implantar modelo padronizado de atividade de auditoria interna, com organização, planejamento, procedimentos e resultados definidos conforme as melhores práticas internacionais, aproveitando-se a metodologia Coso e IA-CM, por certo haverá plenas condições para sua adoção em todo o país.

O estado de São Paulo, mais populoso (44 milhões de habitantes) e com a maior geração de riqueza e recolhimento de tributos, já participa do projeto conjunto Conaci/Banco Mundial, por meio da Ouvidoria-Geral do Estado, cujo titular é o representante estadual junto ao Conaci, e participou diretamente da missão internacional, acompanhando todos os trabalhos em andamento, por meio do Departamento de Controle e Avaliação – DCA, da Secretaria da Fazenda, cujo titular esteve recentemente reunido com a direção do Banco Mundial no Brasil, realçando o interesse institucional em fortalecer a parceria e adotar as mudanças que estão sendo planejadas para a melhoria do desempenho da auditoria interna do setor público.

Desde 2011, foi instituído o *Sistema Estadual de Controladoria*, por meio do Decreto nº 57.500/2011, revelando um modelo descentralizado de desempenho das macrofunções do controle interno, conforme a seguinte estrutura, no âmbito do Poder Executivo Estadual: função de auditoria governamental desempenhada por mais de 200 auditores no Departamento de Controle e Avaliação da Secretaria da Fazenda, além das auditorias internas dos entes da Administração indireta (autarquias, fundações e empresas controladas pelo estado); função correcional a cargo de 90 profissionais em atuação na Corregedoria-Geral da Administração, além de mais de 800 integrantes nas corregedorias da Polícia Civil, Militar, Sistema Penitenciário e outros setores, e

14 procuradores do estado dedicados exclusivamente a conduzir processos punitivos de agentes públicos, na Procuradoria de Procedimentos Disciplinares da Procuradoria-Geral do Estado; função de ouvidoria a cargo da Ouvidoria-Geral do Estado (Decreto nº 61.175/2015), com rede de 258 ouvidores em todos os órgãos estaduais, também incumbida das tarefas de controladoria compreendidas pela promoção da transparência, acesso a informações e atividades de capacitação e prevenção da corrupção.

Por sua dimensão e relevância no contexto nacional, revela-se estratégico que o estado de São Paulo participe ativamente da iniciativa, implantando as mudanças em preparo e contribuindo para sua disseminação pelos demais entes federativos brasileiros.

CAPÍTULO 8

DEFINIÇÕES

Accountability: de acordo com a IN Conjunta MP/CGU nº 1/2016, *accountability* é o conjunto de procedimentos adotados pelas organizações públicas e pelos indivíduos que as integram que evidencia sua responsabilidade por decisões tomadas e ações implementadas, incluindo a salvaguarda de recursos públicos, a imparcialidade e o desempenho das organizações.

Accountability do gestor (*managerial accountability*): conceito que considera que aqueles encarregados de *organizar as operações, propondo* e *tomando decisões* como base para *conduzir as atividades*, precisam estar cientes de que são *responsáveis*:
- pela *maneira* como as operações estão sendo *gerenciadas*;
- pelos *efeitos financeiros* decorrentes de tais operações;
- pelos *riscos* associados a tais operações;
- palas *atividades de controle* a serem postas em prática e aplicadas;
- pelo *monitoramento contínuo do sistema de gestão* a sua atualização em tempo útil.

Do conjunto de pessoas-chave, responsáveis pela forma e modo como o sistema de gestão e controle financeiro funciona, fazem parte gerentes, especialmente o ordenador de despesa, e chefes de unidades organizacionais individuais no âmbito dos seus poderes e responsabilidades.

Auditoria interna: é uma atividade independente destinada a avaliar os sistemas de controle interno, fornecendo garantia independente e objetiva e aconselhamento para a melhoria das operações. A auditoria interna ajuda o gestor a atingir seus objetivos por meio da introdução de uma abordagem sistemática e disciplinada para avaliar e melhorar a eficácia da gestão de riscos, dos controles e dos processos de governança. O *objetivo da auditoria interna* é fornecer garantia razoável aos gestores de que a implementação dos mecanismos de gestão e controle é adequada, econômica e consistente com padrões geralmente aceitos e está de acordo com a legislação nacional. O *escopo* da auditoria interna inclui todos os processos e atividades do gestor em todos os níveis de sua *accountability*. A auditoria interna *contribui* para o aumento da eficiência das operações de gestão, para o uso mais econômico e eficaz de recursos e para o atingimento dos objetivos organizacionais. A auditoria interna não critica a maneira de se fazer negócios, ela avalia os sistemas existentes, medindo o desempenho, *faz recomendações e fornece aconselhamento* com o propósito de melhorar o Sistema de Gestão e Controle Financeiro.

A *definição* de auditoria interna de acordo com as normas do IPPF:

> A auditoria interna é uma atividade independente e objetiva de avaliação (*assurance*) e de consultoria, desenhada para adicionar valor e melhorar as operações de uma organização. Ela auxilia uma organização a realizar seus objetivos a partir da aplicação de uma abordagem sistemática e disciplinada para avaliar e melhorar a eficácia dos processos de gerenciamento de riscos, controle e governança.

Controles: são atividades e procedimentos incorporados nos processos de negócio destinados a gerenciar riscos e aumentar a probabilidade de que os objetivos definidos sejam alcançados. Gestores de todos os níveis são responsáveis pelo funcionamento dos controles.

Gestão e controle financeiro: é um sistema abrangente de controle interno instituído pelos gestores e sob a responsabilidade deles, que, por meio da gestão de riscos, proporciona garantia razoável de que o orçamento e outros recursos serão utilizados de maneira regular, ética, econômica, eficaz e eficiente para a realização dos objetivos. Isso significa que eles serão utilizados de acordo com as leis e outros regulamentos, para a salvaguarda dos bens e recursos contra perdas, abuso e danos. Em termos mais simples, gestão e controle financeiro podem ser definidos como um *sistema* que *direciona* e *controla* os *efeitos financeiros* das operações do gestor de uma forma que os torna favoráveis à *realização dos objetivos*.

A gestão e o controle financeiro são *fundados* sobre cinco *componentes* inter-relacionados de controle interno:
- ambiente de controle;
- avaliação de riscos;

- atividades de controle;
- informação e comunicação;
- monitoramento e avaliação.

Os componentes representam um quadro que os gerentes precisam levar em conta durante o desenvolvimento do sistema de gestão e controle financeiro em uma seção de operações sob o seu mandato.

Value for money: a gestão do tipo *value for money* considera o cumprimento dos padrões de qualidade na prestação de serviços aos cidadãos e em outras atividades em que as instituições se envolvem, assegurando, ao mesmo tempo, que isso seja feito de uma forma econômica, eficiente e eficaz, isto é, gastando o menor recurso financeiro possível na prestação de um serviço de boa qualidade. Para alcançar isto, a estrutura gerencial precisa definir *objetivos operacionais claros* e verificar se eles estão sendo *alcançados* com base no princípio da *economia, eficiência e eficácia*.

Sistema eficiente: os *cidadãos* como *contribuintes* esperam ver que seus recursos estão sendo gastos de maneira *prudente* e que gestores públicos agem como bons administradores na *gestão eficiente* dos recursos orçamentários, levando em consideração suas *necessidades* e *interesses*. Um sistema de gestão financeira e controle *eficiente* oferece uma *garantia* razoável de que os recursos estão sendo gastos de maneira *legal, direcionada, econômica* e *eficiente*, e que os produtos e serviços públicos estão sendo fornecidos de acordo com os princípios de responsabilidade fiscal e das expectativas dos cidadãos.

Normas Internacionais para a Prática Profissional de Auditoria Interna (IPPF):[47] a IPPF é a estrutura conceitual que organiza a orientação profissional promulgada pelo Instituto de Auditores Internos Global (The IIA). Sendo uma entidade confiável, global, o IIA fornece, aos profissionais de auditoria interna em todo o mundo, orientação profissional organizada (quer as orientações obrigatórias quer as recomendadas, conforme organizadas nas IPPF). A orientação obrigatória inclui missão da auditoria interna, definição de auditoria interna, código de ética e normas. Orientação recomendada inclui o guia de

---

[47] Em julho de 2015, o IIA Global publicou a *Estrutura para a efetividade da auditoria interna: as novas normas internacionais para a prática profissional de auditoria interna (IPPF)*. Estas normas substituem as normas IPPF de 2013. As normas de 2013 encontram-se traduzidas em: IIA. *Normas internacionais para a prática profissional de auditoria interna (normas)*. Altamonte Springs: IIA, 2013. Disponível em: https://na.theiia.org/standards-guidance/Public%20Documents/IPPF%202013%20Portuguese.pdf.

implementação (anteriormente denominado aconselhamento prático) e a orientação suplementar (anteriormente denominada guias práticos).

Os *princípios basilares do IPP* para a prática profissional de auditoria interna são os seguintes:
- demonstrar integridade;
- demonstrar competência e diligência profissional;
- ser objetiva e livre de qualquer influência indevida (independente);
- estar alinhada com estratégias, objetivos e riscos da organização;
- estar adequadamente dotada dos recursos necessários;
- demonstrar qualidade e melhoria contínua;
- comunicar-se de maneira eficaz;
- fornecer segurança baseada em risco;
- ser perspicaz, proativa e focada no futuro;
- promover a melhoria organizacional.

As normas são focadas em princípios e providenciam um arcabouço para realizar e promover a auditoria interna. As normas são requerimentos mandatórios e consistem em:
- declarações dos requerimentos básicos para a prática profissional de auditoria interna e para a avaliação da eficácia do desempenho, as quais são internacionalmente aplicáveis às organizações e aos indivíduos;
- interpretações, as quais esclarecem termos ou conceitos contidos nas declarações.

É necessário considerar as declarações e suas interpretações, assim como os significados específicos do glossário, para entender e aplicar as normas corretamente.

A versão mais recente das IPPF está disponível para a comunidade de auditores internos e pode ser acedida por meio do *site* do IIA Global (http://www.theiia.org).

Inspeção: é uma atividade investigativa que questiona o passado para verificar violações de regulamentos, analisar a conformidade. O seu foco são transações e indivíduos e seu objetivo é descobrir violações nos regulamentos e determinar medidas penais. Os exercícios de inspeção são conduzidos com base em relatórios, solicitações ou reclamações, tendo em vista o estabelecimento de violações concretas de regulamentos, resultando na tomada de medidas penais adequadas, por exemplo, contravenção e encargos criminais. O quadro a seguir mostra a diferença entre inspeção e auditoria interna.

Quadro 7

Inspeção	Auditoria Interna
Verifica documentos, inventário e ativos (testes detalhados)	Verifica sistemas de controle (testes de controle)
Todos (100 % do período selecionado)	Baseado nos resultados dos testes de controle, o auditor interno decide se vai fazer testes detalhados e a quantidade de testes que fará
Resultados: cada erro, mesmo que insignificante, deve ser incluído no relatório	Resultados: o relatório inclui todas as verificações – tanto as negativas como as positivas
As pessoas responsáveis são denunciadas, mas não as razões	Os relatórios incluem razões (causas), conclusões e recomendações
Verificações *a posteriori* (*ex post*) – principalmente sim/não para verificação de conformidade com a lei	Verificações *a posteriori* (*ex post*) para asseguração, mas também para assessoramento
De fora da entidade (normalmente do MF)	De dentro da entidade
De atividades financeiras	De todas as atividades
Focado no indivíduo	Focado nos sistemas
Objetivo: detectar violações e impor sanções	Objetivo: avaliar sistemas de controle interno e recomendar melhorias
Rever o passado para assegurar disciplina financeira e orçamentária	Rever o futuro para ajudar a gestão

Código de ética profissional de auditores internos: contém princípios e regras que os auditores internos certificados necessitam respeitar, o que também se aplica a quaisquer outras pessoas envolvidas na auditoria interna. Espera-se que os auditores internos apliquem e cumpram com os seguintes princípios e regras: integridade; independência; competência; objetividade; confidencialidade; imparcialidade; comportamento e relacionamento com os outros.

Regimento dos auditores internos: documento que aponta os direitos e deveres de auditores internos com respeito a um auditado, o propósito e objetivo da auditoria interna, a independência da equipe de auditoria, as autoridades, o papel e escopo do auditor interno, as responsabilidades e deveres dos chefes das unidades de auditoria interna, as obrigações de relato e comunicação, as ações que os auditores tomam no caso de irregularidades e fraudes, a cooperação com outros entes. O regimento dos auditores internos designa a autoridade dos auditores em termos de acesso à documentação, pessoal e ativos tangíveis com o propósito de conduzir auditorias internas.

As *três linhas de defesa*: a estrutura do sistema de controle interno deve contemplar as três linhas de defesa, visando manter o equilíbrio do sistema, conforme a figura a seguir que descreve o modelo das 3 linhas de defesa.

Figura 46

Fonte: Adaptado da *Guidance on 8th EU Company Law Directive* da ECIIA/Ferma, art. 41.

Na primeira linha de defesa estão presentes os controles gerenciais e as medidas de controle interno. A responsabilidade primária é da gerência operacional dos órgãos e entidades, que devem envidar todos os esforços para garantir que os controles sejam eficazes para a mitigação dos riscos.

A segunda linha de defesa contempla o controle da gestão dos riscos e a verificação da conformidade, para garantir integridade, abrangendo o controle financeiro, a segurança, o gerenciamento de riscos, a qualidade, a inspeção e a conformidade. As ações da segunda linha de defesa são de responsabilidade da gerência administrativa e financeira dos órgãos e entidades.

Já a terceira linha de defesa é a auditoria interna, devendo interagir com um órgão de governança e com a alta administração, avaliando de maneira abrangente, no maior nível de independência e objetividade dentro da organização. A atividade de auditoria interna deve contribuir ativamente para a eficácia da governança organizacional, sendo necessário que possua independência e profissionalismo.

Controle interno: o Coso (Committee of Sponsoring Organizations) na sua estrutura *integrada de controle interno*[48] (maio 2013) define *controle interno*:

> [...] um processo conduzido pela estrutura de governança, administração e outros profissionais da entidade, e desenvolvido para proporcionar segurança razoável com respeito à realização dos objetivos relacionados a operações, divulgação e conformidade.

Essa definição reflete alguns conceitos fundamentais. O controle interno é:
- *conduzido para atingir objetivos* em uma ou mais categorias – operacional, de reporte e conformidade;
- *um processo* que consiste em tarefas e atividades contínuas – um meio para um fim, não um fim em si mesmo;
- *realizado por pessoas* – não se trata simplesmente de um manual de políticas e procedimentos, sistemas e formulários, mas diz respeito a pessoas e às ações que elas tomam em cada nível da organização para realizar o controle interno;
- *capaz* de proporcionar *segurança razoável* – mas não absoluta, para a estrutura de governança e alta administração de uma entidade;
- *adaptável à estrutura da entidade* – flexível na aplicação para toda a entidade ou para uma subsidiária, divisão, unidade operacional ou processo de negócio em particular.

O controle interno consiste em cinco componentes inter-relacionados:
1. ambiente de controle;
2. avaliação de riscos;
3. atividades de controle;
4. informação e comunicação;
5. monitoramento.

O ambiente de controle providencia a fundação para os outros componentes. A estrutura enfatiza a importância do julgamento da gestão no desenho, implementação e realização do controle interno e na avaliação de sua efetividade.

---

[48] COSO. *Controle interno* – Estrutura integrada. Sumário Executivo. 2013. p. 3-5. Disponível em: http://www.iiabrasil.org.br/new/2013/downs/coso/Coso_ICIF_2013_Sumario_Executivo.pdf.

Ciclo PDCA: também conhecido como Ciclo de Deming, é um método iterativo de gestão de quatro passos, utilizado para o controle e melhoria contínua de processos e produtos. PDCA é a sigla composta pelas iniciais das palavras em inglês que designam cada etapa do ciclo: *plan* – planejar; *do* – fazer ou agir; *check* – checar ou verificar; e *action* – no sentido de corrigir ou agir de maneira corretiva.

ANEXO A

BIBLIOGRAFIA SELECIONADA

BADARA, M. S.; SAIDIN, S. Z. Impact of the effective internal control system on the internal audit effectiveness at local government level. *Journal of Social and Development Sciences*, v. 4, p. 16-23, 2013.

BALTACI, M.; YILMAZ, S. Keeping an eye on subnational governments: internal control and audit at local levels. *World Bank Institute*, Washington, D.C., 2006. Disponível em: http://siteresources.worldbank.org/WBI/Resources/InternalControlandAuditatLocalLevel-FINAL.pdf. Acesso em: 10 abr. 2016.

DE KONING, Robert. *PIFC* – A European Commission initiative to build new structures of public internal control in applicant and third-party countries. [s.l.]: [s.n.], 2007.

EUROPEAN COMMISSION. *Welcome to the world of PIFC*. Brussels: EU Publications Office, 2006.

EUROPEAN UNION. *Compendium of the Public Internal Control Systems in the EU member states*. 2. ed. Luxembourg: Publications Office of the European Union, 2014.

GIELISSE, Robert. *Governance and the role of Public Internal Financial Control (PIFC)*. Pristina, maio 2008.

ANEXO B

MODELO DO QUESTIONÁRIO DE AUTOAVALIAÇÃO SCI DA BULGÁRIA 2013

The self assessment of the financial management and control systems (SAFMCS) will help you to determine the strengths and weaknesses of your management. The next step would be to take measures for improving it in order to be assured that your management actions are appropriate and would lead to achieving the main objectives of your organisation.

SECTION A – CONTROL ENVIRONMENT

Based on the assessment results and your inner conviction you must put an overall rating on the control environment in your organisation. Your answers will also direct you to the appropriate actions that you have to take in order to improve the control environment.

	Questions	YES	NO
1.	When setting the strategic objectives and priorities did you plan resources to ensure their implementation (human, financial, time)?		
2.	Have you objectives not achieved in 2013? *If YES, please give the reasons therefor (you can give more than one answer):*		
	Unexpected changes in legislation		
	The objectives have not been consistent with the financial resources		
	Insufficient administrative capacity		
	Insufficiently professionally qualified staff		
	Changes in the structure and management team		
	As a result of contract implementation failure		
	Other -		
3.	Have you made any changes in the structure and functions of the organisations or in the number of personnel in 2013?		
	Reduction of personnel number in the establishment plan on the account of vacancies		
	Restructuring of special administration units to assist the manager in the implementation of specific policies and activities assigned by law		
	Setting up new special administration units to assist the manager in the implementation of specific policies and activities assigned by law		
	Other, specify -		
4.	As a result of what are changes in the structure and functions of the organisations or in the number of personnel made? *Please, give the answers relevant to your organisation*		
	Recommendations of the Court of Auditors		
	Changes in the legislation		
	Changes in the management team of the organisation		
	Other, specify -		

5.	Where needs for training of personnel in the listed subjects have been identified, did you ensure the participation of your employees in such training in 2013?		
	Financial management and control and internal audit		
	EU structural instruments		
	Public procurement		
	Quality management standards		
	Foreign languages		
	Information technology		
	Public finance organisation and structure		
	Budget organisation at local level		
	Public private partnership		
	Other, specify:		
6.	Do you avail of the opportunity to initiate audit engagements for consultation, performed by your internal audit unit? *If NO, please, specify the reasons:*		
	I have a team of advisors on various specific matters relevant to the activities of the organisation		
	My competence allows me to successfully manage the organisation without using internal audit engagements for consultation		
	I believe that internal audit is beneficial chiefly through its assurance provision activity		
	No internal auditors have been employed		
	Other -		
7.	When assessing the work of senior officials do you take into account the listed below criteria/circumstances? *If YES, please specify which you take into account:*		
	The overall performance of the unit managed by the relevant employee during the period under assessment		
	I mainly stick to the characteristics of professional behaviour described within the competencies under the Rules and Procedures for Performance Appraisal in the State Administration		
	The availability of critical reports and assessments of control bodies in respect of the activity/system managed by the relevant employee		
	Other -		
8.	Do you have a policy/programme in place to ensure the retaining of highly qualified and experienced employees? *If YES, please, specify what measures are applied in your organisation to implement such policy/programme (you can give more than one answer)*		
	Bonuses		
	Promotion under the relevant procedures		
	Participation in specialised training		
	Training of a potential replacement to a highly qualified employee		
	Other incentives:		
OVERALL ASSESSMENT OF SECTION A "CONTROL ENVIRONMENT" Based on the answers in Section A "Control environment", I assess the control environment in the organisation managed by me as:			

Very good	
Good	
Satisfactory	
Unsatisfactory	

SECTION II - RISK MANAGEMENT		
	To achieve the strategic and operational objectives of your organization you have to know the potential risks that may hinder your activities and to manage them by appropriate response actions. The questions below will help you to assess the risk management process including your role in this part of the organization management.		
9.		In connection with the obligation under Article 13(3) of the Financial Management and Control in the Public Sector Law, have you taken actions to update the risk management strategy? Depending on your answer, please specify:
	No, because the necessary organization to meet this obligation has not been established		
	No, because there is no need for updating		
	No, because for the development of such a document qualified employees are required		
	No, because the benefits of risk management are not well understood		
	Yes, as a result of Court of Auditors recommendations		
	Yes, as a result of internal audit engagements		
	Yes, because the previous risk management strategy has expired		
	Yes, as a result of substantial changes in the risk environment		
	Yes, on the initiative of the Committee on Risk/the risk management coordinators		
	Other -		
10.		Where you have identified any of the strategic objectives listed below, please specify whether you managed in 2013 the indicated risks related thereto.
		OBJECTIVE: Strengthening the transparency of management
	Risk 1: Ineffective communication with citizens and legal entities		
	Risk 2: Non-compliance with the procedures for drafting and changing legal and internal acts		
	Risk 3: Restricted access to public information		
	Other, please specify		
		OBJECTIVE: Strengthening the budget process monitoring
	Risk 1: Lack of indicators to measure progress and outcomes		
	Risk 2: Employees are not sufficiently trained to apply the Public Finances Law		
	Risk 3: Inadequate procedures for accounting operations		
	Other, please specify		
		OBJECTIVE: Successful implementation of EU funded projects
	Risk 1: Non-compliance with the applicable public procurement requirements		
	Risk 2: Ineffective communication with beneficiaries and managing authorities		
	Risk 3: Poor administrative capacity		
	Risk 4: Ineffective control of beneficiaries over project implementation		
	Other, please specify		
11.		Did you assess identified risks by influence and probability indicator? If YES, please, specify the employees participating in the assessment:
	All employees in the relevant administrative unit/structure		
	Appointed by the managers employees in the relevant administrative unit/structure		
	Only senior employees		
	Committee on risk		
	Other -		
12.		Do you document the risk management process? Please specify
	No, because there is no risk management strategy in the organization		
	No, because additional training is necessary to acquire skills to fill in the risk register		
	No, this activity represents additional administrative burden		
	Yes, because this is required in the financial management and control methodology		
	Yes, as a result of recommendations by internal and/or external auditors		
	Yes, that the monitoring and improvements of the process is facilitated		
	Other:		
13.		Are the employees responsible made aware of the reaction to substantial risks chosen by the management? If YES, please specify how this has been done:
14.		Do you update the risk registers regularly? If YES, please specify:
	The risk register of the organization is updated on an annual basis		
	At the beginning of the year when the operational objectives of each unit are planned		
	Where necessary		
	The risk register of the respective unit/structure is updated after each audit performed		
	Other:		
15.		Do you encounter serious difficulties in complying with the requirement to manage the risks within the organization?
	Identification of risks to objectives defined		
	Risk assessment and prioritization		
	Choice of appropriate reaction adequate to the risks identified and assessed		
	Documenting the risk management process		
	Communication with the employees responsible in respect of risk management		
	Other, specify		
16.		Have your employees participated in risk management training?
	OVERALL ASSESSMENT OF SECTION B "RISK MANAGEMENT" Based on the answers in Section B "Risk management", I assess the controls environment in the organization managed by me as:
	Very good	
	Good	
	Satisfactory	
	Unsatisfactory	

SECTION C – CONTROL ACTIVITIES

Effective and adequate control mechanisms limit the substantial risks and thus you obtain assurance that you will successfully perform the activities and achieve the objectives of the organisation.

17.	Do you have internal control mechanisms in the public procurement process which ensure compliance with the legislation and do not allow:	
	Division of public procurement	
	Non-implementation of procedures	
	Inclusion of discriminatory requirements in the documentation for participation	
	Non-sending the information required to the PPA, the State Gazette and the Official Journal of EU within the time limits set	
	Other, please specify:	
18.	Do you have internal rules for receiving and processing alerts about irregularities, infringements and corruption?	
19.	Did you make a review and analysis of the control activities in 2013, relative to the risks identified and assessed? *If YES, please specify:*	
	A review is made on an annual basis	
	A review is made at the beginning of the year when the operational objectives of each administrative unit are planned	
	A review is made where necessary	
	A review is made on completion of internal and external audits in the respective structure/units	
	All control activities required by law have been introduced irrespective of the risks identified and assessed	
	Other	
20.	Were there in 2013 cases of simplification/elimination of internal rules and procedures in relation with the managed by your organisation risks that unduly increase resource spending for the respective activity? *Please specify:*	
	Yes, as a result of internal audit engagements	
	Yes, initiated by the respective senior officials upon review of the risk registers	
	Yes, as a result of changes in the legislation	
	No, the existing internal rules and procedures are consistent with the risks and expenditure for control	
	No, there is no practice in the organisation to fill in risk registers	
	No, because in 2013 the majority of the working processes in the organisation became complicated	
	Other -	
21.	If in your organisation it is inadequate the approval, implementation, accounting and control functions to be performed by different employees, have you used any other compensating control mechanisms? *If YES, specify:*	
	Rotation of duties and responsibilities/employees is regularly applied	
	Combination of duties and responsibilities is assigned	
	Additional checks are performed for certain activities where the risks of errors and irregularities are the most substantial	
	Other -	
22.	Have you taken actions to prepare the organisation/individual structures in relation to the EU financial support in the new programming period 2014-2020? *If YES, please specify:*	
	Structural changes are planned	
	Reinforced participation of employees of the organisation in trainings pertaining to EU funds management in the new programming period	
	Development/update of the procedures for EU funds management in the new programming period is planned	
	Examination of the thematic objectives for the new programming period, whose implementation will be ensured by the relevant operational programmes or other EU programmes, is assigned to certain units/employees	
	Other -	

OVERALL ASSESSMENT OF SECTION C "CONTROL ACTIVITIES"
Based on the answers in Section C "Control activities", I assess the control environment in the organisation managed by me as:

Very good	
Good	
Satisfactory	
Unsatisfactory	

SECTION D – INFORMATION AND COMMUNICATION

The introduced by you information and communication system must ensure traceability of the processes in the organisation. Via this system you must ensure conditions for work with timely, accurate and useful information, regular reporting of actions and results for the purpose of making appropriate management decisions.

The questions below will help you to assess the state of the information and communication system in your organisation and orientate you how to improve it.

23.	Do you require of senior officials and from lower level spending units to regularly report to you on the progress of objectives/tasks/plans implementation?	
	If YES, specify the regularity of reporting (on a weekly, monthly, etc. basis):	
24.	What is your assessment of the communication and information exchange between your organisation and lower level spending units? *Please, choose only one answer*	
	Good – the information exchanged is timely and accurate	
	Satisfactory – difficult communication leading to delay and inaccuracy of the information provided	
	Unsatisfactory – lack of effective communication and information exchange	
	None – there are no lower level spending units	
25.	Is your organisation providing to consumers the necessary information about its main objectives, basic legal and internal acts regulating its activities, its organisational structure, etc.? *If YES, please specify how is the information provided:*	
	By publishing up-to date data on the website accessible for external users	
	By publishing up-to date data on the intranet	
26.	In the event of amendments to the applicable national and/or EU legislation is there an internal procedure in your organisation for updating the relevant rules, data bases and other documents?	

OVERALL ASSESSMENT OF SECTION D "INFORMATION AND COMMUNICATION"
Based on the answers in Section D "Information and communication", I assess the control environment in the organisation managed by me as:

Very good	
Good	
Satisfactory	
Unsatisfactory	

SECTION E - MONITORING

Monitoring the activities in the organisation enables you to learn about any problems and duly solve them by taking appropriate corrective measures.

The questions below will help you to assess whether the introduced by you system for overall review gives you assurance that the activities in your organisation develop as planned.

27.	Did you review and update the strategic and operational objectives of the organisation in 2013? *If YES, please specify the reasons for updating those objectives:*	
	Changes in government	
	The adoption of the Public Finances Law	
	The new programming period 2014-2020	
	Restructuring of sectors and policies	
	Other:	
28.	If in 2013 there was an internal audit function in the organisation, did you require of it to audit a process you consider as key (risk) for the organisation? *If YES, please specify:*	
	Procurement award	
	Revenue (taxes and fees) collection	
	Concessions	
	Management and control systems relevant to implementation of projects funded under EU Funds and Programmes	
	Budget process	
	The risk management system in the organisation	
	Information systems	
	Other:	
29.	Do you have in place an established procedure for following up the actions taken to implement recommendations of internal and external auditors, as well as recommendations/instructions of other control bodies?	
30.	Were checks of public procurement conducted in your organisation in 2013? *If YES, please specify:*	
	The total number of checks conducted by internal auditors -	
	The total number of checks conducted by external control bodies (Public Financial Inspection Agency, Court of Auditors, Audit of European Union Funds Executive Agency, etc.) -	
	Number of statements for establishing violations in your organisation (the legal entity) -	
	Number of penalty decrees issued in 2013 -	
	Number of administrative-criminal proceedings terminated in 2013 -	
31.	What is the way in which you receive information regarding follow up actions and results from employees responsible for the implementation of recommendations/instructions of control bodies?	
	Internal audit is required to check the follow up actions and to report	
	The respective manager is required to report on follow up actions and results	
	The organisation keeps a register of recommendations and a person responsible is appointed to report to the manager of the organisation on follow up actions and results	
	There is practice introduced in the organisation all senior officials to regularly prepare written reports that include such information	
	The person responsible for accounting entries follows up this information in relation to the endorsement of the annual financial statement	
	Other, please specify:	
32.	Are you assured that the monitoring system in your organisation is improving due to measures taken based on the results of previous self-assessments (for 2012 and for 2011)? *If YES, please specify what measures were taken in your organisation in 2013:*	
	The number of actually hired internal auditors is increased	
	Reinforced communication with internal audit on important issues of the organisation's on-going activities	
	A system of weekly consideration of activities performed and the problems related thereto is applied in all structural units and at organisation level	
	Other:	

OVERALL ASSESSMENT OF SECTION E "MONITORING"
Based on the answers in Section D "Monitoring", I assess the control environment in the organisation managed by me as:

Very good	
Good	
Satisfactory	
Unsatisfactory	

OVERALL ASSESSMENT OF THE STATE OF FINANCIAL MANAGEMENT AND CONTROL IN 2013
Based on the objective results of the self-assessment I declare that the state of financial management and control in 2013 in the organisation managed by me is:

Very good	
Good	
Satisfactory	
Unsatisfactory	

ANEXO C

COMPARAÇÃO DO TREINAMENTO E CERTIFICAÇÃO NA BULGÁRIA E NA CROÁCIA

Elementos de comparação	Bulgária		Croácia	
	Treinamento	Certificação	Treinamento	Certificação
Obrigatoriedade	Sim, mas não há mecanismos para obrigar o servidor.	Sim	Sim, mas não há mecanismos para obrigar o servidor. Os servidores, no entanto, demonstram grande interesse em participar.	Sim
Instituição responsável pela formação dos auditores internos	Diretoria de Controle Interno da UHC (por meio da Escola de Finanças Públicas, do Ministério das Finanças)		UHC (por meio da Escola Nacional de Administração Pública)	
Instrutores	Membros da Diretoria de Controle Interno		Servidores da UHC treinados inicialmente pela UE	
Frequência	Ao longo do ano de 2015 foram ofertados 14 cursos	1 vez ao ano	UHC organiza oficinas, *workshops*, palestras, artigos escritos para formação adicional. São ofertadas cerca de 25 oportunidades ao ano.	1 vez ao ano
Estrutura/ Carga-horária	40 horas anuais (divididas em cursos que duram 1 ou 2 dias)	16 horas teóricas	Anualmente a UHC organiza um catálogo que estabelece alguns cursos obrigatórios e outros facultativos.	175 horas (5 módulos, cada módulo de 5 dias, sete horas por dia).
Público-alvo	Auditores internos públicos		Auditores internos públicos	
Prerrequisitos	Formação em nível superior e trabalho em auditoria interna (pública ou privada)		Formação em nível superior e trabalho em auditoria interna pública	

ANEXO D

COMPARAÇÃO DO PROCESSO DE CERTIFICAÇÃO NA BULGÁRIA E NA CROÁCIA

	Bulgária	Croácia
Obrigatória?	Sim. Prevista na Lei de Auditoria Interna.	Sim.
Tempo de duração do processo de certificação	1 mês e meio	De 6 a 7 meses
É possível trabalhar sem certificação?	Somente estagiários pelo período máximo de dois anos	Uma pessoa pode ser contratada sem um certificado, mas precisa adquiri-lo em um prazo de um ano a contar da data de admissão. Este tempo pode ser prorrogado se houver justificativa.
Estrutura do exame	90 questões com 4 respostas, sendo uma correta.	100 questões teóricas; duas auditorias práticas orientadas por um mentor e um exame oral, no qual os candidatos têm de responder corretamente ao menos 5 questões das 7 propostas.
Conteúdo	50% das questões referem-se à Auditoria Interna (lei, manual de auditoria e padrões para a auditoria interna no setor público); 30% referem-se à gestão e ao controle financeiro no setor público; 20% à contabilidade e à administração pública. Algumas das questões tratam de casos práticos.	25 questões em cada uma das seguintes áreas: introdução à auditoria interna e sistema de controle interno no setor público; metodologia da auditoria interna; habilidades e técnicas de auditoria; gestão financeira e contabilidade. Há algumas questões que tratam da aplicação da metodologia de auditoria interna em casos práticos.
Duração do exame	3 horas	2 horas (escrito); 45 minutos (oral), 2 semanas (prático)
Percentual de auditores internos certificados (quantidade de servidores certificados nacionalmente dividida pela quantidade de auditores internos multiplicada por 100)	440/450 = 97%	426/426 = 100%
Percentual de acertos necessários para a aprovação		75% nas questões de múltipla escolha (teóricas); 60% nas questões referentes a exemplos práticos e no mínimo 5 das 7 questões orais
Percentual de candidatos aprovados em 2015	40%	

ANEXO E

FLUXOGRAMAS DA FUNÇÃO DE AUDITORIA NA CROÁCIA E NA BULGÁRIA

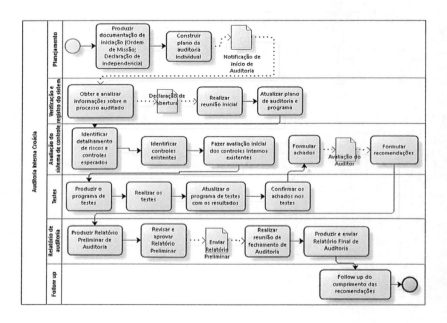

ANEXO E | 253

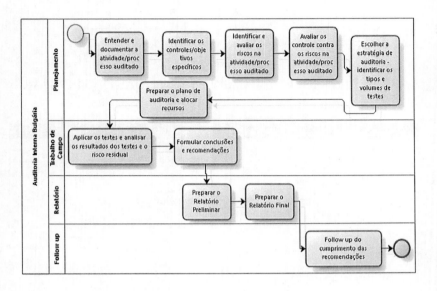

ANEXO F

TABELA DESCRITIVA DE CARACTERÍSTICAS DAS EFS DA UE

Características das ISC dos Países da União Europeia

País	Data de Adesão	Número de Membros	Mandato	Organização	Tipos de Auditoria
TRIBUNAL DE CONTAS DA EU	-	28	6 anos	TC	1) Auditoria financeira; 2) Auditoria de conformidade; 3) Auditoria de resultados.
ALEMANHA	1 de janeiro de 1958	2	12 anos	Tribunal Federal	1) Auditorias Financeiras; 2) Auditorias de Desempenho.
ÁUSTRIA	1 de janeiro de 1995	1 Presidente	12 anos	TC	1) Auditoria de Financeira; 2) Auditoria de Desepenho.
BÉLGICA	1 de janeiro de 1958	12	6 anos	TC	1) Análise do Orçamento; Auditorias Financeiras; Legalidade e auditoria de regularidade; Auditoria da boa utilização dos fundos públicos.
BULGÁRIA	1 de janeiro de 2007	5	7 anos	TC	1) Auditorias financeiras; 2) Auditorias de conformidade; 3) Auditorias de implementação; 4) Auditorias específicas.
CHIPRE	1 de maio de 2004	1 Auditor Geral 1 Vice Auditor Geral	Vitalício	Escritório de Auditoria da República de Chipre	1) Auditoria Financeira; 2) Auditoria de Desempenho; 3) Auditoria Técnica de Projetos de Capital
CROÁCIA	1 de julho de 2013	1 Auditor Geral	8 anos	Serviço Nacional de Auditoria	Art. 7 1) Auditoria Financeira; 2) Auditoria de Desempenho.
DINAMARCA	1 de janeiro de 1973	1 Auditor Geral	6 anos	Gabinete de Auditoria Nacional	3. A auditoria deve verificar a regularidade das contas e da conformidade das operações abrangidas pelo relatório financeiro com as dotações concedidas, estatutos, outros regulamentos, acordos e práticas habituais. Além disso, uma avaliação será feita para saber se a boa gestão económica tem sido aplicado à administração dos fundos e em execução das operações cobertas pelas contas.
ESLOVÁQUIA	1 de maio de 2004	1 Presidente 1 Vice-Presidente	7 anos	SAO	1) Verificação de Conformidade; 2) Avaliação do Desemepenho 3) Avaliação do Controle Financeiro;
ESLOVÉNIA	1 de maio de 2004	3	9 anos	TC	1) Auditoria de Demonstração Financeira 2) Auditoria de Regularidade 3) Auditoria de Desempenho
ESTÓNIA	1 de maio de 2004	1 Auditor Geral	5 anos	NAO	1) o controle interno, gestão financeira, contabilidade financeira e demonstrações financeiras da entidade auditada; 2) a legalidade das actividades económicas, incluindo as transacções económicas da entidade auditada; 3) o desempenho da entidade auditada no que diz respeito à sua gestão, organização e atividades; 4) A fiabilidade dos sistemas de tecnologia da informação da entidade auditada.
FINLÂNDIA	1 de janeiro de 1995	1 Presidente	6 anos	NAO	1) Auditoria de Desempenho; 2) Auditoria Política Fiscal.
LETÓNIA	1 de maio de 2004	1 Auditor Geral	4 anos	Serviço Nacional de Auditoria	1) Auditoria Financeira; 2) Auditoria de Desempenho; 3) Auditoria Legalidade.
LUXEMBURGO	1 de janeiro de 1958	5	6 anos	TC	1) Auditoria Financeira; 2) Auditoria de Desempenho.
MALTA	1 de maio de 2004	3	5 anos	NAO	1) Auditoria Financeira e de Conformidade; 2) Auditoria de Desempenho; 3) Auditoria de Investigação; 4) Qualquer outro tipo de auditoria que o Auditor Geral pode vim a decidir.
PAÍSES BAIXOS	1 de janeiro de 1958	3	Vitalício	TC	1) Auditoria de Regularidade; 2) Auditoria de Desempenho.
POLÓNIA	1 de maio de 2004	5 Membros: 1 Presidente; 3 Vice-Presidente; 1 Diretor Geral.	6 anos inf apenas o mandato do Presidente	NIK	1) Auditoria de Orçamento
PORTUGAL	1 de janeiro de 1986	18	4 anos	TC	1) Auditorias financeiras; 2) Auditorias operacionais ou de resultados; 3) Auditorias integradas; 4) Auditorias orientadas; 5) Auditorias de projectos ou programas; 6) Auditorias de sistemas; 7) Auditorias ambientais.

Fonte: Tribunal de Contas Europeu.

SOBRE OS AUTORES

Antonio Alves de Carvalho Neto (TCU)
Auditor Federal de Controle Externo – Tribunal de Contas da União. Tem experiência na área de Administração Pública, com ênfase em Auditoria Externa Governamental.

Augusto de Oliveira Monteiro (Gefin; Sefaz/BA)
Graduado em Direito pela Universidade Católica do Salvador – UCSAL. Mestre em Economia pela Faculdade de Economia da UFBA (1992). Doutor em Administração Pública pela UFBA em programa conjunto com a Boston University/USA (1997). Atuou como Pesquisador em Pós-Doutorado em Gestão Estratégica na Université Pierre Mendés France em Grenoble/FR (2004). Professor Titular da Universidade Salvador – Unifacs desde 1993.

Carlos Alberto dos Santos Silva (Conaci; CGU)
Mestre em Gestão do Conhecimento e de TI – Universidade Católica de Brasília. MBA em Planejamento, Orçamento e Gestão Pública – Fundação Getúlio Vargas. Graduado em Matemática/Licenciatura Plena – Centro Universitário de Brasília. Auditor Federal de Finanças e Controle – nov. 1990.

Danusa da Matta Duarte Fattori (Conaci; CGU)
Doutora em Letras pela Universidade de Brasília – UnB (2006). Mestre em Letras pela Universidade de São Paulo – USP (1999). Especialista em Letras pela Universidade Federal Fluminense – UFF (1995) e em Análise e Avaliação de Políticas Públicas pelo Instituto Serzedello Corrêa do Tribunal de Contas da União – TCU (2013). É Analista de Finanças e Controle – Controladoria-Geral da União (Presidência da República).

Denis Penedo Prates (Conaci; Secont/ES)
Graduado em Administração. Mestre em Administração pela Fundação Getúlio Vargas. Auditor do Estado na Secretaria de Estado de Controle e Transparência do Estado do Espírito Santo (Secont).

Gustavo Ungaro (Conaci; CGM/SP)
Graduado em Direito pela Universidade de São Paulo – USP (1997). Mestre (2006) e Doutor (2019) em Direito do Estado pela USP. Formado pela Escola de Governo de São Paulo. Professor de Ensino Superior da Universidade Nove de Julho. Membro da Comissão de Direitos Humanos da USP e docente convidado de outras instituições. Controlador-Geral do Município de São Paulo, foi Ouvidor-Geral e Corregedor-Geral do Estado de São Paulo.

Jetro Coutinho Missias (TCU)
Bacharel em Administração pela Universidade de Brasília – UnB. Pós-Graduado em Direito Financeiro e Tributário. Pós-Graduando em Direito Administrativo. Foi Professor de Economia e de Contabilidade Pública para concursos públicos. Especialista em Gestão de Riscos e Controles Internos. Auditor do TCU.

Liane Vasconcelos de Araújo Angoti (Conaci; CGE/DF)
Graduada em Ciências Contábeis e Direito. Pós-Graduada em Controle e Auditoria Pública pela Faculdade Metropolitana de Belo Horizonte. Especialista em Controle Externo pela Universidade de Brasília. Foi aprovada em 1º lugar no concurso de Auditor de Controle Interno 2009 e, desde então, exerceu as funções de Assessora Especial, Coordenadora de Auditoria e Subsecretária de Controle Interno.

Marcelo de Sousa Monteiro (Conaci; CGE/CE)
Doutorando em Administração de Empresas pela Universidade de Fortaleza – Unifor. Mestre em Economia do Setor Público pela Universidade Federal do Ceará – UFC. Graduado em Direito pela Universidade Federal do Ceará – UFC. Auditor de Controle Interno, aprovado em concurso de provas e títulos do Governo do Estado do Ceará.

Marcio Almeida do Amaral (Conaci; CGE/MG)
Mestrando em Administração Pública pela Fundação João Pinheiro (2013-2015). Especialista em Gestão Empresarial pela Fundação Dom Cabral (1993). Graduado em Direito (2007) e Administração (1992) pela Universidade Federal de Minas Gerais. Atualmente exerce o cargo de Analista de Finanças e Controle na Controladoria-Geral da União (CGU).

Maria João Pagarim Ribeiro Kaizeler (Banco Mundial)
Licenciada em Gestão no Instituto Superior de Economia e Gestão – Iseg da Universidade Técnica de Lisboa – UTL (2003). Mestre em Finanças no ISCTE (2007). Doutora em Sociologia Econômica e das Organizações no Iseg.

Rodrigo Fontenelle de Araújo Miranda (MPOG)
Doutorando em Administração Pública pela UnB. Mestre em Contabilidade pela UnB. Bacharel em Ciências Econômicas pela UFMG. Pós-Graduado em Finanças pelo Ibmec e Auditoria Financeira pela UnB/TCU. Auditor Federal de Finanças e Controle da CGU, Controlador Geral do Estado de Minas Gerais.

Rodrigo Stigger Dutra (Conaci; Diag/SC)
Mestre em Ciências Econômicas pela Universidade Federal do Rio Grande do Sul – UFRGS. Graduado em Ciências Econômicas pela Universidade Federal do Rio Grande do Sul – UFRGS. Auditor Interno do Poder Executivo do Governo do Estado de Santa Catarina.

Sebastião Ranna de Macedo (Atricon; TCE/ES)
Graduado em Direito pela Universidade Federal do Espírito Santo – UFES. Pós-Graduado em Direito Público pela Universidade de Vila Velha – UVV. Cursou Engenharia no Instituto Tecnológico da Aeronáutica – ITA. Servidor do Tribunal de Contas do Estado do Espírito Santo – TCE-ES. Em 2008 tomou posse no cargo de Conselheiro na vaga reservada aos auditores e, em 2009, foi eleito Corregedor-Geral do Tribunal de Contas para o biênio 2009/2010.

Esta obra foi composta em fonte Palatino Linotype, corpo 10
e impressa em papel Offset 75g (miolo) e Supremo 250g (capa)
pela Laser Plus Gráfica, em Belo Horizonte/MG.